코르크 그립 | 베이트 로드

카본 그립 | 스피닝 로드

쏘드 N B3
용 기술력

스팩별로 최고 프로 스탭들에 의해 약 2년 간 테스트를 거쳐 탄생한 배스계의 명작으로 판단되며 CARBON과 CORK EX-FAST S-2 GLASS 등 여러 공법이 공존하는 여러 타입의 특별한 배스로드를 개발. B1에서부터 검증된 EX-FAST 버전의 강한 타입들을 일왁 스팩에 적용하여 더 예민하고 더 안정적인 낚시가 가능하고, S-2 GLASS를 블랜딩하여 레귤러 타입에 기존에 없던 새로운 타입의 로드까지 제작하여 웜, 하드베이트, 와이어베이트 등을 운용할 때 용도에 맞춰 쓰게 되면 더 확실한 만족을 느낄 수 있는 로드입니다.

- ●BLANK   40~46ton 고탄성 CARBON + HELIX GRAPHENE + HELICAL CORE CONSTRUCTION + 5SD CROSS + SHD 공법
- ●BLANK   BC682M-R, CB7102MH, BC682XH-R 3가지 ITEM(40~46ton 고탄성 CARBON + HELIX GRAPHENE + S-2 GLASS + HELICAL CORE CONSTRUCTION + SDS CROSS + SHD 공법)
- ●주요공법   HELIX GRAPHENE X5DR CROSS TSADO X-JOINT TITANIUM R

2 GLASS 공법   유리섬유 중 기계적인 성질이 가장 우수하여 E GLASS 에 비해 강성이 22% 크고, 인장강도와 연신률이 각각 68%와 19%로 크지만 오히려 무게 4%가 줄어드는 장점을 가지게 되어 가벼우면서 질긴 낚싯대이며 CARBON과 혼합 시 강인한 JSCOMPANY만의 독자적 기술력.

이미 우리와 함께하고 있었다 **B3** *Returns*

그토록 바랐던 배스 낚싯대의 HERO 빅쏘드 N B3가 열 세가지 모델로 세분화되어 돌아왔습니다.

각 장르 최고의 스탭들에 의해 오랜 기간 혹독한 테스트를 거친 만큼 보다 전문적인 모델로 바뀐 빅쏘드 N B3.

다시 되돌아올 수 있게끔 무한 열정을 쏟아준 당신이 바로 [빅쏘드 N B3]의 새 주인입니다.

BIXOD N B3

HELIX GRAPHENE + S-2 GLASS의 새로운 공법의 완성
고감도 | 탄력성 | 유연성 | 내구성

배스 전용로드

카본 그립 | 베이트 로드

코르크 그립 | 스피닝 로드

Item	전장(mm)	절수(本)	접은길이(mm)	Lure Wt(oz)	Line Wt(lb)	선경(mm)	원경(mm)	GRIP TYPE	카본함유량	Taper	가격(원)
S672UL (초 경량지그) 7:3액션	2,000	2	1,025	1/32~1/4	2~8	1.1	10.0	SPLIT CORK	99%	Fast	350,000
S682L-X (경량지그) 7:3액션	2,020	2	1,035	1/16~3/8	4~10	1.4	12.0	CARBON	99%	Fast	415,000
S702ML-X (경량 프리리그/드랍샷) 8:2액션	2,130	2	1,095	1/8~1/2	6~14	1.5	12.0	CARBON	99%	Fast	425,000
S68L-X (경량지그) 8:2액션	2,030	1	2,030	1/16~3/8	4~10	1.3	12.0	CARBON	99%	Fast	410,000
BC702ML-X (베이트 피네스) 9:1액션	2,130	2	1,095	1/8~1/2	6~14	1.5	13.0	CARBON	99%	Fast	385,000
BC692M-X (라이트 바텀전용) 8:2액션	2,050	2	1,055	3/16~3/4	8~16	1.5	13.0	CARBON	99%	Fast	385,000
BC702MH-X (바텀전용 / 프리리그) 8:2액션	2,135	2	1,100	1/4~1 1/2	10~20	1.6	13.0	CARBON	99%	Fast	410,000
BC70MH-X (바텀전용) 8:2액션	2,130	1	2,130	1/4~1	10~20	1.8	13.0	CARBON	99%	Fast	405,000
BC712MH (범용 / 와이어 베이트) 7:3액션	2,155	2	1,105	1/4~1	10~20	1.8	11.6	FULL CORK	99%	Fast	385,000
BC742H (범용 / 펀칭, 프로그) 7:3액션	2,240	2	1,150	3/8~3	14~25	1.9	13.0	FULL CORK	99%	Fast	395,000
BC682M-R (미노우 / 탑워터) S-2 GLASS 6:4액션	2,025	2	1,040	1/4~3/4	8~16	1.7	13.0	CARBON	CARBON 79% / S-2 GLASS 20%	Regular	390,000
BC7102MH (크랭크베이트) S-2 GLASS 6:4액션	2,380	2	1,220	1/4~2	10~25	1.8	14.5	FULL CORK	CARBON 69% / S-2 GLASS 30%	Regular	395,000
BC682XH-R (빅베이트 / 중량 탑워터) S-2 GLASS 6:4액션	2,025	2	1,240	3/4~4	1~4호(PE) / 14~20lb	2.1	14.0	FULL CORK	CARBON 69% / S-2 GLASS 30%	Regular	390,000

원산지 : 대한민국

※ 본 광고는 소비자의 이해를 돕기 위한 것으로 실제품은 다소 다를 수 있습니다. ※ 포장품(고급 하드케이스)

주 | 제이에스컴퍼니 경기도 부천시 삼작로 144번길 22 | 대표전화 : 032-670-2523 | 서비스센터 : 1588-8818   JS COMPANY

펴내는 글

어릴 때부터 낚시춘추는 저에게 동경의 대상이었습니다. 아버지가 가져오신 그 잡지 속에는 숨 막히는 대어 조행기와 사진들이 있었고 화려한 어탁과 각종 정보가 빼곡히 적혀 있는, 말 그대로 보물창고였습니다. 월간 회원은 아니셨는지 중간 중간 없는 월호가 있기도 했지만 몇 개월이 지난 책이라도 저는 몇 번이고 읽기를 반복하면서 '나도 이 사람들처럼 낚시로 유명해지고 싶다'라는 원대한 꿈을 꾸게 되었습니다. 당시 낚시잡지 속 화려한 낚시인은 어린 저에게 동경의 대상이었지요.

2014년 9월 추석 연휴 전날, 저는 이날을 아직 잊지 못합니다. 낚시 무크지를 발행 중인 낚시춘추에서 처음으로 저에게 원고 청탁을 했던 날이기 때문입니다. 정말 정성을 다해 작성했던 것이 생각이 납니다. 언제 잡지가 발행되나 노심초사 기다렸던 것도 기억이 나고요. 그로부터 지금까지 저는 영광스럽게도 약 8년간 낚시춘추에 배스낚시 원고를 계속해서 적고 있습니다.
돌이켜보면 '나도 낚시로 유명해지고 싶다'라는, 지금 생각하면 꽤 유치하고 소박한(?) 꿈을 실현해 준 가장 1등 공신 중 하나가 바로 낚시춘추에 기고해온 글이 아닌가 싶습니다.

글에 담긴 활자가 주는 임팩트와 충격은 단언컨대 영상 못지않습니다.
최근 세상은 영상 위주로 돌아가고 있고 저 역시도 그에 맞춰 영상을 찍고 쉽게 정보를 제공해 드리고 있습니다만, 때로는 이 넘쳐나는 영상들이 정보의 과잉이 되어 낚시에서 선순환이 아닌 악순환이 되는 상황이 종종 벌어지기도 합니다. 굉장히 빠르고 짧은 영상에 모든 것을 담아야 하고 조회 수를 늘려야 하기에 본의 아니게 자극적으로 변질하기도 하며 그러면서 정작 중요한 부분은 빠지는 일이 많이 일어나곤 하죠.

보는 그대로 모두 똑같이 받아들이는 영상과는 달리 활자를 읽으면서 느끼는 상상과 영감은 개개인별로 모두 다르며 그것은 좀 더 우리의 낚시를 다양하고 풍요롭게 접근시켜주기도 하는 마법과 같습니다. 그 마법을 이 책에 고스란히 담았습니다. 그간 제가 느끼고 배워온 다양한 배스낚시에 관한 이야기가 여기에 모두 담겼습니다.
어릴 적 제가 잡지를 보며 느꼈던 그 감정을 누군가가 다시 이 글을 보고 느낄 수 있을까요? 만약 그런다면 저는 더는 바랄 것이 없을 것 같습니다.

이 책을 위해 처음부터 끝까지 신경 써주신 낚시춘추 관계자 분들께 감사드립니다. 또한 저를 후원해주시는 JSCOMPANY 관계자 분들, LOWRANCE 여러분, (사)한국스포츠피싱협회 분들께도 감사드립니다. 마지막으로 저의 글을 읽고 지지해주신 독자 여러분께 머리 숙여 감사의 인사를 드립니다.
모든 고마운 분들의 도움으로 인해 저는 어릴 적 제 꿈을 이룬 행복한 사람이 되었습니다. 감사합니다.

2022년 5월 19일
박기현

CONTENTS

낚시春秋 무크지 **9**

배스낚시
BASS LURE FISHING

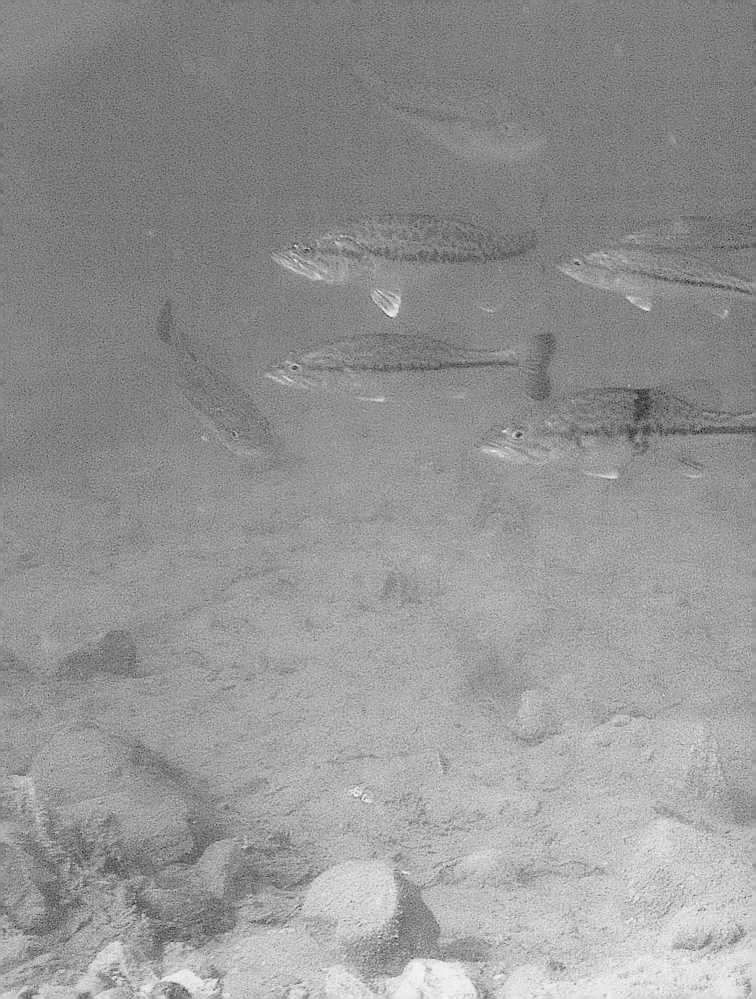

PART 1

입문하기

호쾌! 통쾌! 상쾌!
사진으로 보는 배스낚시

사진 **우정한**

왔어! 경북 안동호를 찾은 필자가 입질을 확인하고 낚싯대를 돌려 강하게 챔질하고 있다.

▲ 오늘의 히트 루어. 미노우를 세팅한 필자의 안동호 태클.
▼ 가을 속으로. 단풍이 내려앉은 진입로를 따라 포인트로 향하고 있는 필자(좌). 아끼는 후배 이형근 프로가 함께했다.

▲ 미노우, 너를 믿는다.
▼ 어떤 녀석을 고를까. 설렘 가득한 낚시 준비 시간.

▲ 릴과 로드를 떠난 루어의 궤적.
▼ 강렬한 배스의 바늘털이

여름

사계절 중 수온이 가장 급격히 오르는 시기다. 배스도 급격히 오르는 수온에 적응한다. 초여름 수온은 주로 20℃ 이상을 보이는데 이때가 배스의 활성도가 가장 높은 시기라 할 수 있다. 초여름을 넘어 본격적인 불볕더위가 시작되면 수온이 30℃를 넘는 경우가 많다. 이때 배스는 조금이라도 수온이 낮은 곳을 찾아 움직이기 시작한다.

가을

최고 정점을 찍었던 수온이 점차 내려가는 시기로 배스는 활동하기 좋은 밤이나 새벽에 주로 움직이게 된다. 기온이 급격히 떨어지지만 수온은 생각보다 천천히 내려간다. 11월 즈음 다시 배스가 가장 활발히 움직이는 수온으로 떨어지게 되며 봄만큼 활발한 배스를 만날 수 있는 시기이다.

겨울

겨울엔 수온이 급격하게 떨어진다. 급격하게 떨어지는 수온에 맞춰 변온동물인 배스의 체온 역시 변화의 폭이 커지게 된다. 차갑게 떨어지는 수온에 맞춰 배스의 체온도 얼음장 같이 변해가지만, 어느 정도 적응이 되면 먹이섭취와 활동에 큰 문제는 없다.

2 / 시각

배스는 물고기를 잡아먹는 물고기, 어식성 어종으로 육식동물에 속한다. 물고기를 사냥하기 유리한 신체적 특징을 가지고 있다. 특히 시각이 발달해 있다. 배스의 눈은 우리의 눈과 매우 유사하다. 세 쌍의 근육이 눈을 모든 방향으로 회전시킬 수 있게 만들며 먹잇감 또는 천적에게 시선을 집중시킬 수도 있다. 튀어나온 눈은 잡아먹히는 먹이고기보다 더 넓게 볼 수 있게 만들어준다. 눈 위로 지나가는 물고기, 눈 아래로 지나가는 물고기를 모두 다 볼 수 있다. 이러한 배스를 비롯한 어류들의 시각 시스템은 우리가 가지고 있는 시각 시스템의 조상이라 할 수 있다.

3 / 미각

대부분의 생물은 '미뢰(味蕾)'라는 세포를 통해 맛을 느낀다. 배스 역시 입 안의 미뢰를 통해 맛을 느끼게 된다. 팔과 다리가 없는 배스는 입이 사람의 입, 손, 발 등과 같은 다양한 역할을 해주지만 역시 가장 중요한 기능은 취식이라 할 수 있다. 배스의 미뢰는 사람보다 무려 10배나 뛰어나다. 먹잇감에 입을 대는 것만으로도 무슨 맛인지 알 수 있다고 한다.

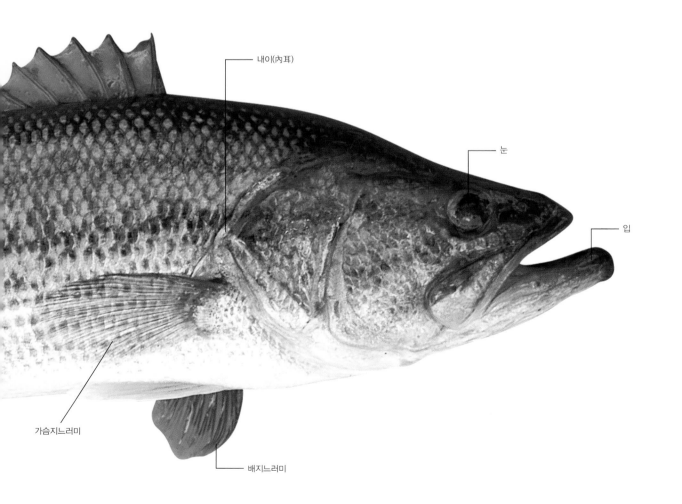

내이(內耳)

눈

입

가슴지느러미

배지느러미

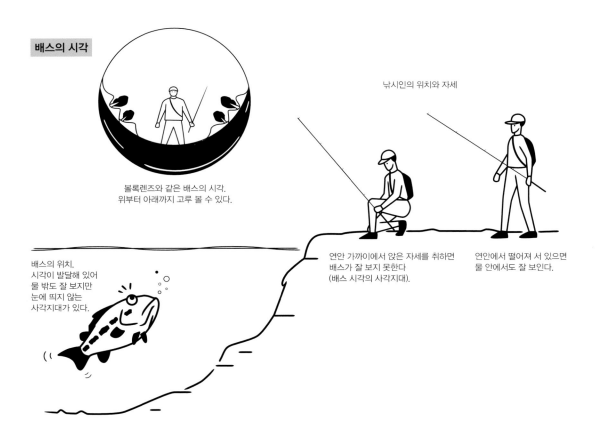

배스의 시각

볼록렌즈와 같은 배스의 시각.
위부터 아래까지 고루 볼 수 있다.

낚시인의 위치와 자세

배스의 위치.
시각이 발달해 있어
물 밖도 잘 보지만
눈에 띄지 않는
사각지대가 있다.

연안 가까이에서 앉은 자세를 취하면
배스가 잘 보지 못한다
(배스 시각의 사각지대).

연안에서 떨어져 서 있으면
물 안에서도 잘 보인다.

4 / 청각

배스의 귀는 사람처럼 튀어나와 있지 않다. 귀가 머릿속에 있으며 이것을 '내이(內耳)'라고 한다. 아가미 상부 쪽에 있는 내이는 '이석(耳石)'과 연결되어 소리를 감지하게 된다. 내이 외 소리를 감지하는 기관은 또 있다. 부레의 진동에 의해서도 소리를 감지하고 측선을 통해서도 진동을 느낄 수 있다. 배스는 귀에만 의존하는 사람과 달리 다양한 기관을 통해 복합적으로 청각을 사용한다.

낚시인이 물 밖에서 내는 소리와 진동, 루어가 물속에서 움직이면서 전해지는 파장과 진동은 고스란히 배스에게 전달된다. 물속은 물 밖보다 소리의 전달속도가 훨씬 빠르기 때문에 배스의 청각은 물 밖의 사람보다 더 뛰어나다고 할 수 있다.

5 / 먹잇감

배스는 육식동물에 속하는 어식성 어종으로 소형 물고기를 비롯해 게, 새우 등의 저서생물을 먹는다. 살아가는 환경에 따라 조금씩 주 먹이원은 다른데, 새우나 가재 등이 많이 서식하는 늪지형 저수지에서는 주 먹이원이 갑각류가 되고 빙어, 살치 등 소형 어류가 많이 서식하는 대형호

나 강계는 소형 어류가 주 먹이원이 된다.

가끔씩 수면에서 헤엄치는 작은 오리, 쥐, 도마뱀, 개구리 등도 공격하지만 주 먹이원이 되지는 않는다. 또 같은 종인 배스를 잡아먹기도 하지만 가뭄 등 극단적인 환경변화나 먹고자 하는 욕구가 크게 작동되지 않을 경우에는 잘 일어나지 않는다.

배스가 알에서 부화했을 때는 알속에 있는 영양소인 '난황(卵黃)'을 흡수하며 성장한 뒤 스스로 먹이를 먹을 수 있게 되면 물속의 플랑크톤이나 소형생물을 취한다. 그렇게 해서 크기가 약 3cm가 되면 본격적으로 사냥도 하고 다른 생물에 호기심을 보인다. 수서곤충이나 새우 등을 사냥하며 성장하고 10cm 내외가 되면 작은 물고기를 사냥할 수 있는 시기가 된다. 이후 물속의 대부분의 생명체를 사냥할 능력을 지니게 된다.

6 / 배스가 루어를 공격하는 이유

어식성 어종은 기본적으로 소형 물고기 등 움직이고 살아있는 작은 생물을 주로 사냥하게 된다. 루어 역시 이러한 소형 물고기 또는 작은 생물과 비슷하게 만든다. 배스에게 진짜 먹잇감처럼 보이게 만드는 것이 기본적인 루어 제작방법이다. 가짜 먹이지만 진짜처럼 리얼하게 생김새와 행동을 흉내 내어 배스가 입질하게끔 하는 것이 루어낚시의 기본 중의 기본

배스의 알자리. 수컷 배스가 산란장을 만든 뒤 암컷 배스를 유인해 체외수정을 한다.

이다.

배스는 절대로 배가 고파서, 또는 즐겨 사냥하던 물고기와 닮아서 루어를 공격하는 것은 아니다. 배스가 루어를 공격하는 이유는 먹잇감 외에도 흥분, 호기심, 욕심, 짜증, 공격성 등 다양한 것으로 알려져 있다. 일례로 수많은 루어 중 물속 어떠한 생명체와도 닮지 않은 루어를 들 수 있다. 스피너베이트나 크랭크베이트 같이 물속에서는 전혀 볼 수 없는 색상과 소리, 생김새를 가진 루어를 공격하는 것을 보면 비단 고픈 배를 채우기 위해서 공격한다는 말은 맞지 않다고 할 수 있다.

7 / 성장

대한민국의 배스는 '라지마우스배스(Largemouth Bass)' 1종으로 크게는 60cm 이상 자란다. 부화가 시작되어서 10cm 내외의 크기가 되기까

배스의 유입과 확산

1973년 라지마우스배스 국내 도입

국내에 서식하는 배스는 1973년 이전에는 없던 물고기였다. 1973년에 국민 식생활 개선을 위해 미국 루이지애나주에서 도입되었으며 이때 라지마우스배스와 스몰마우스배스 두 종을 들여오려 했으나 스몰마우스배스는 비행기 운송과정에서 모조리 폐사하고 살아남은 라지마우스배스만이 국내에 들어왔다. 청평내수면연구소에서 배스를 사육해 종묘생산에 성공했고 그 치어를 철원 토교지, 가평 조종천, 팔당호에 방류하면서 한강수계를 중심으로 퍼져나갔다.

강화도나 팔당호에서 잡히는 배스는 민물농어라고 불리며 낚시인들에게 호기심을 불러일으켰다. 80년대 말부터 이를 루어낚시 대상어로 여기는 동호인들이 늘어나기 시작했다. 배스가 본격적으로 퍼지기 시작한 시기는 90년대 초부터다. 배스 가두리양식이 확산에 큰 영향을 미쳤다. 낙동강계의 안동호, 금강계의 대청호, 섬진강계의 운암호에서 배스 가두리양식이 이뤄졌고 여기서 빠져나간 배스가 전국 수계로 퍼져나갔다. 그 외 홍수, 인위적인 이식, 종교행사용 방류 등 다양한 경로를 통해 확산되었다.

현재 배스는 전국의 대형호, 강계, 저수지에 분포하고 있다. 배스가 유입된 지 오래된 저수지는 이전에 비해 개체수가 줄어드는 현상도 나타나고 있기도 하다.

배스의 먹이활동

흐어어업!

배스가 먹이를 먹으려 할 때는 진공청소기처럼 먹잇감을 물과 함께 강하게 흡입하여 입안에 집어넣는다.

지 약 1년이 걸린다. 즉, 1년에 10cm 정도씩 자라는 것인데 이러한 성장은 적절한 먹잇감이 물속에 분포했을 때의 성장속도라 할 수 있다. 먹이 양이 적으면 더디게 자라고 먹이 양이 풍부하면 빠르게 자란다. 우리가 흔히 '런커(lunker)'라고 부르는 50cm 내외의 큰 배스는 사람의 나이로 치면 중장년기로 5~7년을 물속에서 자라온 배스라 할 수 있다.

8 / 활동반경

배스는 다른 회유성 물고기에 비해 많이 움직이진 않는다. 은신과 매복을 좋아한다고 알려져 있다. 큰 강과 큰 저수지를 유유히 회유하는 강준치 같은 어종에 비해 큰 폭으로 많은 거리를 움직이지는 않으나 무리를 지어 움직이고 모여 있는 경우는 많이 확인되고 있다. 큰 반경으로 움직이는 물고기는 아니나 그렇다고 항상 같은 자리에만 머물러 있는 물고기도 아닌 물고기로 이해하면 되겠다.

배스는 나이가 많을수록 크기가 클수록 단독으로 움직이는 성향이 강하다. 크기가 작을 때는 소수의 개체들이 주로 몰려 다니는 일이 많지만 덩치가 커지면 본인만의 영역을 선호하고 은신과 매복을 많이 한다. 이것은 어식성 어종이 갖고 있는 고유의 특성이기도 하다.

9 / 취이습성

물고기는 다양한 방법으로 먹이를 먹는다. 상어는 날카로운 이빨을 이용해 물고기의 살을 찢어 삼키고 돌돔은 강력한 이빨로 성게 같은 단단한 먹이를 부수어 먹는다. 잉어는 바닥에 떨어져 있는 곡물류나 물속의 유기질을 취하기 쉽도록 주둥이가 자바라처럼 앞으로 쭉 늘어난다.

배스는 상어나 돌돔과 같은 강력한 이빨은 없다. 물과 함께 먹잇감을 빨아들이는 식으로 사냥을 한다. 배스에게 이빨이 없는 건 아니지만 잘게 찢거나 부수는 역할이 아니라 입속에 들어온 먹잇감을 도망가지 못하게 잡아두는 수준이라고 이해하면 될 것 같다. 큰 입을 이용해 먹잇감을 순식간에 빨아들인 다음 아가미를 통해 물과 이물질은 걸러내고 먹잇감만 삼키는 것이다.

10 / 낮과 밤

배스는 잠을 자고 꿈도 꾸는 동물이다. 물고기들이 잠을 자는 방법은 종마다 다르다. 어류는 사람이나 다른 동물처럼 눈꺼풀이 없다. 눈을 뜨고 잠을 자기에 사람이 보았을 때엔 잠을 자는 것처럼 보이지 않고 또 사람만큼 길고 오래 잠을 자는 경우가 없이 잠깐잠깐 자는 경우가 많아 잠자는 것처럼 보이지 않는다.

그중 배스는 밤에 잠을 자는 어류로 알려져 있다. 밤에 잠을 자는 경우가 많지만 낮에도 잠을 자는 일도 있다. 나는 낚시를 하면서 주로 고요한 새벽에 잠을 자는 배스를 본 적이 많다. 사람이 다가가도 잘 모르고 낚싯대로 툭툭 찌르면 그때서야 쏜살같이 도망을 간다.

11 / 산란

모든 생물에게 종족보존은 중요하다. 자신과 똑같은 유전자를 가진 2세를 후세에 남겨야 종족을 유지할 수 있기 때문이다. 배스는 알을 낳아 부화시키는 '난생(卵生)' 동물로 산란을 통해 종족을 보존한다.

배스를 비롯한 동식물은 체내에 계절별로 생식을 진행하는 메커니즘을 가지고 있다. 이를 '생리기작(生理機作)'이라고 한다. 생식본능을 발현시키는 가장 큰 요인은 밤낮의 길이, 달의 차고 일그러짐, 그리고 지구의 공전으로 달라지는 광량과 광주기(光週期, photoperiod) 등 다양하다. 이 모든 것이 복합적으로 생식에 관여한다. 이에 따라 생물은 자연스레 생식기가 도래하였음을 알게 된다.

배스는 달라진 밤낮의 길이와 광주기를 통해 산란이 임박했음을 본능적으로 알게 된다. 산란기를 맞은 배스는 본격적으로 산란준비를 하는데 이때 씨알이 큰 배스, 정확히 말하면 씨알 큰 암컷 배스가 먼저 움직인다. 암컷 배스는 산란을 위한 호르몬을 분비하고 난소가 발달하기 시작하는데, 이때 이른 산란을 위해 뱃속 난소를 데우기 위해 적절한 일조량이 필요하다. 적절한 일조량을 받으려면 햇빛이 비치는 얕은 곳으로 나올 수밖에 없다. 그렇기 때문에 산란기엔 씨알 큰 암컷 배스가 먼저 움직인다. 큰 배스가 먼저 움직이는 이유는 바로 체적 때문이다. 큰 배스는 데워야 하고 숙성시켜야 할 난소의 크기가 크다. 크기가 작은 암컷 배스에 비해 훨씬 크고 알의 양이 많다. 당연히 일조량을 더 많이 필요하기 하기 때문에 이른 봄에 먼저 움직이는 것이다.

암컷 배스가 움직인 다음 수컷 배스도 움직이면서 산란 분위기가 조성되고 수온이 13℃가 넘어가면 산란 여건이 조성된다. 수컷 배스가 산란장을 만들어 암컷을 유인한다. 산란 후엔 수컷이 수정란을 돌본다.

산란 후 수컷 배스는 한 마리의 암컷만 유인하지 않는다. 여러 마리의 암컷을 산란장으로 유인한다. 산란장으로 유인된 암컷은 알을 놓고 체외 수정으로 알을 수정한다. 수컷 배스가 산란장을 지키면서 부화하게 되고 부화한 치어들은 한동안 수컷 배스를 무리지어 따라다닌다.

배스의 종류
우리나라엔 라지마우스배스 1종뿐

우리나라엔 라지마우스배스 한 종만 서식하고 있다. 이웃나라인 일본은 라지마우스배스, 스몰마우스배스 등 다양한 배스가 서식하고 있다. 사실 배스는 종류가 매우 많은 물고기다. 북미에서는 이 배스를 10여 종으로 분류하기도 한다. 매우 다양한 아종이 있는데 낚시대상으로 가장 잘 알려진 종은 세 가지로 볼 수 있다.

라지마우스배스Largemouth Bass
'큰 입 배스'란 뜻을 갖고 있다. 전 세계에서 가장 광범위하게 분포하고 있으며 낚시 매니아 역시 가장 많다.

스몰마우스배스Smallmouth Bass
말 그대로 작은 입을 갖고 있는 배스다. 라지마우스배스가 저수지 등 물이 흐르지 않는 정수지를 좋아한다면 스몰마우스배스는 강과 같이 물 흐름이 있는 유수지를 좋아한다. 라지마우스배스보다 공격성이 더 뛰어나다고 알려져 있다.

스포티드배스Spotted Bass
켄터키배스라고도 알려져 있다. 다른 배스 종과 구분되는 특징으로 혀에 난 돌기를 들 수 있다. 라지마우스배스보다 호기심과 공격성이 강하다고 알려져 있다.

라지마우스배스

스몰마우스배스

스포티드배스

글과 영상으로 접한 낚시 노하우를
온전하게 내 것으로 만드는 방법

낚시는 경험치가 굉장히 중요한 요소로 작용하는 취미인데 그 이유는 수많은 변수가 따르기 때문이다. 낚시는 살아있는 생물인 물고기를 대상으로 한다. 낚시할 때마다 바람, 수온, 비, 일조량, 계절, 기온이 다르고 그에 따라 물고기를 또한 다르게 움직인다. 어제의 노다지 포인트가 황무지가 되는 경우도 있고 쉽게 생각했던 곳에서 고전을 면치 못하기도 하며 어렵다고 소문난 곳에서 초보자가 빅배스를 낚기도 한다. 이와 같은 이유로 낚시는 우연성이 굉장히 큰 영향을 미치는 취미라 할 수 있다.

'낚시를 잘 한다'는 것
'낚시를 잘 한다'는 것은 이러한 변수에서 오는 우연성을 조금씩 줄여나가서 물고기를 잡을 가능성을 높여나가는 능력을 말하는데, 이것은 철저히 경험을 통해 나올 수밖에 없다. 이 경험 중에서 환경의 변화 등을 통해 습득하고 깨우쳐 쌓은 경륜이 가장 큰 비중을 차지하기 때문에 1년, 5년, 10년 오랫동안 경험을 쌓은 숙련된 낚시인이 경험이 적은 초보 낚시인과 비교해 유리할 수밖에 없다.

그렇기에 예전에는 낚시 입문자들이 경험이 오래된 선배들을 찾아 그 경험담을 듣고 계절에 맞는 채비 운용이나 루어 선택에 도움을 많이 받기도 하였다. 이러한 도움은 수년간 스스로 경험해야 할 경험치를 굉장히 빨리 앞당겨 얻을 수 있는 방법으로 소수의 친한 사람들만 소중히 여기는 비법처럼 여겨지곤 했었다.

내가 루어낚시에 입문했던 1999년은 이제 막 인터넷이 보급되기 시작하여 온라인카페가 활발히 만들어지던 시기로, 대대손손 구전(?)으로만 전해지던 낚시 비법들이 텍스트와 사진으로 쉽게 전파되면서 수많은 사람들이 그간의 노하우를 쉽게 접할 수 있게 되었다.

최근에는 유튜브를 비롯해 SNS의 낚시 동영상 창작물들이 쏟아지면서 낚시 교육의 대세가 되어가고 있다. 그간 낚시를 글로 배웠어요, 낚시를 유튜브로 배웠어요 등등 농담으로 하던 이야기가 이제는 현실이 되었다는 것이다.

넘쳐나는 정보와 영상으로 인해 정보의 과잉이라 불리는 요즘, 낚시는 과연 어떻게 배워야 할까?

로드의 탄력에 루어의 무게를 담아 밀어 던져라
낚시는 정적인 취미일까? 동적인 취미일까? 적어도 캐스팅이 많고 포인트 이동이 잦은 루어낚시는 동적인 취미다. 동적인 취미인 루어낚시는 격한 신체의 움직임이 따를 수밖에 없는데 움직임의 폭이나 강도 등은 개개인의 신체 특성에 따라 조금씩 달라진다. 즉, 공식이 존재하긴 해도 개개인의 신체 특성과 운동 능력에 따라 결과가 조금씩 다르다는 것이다.

예를 들어 낚시 초보인 친구 두 명이 '로드의 탄력에 루어의 무게를 담아 밀어 던져라'라는 글이나 영상을 보고 똑같이 루어를 던졌다고 치자. 그러면 루어는 둘 다 똑같은 궤적을 그리면서 날아갈까? 그렇지 않다. 글과 영상으로는 한계가 분명히 있는 것이다.

또 다른 예로 보트낚시나 벨리보팅, 카약피싱을 보자. 보트의 포지션은 시시각각 달라지기기 때문에 글과 영상만으로는 포인트를 명확하게 짚어주기 어렵다.

하나의 포인트에서 빅배스가 계속 잡히는 영상이 화제라면, 내가 거길 가서 똑같이 루어를 포인트에 던져 넣는다 해도 영상과 같이 빅배스를 연거푸 잡아낼 수 있을까? 아니다. 분명히 영상 속의 주인공과 나는 영상에는 나타나지 않는 액션법, 스테이 시간, 루어·라인·로드의 조합 등이 다르며 거기서 나오는 액션 역시 분명히 다를 것이다.

그렇기에 영상과 글만으로는 절대로 그 글과 영상에 담긴 의미를 100퍼센트 알기 어렵다. 오히려 그것만 믿고 "이 방법이 유일해", "이 선택이 최고야", "역시 이 상황에는 이 루어밖에 없어"라는 선입견을 가지는 것은 다양한 낚시를 망치는 지름길이라 할 수 있다.

즉 글이나 영상, SNS는 단편적인 정보를 빠르게 습득할 수 있는 수단인 것은 맞지만 그것을 디테일하게 습득하게 만드는 것은 결국 현장에서의 경험이 수반되어야 한다는 것이다. 그렇게 현장의 경험과 영상과 글의 노하우가 정확하게 녹아들어가야만 비로소 그 영상 속 노하우는 온전히 내 것이 된다는 것을 알아야 할 것이다.

디테일은 현장에서 완성된다

글과 영상으로 수년간의 노하우를 빨리 배울 수 있는 세상이다. 인터넷과 카페, SNS, 유튜브 등을 접하지 못했거나 체질적으로 싫어하는 옛날(?) 사람들은 현장에서 모든 걸 겪어가며 조금씩 자기만의 노하우를 정립하고 실제 낚시에 접목을 했다. 요즘은 그런 노하우를 하나의 글, 하나의 영상만으로 굉장히 쉽게 접하는 세상이 되었고 대세가 되었지만 그 대세도 결국 디테일한 면은 보여주지 못한다.

따라서 하나의 큰 주제, 하나의 큰 틀만 영상으로 확인한 후 현장에 나가자. 그런 다음 본인이 그걸 느끼고 익힌다면 더욱 빨리 내 것으로 만들 수 있을 것이다.

글과 영상으로 낚시를 익히는 것이 나쁘다는 것이 아니다. 루어낚시 경력이 20년이 넘는 나 역시 요즘은 영상으로 배우는 것이 많으며 이해하지 못하는 부분은 직접 그 루어를 사서 써보기도 하고 테크닉을 익히곤 한다. "와, 세상 정말 좋아졌네"라고 해도 결국 그 기술을 완성시키는 것은 현장의 경험임을 잊지 말도록 하자.

PART **2**

장비·소품의
선택과 활용

ROD
종류와 분류기준·제조과정·좋은 로드의 조건

인류학자는 "인류가 급속도로 발전하고 진화하기 위해서는 많은 에너지원이 필요했는데 농경을 통해 탄수화물을, 수렵을 통해 단백질을 섭취해 진화와 발전을 이뤄냈다"고 말한다.

원시시대에서 인류가 섭취한 단백질엔 물고기가 차지하는 비중이 컸다. 당시 인류가 만든 사냥도구는 돌을 갈아 만든 도끼나 바늘 정도였고 사냥 성공률은 떨어질 수밖에 없었다. 인류는 다른 동물에 비해 쉽게 잡을 수 있는 물고기를 잡아 양질의 단백질을 획득할 수 있었다. 따라서 우리가 지금 사용하고 있는 낚시도구의 기원은 원시시대까지 거슬러 올라간다. 그래서 낚싯대의 영어 표현인 로드는 사전적 의미 역시 '기다란 막대기'다.

로드의 종류

로드는 잡고자 하는 대상어에 따라 나뉘기도 하고 사용하고자 하는 미끼에 따라 나뉘기도 하며 길이, 소재, 디자인 등에 따라 따로 분류하기도 한다. 배스낚시에서 로드는 사용하는 릴에 따라 크게 스피닝로드(spinning rod)와 베이트캐스팅로드(baitcasting rod, 이하 베이트로드)로 나뉜다.

스피닝로드

스피닝로드는 스피닝릴(spinning reel)을 사용하는 로드로 스피닝릴의 라인 방출 형태에 맞춰 가이드가 배열되어 있다. 스피닝릴이 원활하게 체결될 수 있도록 스피닝로드 전용 릴시트가 장착되어 있다.

스피닝릴은 캐스팅할 때 풀려나가는 라인이 가이드와 마찰을 일으키게 되는데 이러한 마찰은 캐스팅 비거리를 줄이는 원인이 된다. 각 제조사들은 라인과 가이드의 마찰을 줄이기 위해 가이드의 소재와 배열에 상당히 신경을 쓰고 있다. 배스낚시에서는 주로 가벼운 루어를 사용하는 데 초점을 맞춰 설계되고 있다.

그렇다고 스피닝로드가 가벼운 루어 전용이라고 생각하면 안 된다. 부시리 등 바다에서 1m가 넘는 큰 물고기를 상대하는 지깅에선 대부분 스피닝로드를 사용한다. 배스낚시는 캐스팅 횟수가 많고 루어의 운용과 정확성에 있어 스피닝로드가 가벼운 루어 사용에 적합하기에 많이 쓰이고 있을 뿐이다.

베이트로드

베이트로드는 베이트캐스팅릴(baitcasting reel, 이하 베이트릴)을 사용하는 로드다. 사용자가 릴을 단단히 손에 쥘 수 있도록 트리거(trigger)가 달린 캐스팅로드 전용 릴시트가 채용되어 있다. 베이트캐스팅로드는 베이트릴이 로드의 윗부분에 결합되기 때문에 가이드가 위로 배열이 되어 있으며 최근에는 가이드를 위로만 배열한 것이 아닌 나선형으로 결합하여 마지막 가이드는 아래를 향하고 있는 스파이럴가이드(spiral guide)도 보급되고 있다.

전 세계 낚시 장르로 볼 때 스피닝릴이 베이트릴보다 압도적으로 많이 사용되지만 유독 배스낚시에서는 베이트릴과 베이트로드가 많이 사용되고 있다. 그 이유는 배스낚시만의 독특한 낚시 특성 때문이다. 루어의 수가 많고 기법이 다양하며 캐스팅에 있어 정확도가 요구된다. 이러한 특성은 스피닝릴과 스피닝로드보다 베이트릴과 베이트로드가 유리한 점이 더 많다.

로드의 분류 기준, 액션과 파워

로드는 사용하고자 하는 루어의 무게, 대상어, 낚시 환경에 맞춰 사용할 수 있도록 기준을 두고 분류하고 있다. 두 가지 기준이 있는데, 하나는 루어를 원활하게 운용하고 낚는 재미를 극대화하기 위해 로드의 휘어지는 형태에 따른 분류 기준인 액션(action)이며, 나머지 하나는 운용할 수 있는 루어의 무게에 따른 분류 기준인 파워(power)다. 이 분류 기준은 배스 낚시 종주국인 북미지역의 방식을 따른 것이다.

액션

다른 말로 휨새(taper)라고도 한다. 액션은 이 로드가 어떠한 특성을 지니는 로드인지 설명해준다. 카본 원단을 이용해 로드를 만들게 되면 인위적으로 로드가 어떤 지점에서 어떻게 휘어지게 조정할 수 있는데, 로드 끝 부분인 팁(tip) 부위를 1로 설정하고 로드의 가장 아래인 버트(butt) 부위를 10으로 정하여 로드 전체를 10등분하였을 때, 이 로드의 팁을 거쳐 동일한 무게와 저항이 주어졌을 때 휘어져 들어가는 지점을 보고 액션을 각각 나눈 것이다. 휘어지는 지점에 따라 패스트테이퍼(fast taper), 모데라토테이퍼(moderato taper), 레귤러테이퍼(reguler taper), 슬로우테이퍼(slow taper)로 나눈다.

패스트테이퍼는 주로 로드 팁에서 2~3 부위가 휘는 로드다. 모데라토테이퍼는 주로 4 부위부터 휘어져나가는 로드를 말하며 슬로우테이퍼는 로드의 중간 부분인 5 부위부터 휘어져 들어가는 로드를 뜻한다. 레귤러테이퍼는 어느 한 곳에 치우지지 않고 부드럽고 고르게 휘어지는 형태의 로드를 말한다. 패스트테이퍼와 반대되는 개념으로 보면 된다.

파워

파워는 그 로드로 사용할 수 있는 루어의 무게를 기준으로 분류한 것이다. 기본적으로는 라이트(light), 미디엄라이트(medium light), 미디엄(medium), 미디엄헤비(medium heavy), 헤비(heavy) 등 5종이 기본이 되며 여기서 파생되어 더욱 가벼운 루어를 다룰 수 있는 울트라라이트(ultra light), 더욱 무거운 루어를 다룰 수 있는 엑스트라헤비(extra heavy)가 추가된다. 최근에는 이러한 파워의 기준을 더 세분화하여 팁의 파워와 허리의 파워를 따로 분류하기도 하고 휨새가 달라지는 부하의

필자가 베이트로드로 윌리그를 운용하며 입질을 파악하고 있다.

기준을 다르게 만들어 가변형으로 제작하기도 한다.

좋은 로드의 조건

낚시를 하다보면 "이 낚싯대 정말 기가 막힌다", "이건 물건이야, 물건!" 등 로드에 대해 감탄하는 얘기를 듣게 된다. 정말 좋은 로드라는 뜻으로 이해하면 되겠다. 사실 좋은 로드의 조건이란 게 기준이 모호하긴 하다. 사람마다 선호하는 것이 다르기 때문이다.

그렇다면 정말 좋은 로드는 어떤 것일까? 우리가 흔히 말하거나 듣는 좋은 로드에 대한 이야기는 객관적인 부분과 주관적인 부분이 혼재되어 사용된다고 볼 수 있다. 객관적인 좋은 로드의 조건은 고품질의 부품을 고품질의 성형방법을 통해 제작된 로드라 할 수 있다. 이것은 철저히 자본의 관점에서 본 좋은 로드의 개념이다.

로드는 크게 네 가지의 부품으로 구성된다. 로드의 근간인 블랭크(blank), 가이드(guide), 릴시트(reel seat), 그립(grip)이다. 블랭크는 탄소 원단을 이용하여 제작하는데 이 탄소 원단을 어떤 제품을 사용하여 어떤 방법으로 성형하였느냐, 또 샌딩 등 후가공 처리는 어떻게 하였느냐에 따라 고품질의 블랭크와 저품질의 블랭크로 나뉘게 된다. 가이드나 릴시트, 그립 역시 어떤 소재를 이용해 어떻게 만들었느냐가 바로 좋은

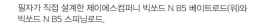

필자가 직접 설계한 제이에스컴퍼니 빅쏘드 N B5 베이트로드(위)와 빅쏘드 N B5 스피닝로드.

로드의 기준이 되는 것이다.

이것은 각 부품·소재의 품질과 가격에 따라 정해지는 것으로 우리가 사용하는 로드의 가격을 만들어낸다. 분명히 비싼 로드는 비싸고 구하기 힘든 소재를 사용한 것이고 사용자의 편의와 환경을 세심하게 고려하여 제작되었기 때문에 좋은 로드라 할 수 있다.

하지만 좋은 로드의 조건은 객관적인 기준보다 주관적인 기준이 많이 개입됐다고 볼 수 있다. 아무리 비싼 부품을 사용해 만든 로드라 할지라도 자신이 사용하고자 하는 낚시 환경과 대상어에 맞지 않는다면 그것은 좋은 로드라 할 수 없다. 즉 다양한 환경과 대상어, 상황에 따라 내가 원하는 대로 컨트롤할 수 있는 로드야 말로 좋은 로드라 할 수 있다. 자신의 생각대로 낚시하게끔 만들어주는 로드야 말로 가장 좋은 로드의 조건 1순위가 아닐까 생각한다.

로드의 제조과정

로드는 카본 원단을 사용해 만들어진다. 종이 같은 카본 원단을 돌돌 말아서 만드는데 말로는 간단해 보이지만 아직도 수작업이 필요한 부분이 많을 정도로 쉽지 않은 공정이다. 크게 제품 기획, 원단 재단, 원단 부착, 롤링과 테이핑, 성형(굽기), 탈심과 절단, 세척, 검수, 도장, 사권과 코팅, 조립, 최종 검수 등의 순서로 만들어진다.

❶ 제품 기획

만들고자 하는 로드의 액션, 파워, 디자인, 소재 채택 등 제품을 만들고자 하는 최초의 기획 단계다. 제조하고자 하는 로드의 성향과 방향이 이때 결정된다.

❷ 원단 재단

로드용 카본 원단은 탄소섬유에 엑포시 수지와 같은 합성수지를 침투시킨 프리프레그(prepreg)로 만들어진다. 이러한 카본 원단은 로드의 종류와 액션, 파워, 제작공법에 따라 제각기 다르게 재단된다. 로드 제작의 실질적인 첫 단계라 할 수 있다.

❸ 원단 부착

수치대로 정확히 재단된 카본 원단은 로드 모양과 유사한 형태의 금속틀인 맨드릴(mandrel)에 부착된다. 이러한 맨드릴은 각 로드의 액션과 파워마다 모두 다 굵기가 다르다. 로드는 이 맨드릴에 따라 기능이 달라진다고 해도 과언이 아니다.

❹ 롤링과 테이핑

롤링 공정은 부착된 카본 원단을 맨드릴에 감아 말아주는 것을 말한다. 이때 균일한 힘으로 감아야 불량이 나지 않는다. 또한 맨드릴에 감긴 카본 원단 위에 일종의 코팅지인 PP필름을 입힌다. 이 PP필름은 카본 원단을 열 성형할 때 발생되는 변형을 막아주기 위해 감아주는 것으로 이것을 테이핑이라고 한다.

❺ 성형(굽기)

맨드릴에 부착되어 롤링과 테이핑 과정을 거친 카본 원단은 전기가마에서 구워지게 된다. 이때 정해진 시간과 정확한 온도, 가열 등이 컴퓨터로 제어되어 균일한 제품들이 만들어지게 된다.

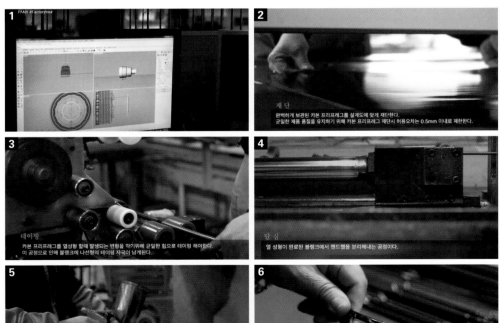

로드 제작 과정을
알고 싶다면 영상 클릭!

1 제품 기획
2 원단 제단
3 테이핑
4 탈심
5 도장작업
6 가이드에 나일론사 등을 감아 블랭크에
　　고정하는 사권작업.

❻ 탈심과 절단

구워진 카본 원단을 맨드릴에서 분리해내는 것을 탈심이라고 한다. 맨드릴에 부착되어 구워진 카본 원단을 블랭크라고 하며 비로소 로드의 형태를 띠게 된다. 이때 제작하고자 하는 로드의 종류에 따라 정확하게 절단을 하여 필요 없는 부분은 버리게 된다.

❼ 세척

절단과 연마에 의해 생긴 불순물과 도장작업을 원활하게 하기 위하여 로드를 깨끗이 세척한다. 초음파를 이용해 불순물을 제거한다.

❽ 검수

절단과 세척까지 이루어진 블랭크는 전문 검수원에 의해 검수가 이뤄진다. 표면 흠집 등 외관 검수부터 시작해 휨새가 적절한지 액션까지 살피게 된다.

❾ 도장

만들고자 하는 로드의 종류별로 도장을 한다. 도장은 찍어 바르는 방식, 에어브러시를 이용한 스프레이 방식 등 다양한 방법으로 이뤄진다.

❿ 사권과 코팅

도장이 완성된 블랭크에 가이드를 고정하거나 심미적 효과를 위해 실을 감는 공정이다. 고급 나일론사 등을 이용해 블랭크에 감아준다. 이 역시 로드의 종류에 따라 가이드가 부착되는 위치가 제각기 다르므로 숙련자가 주로 하게 되며 실이 감긴 부분은 에폭시수지를 이용해 코팅을 한다. 이 코팅 공정을 통해 가이드는 단단히 고정되고 외부환경에 오랫동안 견딜 수 있도록 만들어진다.

⓫ 조립

도장과 가이드 부착이 완성된 블랭크에 릴시트, 라벨, 그립 등을 순차적으로 조립한다. 이 부품들은 완성된 블랭크와 한 치의 오차 없는 크기로 만들어져 있어 빠르고 대량으로 제작할 수 있다.

⓬ 최종 검수

조립이 완성된 로드는 최종 검수를 통해 마지막으로 불량품을 찾아내고 최종 통과된 제품은 판매를 통해 소비자에게 전달된다. 로드 제작을 정말 쉽게 이해할 수 있도록 만들어진 영상 하나를 추천하고자 한다. 이 영상을 큐알코드로 만들어 지면 좌측에 삽입했다. 영상을 보면 로드 제작 과정을 한눈에 파악할 수 있을 것이다.

전용 로드의 세계

나무나 금속으로 만들어진 최초의 루어들은 당시 제작기법과 소재의 한계 때문에 종류가 많지 않았고 그에 따라 로드 역시 종류가 다양하지 않았다. 플라스틱과 고무, 실리콘 등 루어 소재가 다양해지고 제작기법이 발전하게 됨에 따라 요즘 루어의 종류는 그야말로 폭발적으로 늘어난 상태다. 늘어난 루어의 종류에 맞춰 수많은 기법들이 나오게 되었고 그에 맞는 로드들도 대거 등장하게 되었다.

기본적인 로드 사양이라 할 수 있는 5종의 파워(라이트, 미디엄라이트,

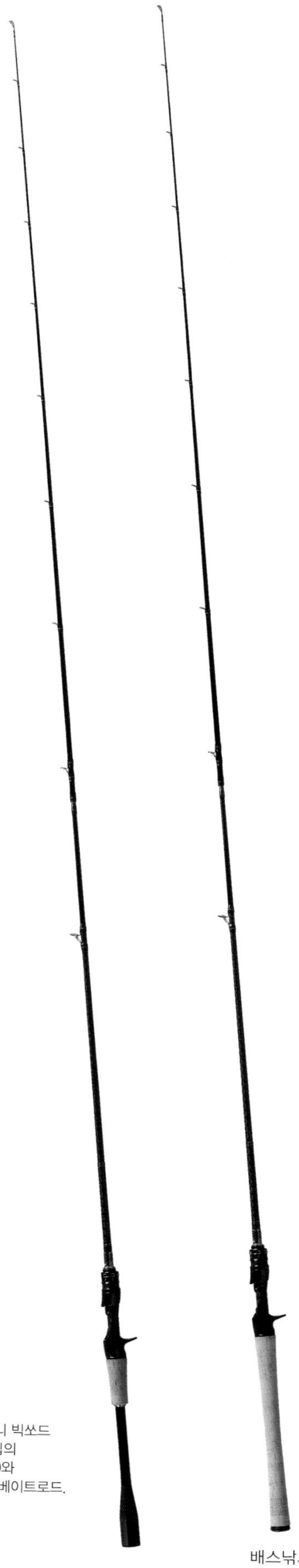

제이에스컴퍼니 빅쏘드
N B3 카본그립의
베이트로드(좌)와
코르크그립의 베이트로드.

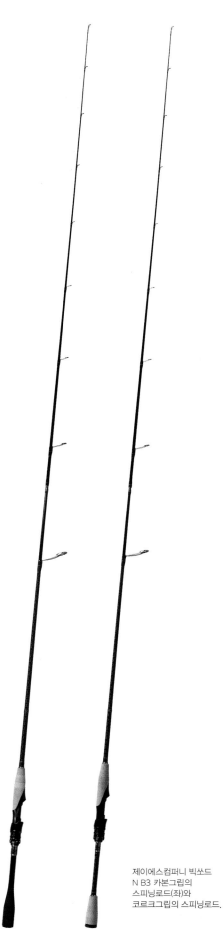

제이에스컴퍼니 빅쏘드
N B3 카본그립의
스피닝로드(좌)와
코르크그립의 스피닝로드.

필자가 배스토너먼트에서 사용할 태클을 고르고 있다.

미디엄, 미디엄헤비, 헤비)에서 루어의 특성, 기법의 다양화에 따라 세분화되었고 그것은 전용 로드로 진화하게 되었다. 루어에 따라 만들어진 전용 로드, 그리고 기법에 따라 만들어진 전용 로드들이 있다. 가장 최근에 만들어진 대표적인 전용 로드를 살펴보도록 하자.

루어에 따라 만들어진 전용 로드

솔리드로드(solid rod), 크랭킹로드(cranking rod), 앨라배마로드(alabama rod)가 대표적이다. 로드는 보통 블랭크가 튜브처럼 속이 비어 있는데 이러한 로드를 튜블러로드(tubular rod)라고 한다. 튜블러로드는 철봉처럼 단단한 게 특징이어서 매우 작고 가벼워 조작하기에 불편한 점이 많아 속이 꽉찬 솔리드로드가 탄생하게 되었다.

솔리드로드는 0.1g 단위로 섬세함을 요구하는 작은 루어들을 캐스팅하거나 조작하는 데 유리하며 주로 2인치 미만 길이의 루어나 스몰러버지그 등과 같은 가벼운 루어를 운용하기 편하게 만들어졌다.

또한 최근 들어 갈수록 커지고 무거워지는 크랭크베이트를 원활히 운용하기 위해서 카본 베이스에 유리섬유 등을 첨가한 크랭킹로드 역시 루어의 발전에 따라 새로 생겨난 전용 로드다. 10여 년 전에 혜성같이 등장했던 앨라배마리그 역시 새로운 루어의 등장으로 인해 전용 로드가 만들어졌다. 이전에는 앨라배마리그의 무게를 감당할 수 있는 엑스트라헤비 파워 로드가 사용했지만 시간이 갈수록 앨라배마리그를 원활하게 운용하고 캐스팅할 수 있는 전용 로드의 필요성이 제기되면서 전용 제품이 출시되기에 이르렀다.

기법에 따라 만들어진 전용 로드

8피트 이상 길이의 베이트캐스팅로드, 베이트피네스로드(bait finess rod), 빅베이트로드(big bait rod) 등을 예로 들 수 있다. 기법에 따라 만들어진 전용 로드는 더 편리하게 낚시를 하기 위해 만들어진 경우가 많다. 로드의 길이를 전통적인 관념에서 벗어나 재해석한 것이 많은 것이 특징이다.

예전의 로드들은 6.6피트 로드를 기준으로 하여 조금 짧게 하거나 조금 길게 만든 것이 대부분이었지만, 비거리가 조과에 큰 영향을 미치는 것을 체득한 앵글러들이 기존의 6.6피트에서 벗어나 7피트, 심지어는 8피트까지 늘려 사용하고 있다. 로드가 길면 길수록 캐스팅 시 무거운 채비를 운용할 수 있는 힘이 늘어나고 그에 따라 비거리가 늘어나는 경우가 많기에 프리리그나 텍사스리그 같은 루어의 경우 갈수록 긴 로드가 유행하고 있다.

그와는 반대로 로드의 길이가 짧아진 예가 빅베이트로드(big bait rod)다. 빅베이트피싱이 유행을 하면서 과거에는 빅베이트를 잘 사용하지 않던 커버나 우거진 수풀에서 캐스팅하고 조작하기 쉽도록 로드 길이가 짧은 전용 로드도 나오고 있다. 로드가 짧으면 짧을수록 통상적으로 무게 허용 범위가 넓지 않아 무거운 빅베이트를 캐스팅하기가 쉽지 않다. 짧고 강하게 만든다고 하더라도 너무 빳빳한 로드가 되어버려 빅베이트를 운용하기가 여간 어려운 게 아니었다. 하지만 최근에는 짧으면서도 팁은 유연하고 허리는 강한 근거리 빅베이트피싱 전용 로드도 출시되어 매니아들을 열광시키고 있다.

작은 루어는 큰 루어에 비해 입질 빈도는 높지만 그런 작은 루어를 사용하려면 스피닝로드 밖에 없었다. '작은 루어를 잘 날릴 수 있는 캐스팅로드'의 필요성이 대두되면서 베이트피네스로드가 등장하게 됐다.

REEL SEAT
베이트로드 릴시트의 종류와 변천과정

릴시트는 릴과 로드를 결합시켜주는 부품이다. 사용하는 루어의 무게가 폭 넓은 베이트로드는 캐스팅 거리에 영향을 미치는 릴시트의 경량화와 파지감이 중요하게 여겨졌으며 이를 중심으로 개발이 이뤄지고 기능이 향상되어 왔다. 아래 소개하는 릴시트는 현재 베이트로드에 사용하고 있는 제품들로서 모두 후지공업이 개발한 것이다.

ACS(Accuracy Casting Seat)
2007년에 선보인 모델인 ACS는 ECS보다 더욱 가볍고 작아졌으며 캐스팅 향상에 초점을 맞춰 트리거를 디자인한 것이 특징이다. 평균 혹은 그 이하의 작은 손을 가진 앵글러, 평균 이하 사이즈의 로프로필(low profile)형 릴, 거의 모든 태클에 고루고 쓰이고 있다.

TCS(Multipurpose Trigger Reel Seat for Bait Casting Rod)
큰 손을 가진 앵글러나 장구통형 릴, 1온스급 스피너베이트, 딥크랭크베이트, 빅베이트 운용 등 악력을 유지해야 하는 헤비 태클에 쓰인다. TCS는 릴시트와 그립이 일체화된 종전의 형태에서 벗어나, 블랭크를 릴시트에 꽂은 후 그립의 길이와 형태를 유동적으로 재단 가능하게 했다. 이러한 릴시트를 파이프(pipe) 타입이라고 부른다. 1995년 출시 뒤 롱런하고 있다.

SKTS(Skeleton Trigger Seat)
스켈레톤 릴시트로 불리는 SKTS는 200g 이하의 작은 로프로필형 릴, 베이트피네스를 비롯한 라이트 태클에 적합하다. ACS보다 부피를 줄이기 위해 블랭크를 노출시켰다.

ECS(Blank Exposed Casting Reel Seat)
2000년 TCS에서 부피를 더욱 줄이고, 릴 밑의 트리거 앞으로 만든 공간에 블랭크를 노출시켜 손으로 전해지는 감도를 높인 ECS 모델이 출시됐다. 평균 혹은 그 이상의 큰 손을 지닌 앵글러, 베이트피네스로드를 제외한 거의 모든 베이트로드에 쓰이고 있다.

PTS(Palming Trigger Seat)
후지공업이 2013년 출시한 PTS는 다양한 유형의 손과 대다수의 태클에 훌륭히 대응한다는 평가를 받고 있다. 이름처럼 손바닥으로 자연스럽게 감싸도 트리거를 포함한 릴시트 전체를 자연스럽게 파지할 수 있으며 적절한 각도의 트리거를 이용하면 루어의 무게와 관계없이 캐스팅을 쾌적하게 만들어준다.

REEL
스피닝릴과 베이트릴의 특징과 활용

릴은 루어와 연결된 라인을 풀고 감는데 쓰는 도구다. 릴이 없던 시기에는 얼레 같은 도구를 이용해 라인을 감았다. 릴이 등장하면서 낚시는 비약적으로 발전하게 됐다. 릴의 기능은 라인을 풀고 감는 것을 넘어서 루어를 멀리 날릴 수 있는 기능까지 수행하는 도구가 됐다. 캐스팅이 가능해짐에 따라 원거리 공략이 가능하게 되었고 더 정교하게 던질 수 있게 되었다. 릴은 라인의 방출방식에 따라 스피닝릴과 베이트릴 두 가지로 나뉜다.

스피닝릴

스피닝릴은 전 세계에서 가장 많이 사용하고 있는 릴이다. 조작하기 쉬운 것이 장점으로 많은 낚시 장르에서 이 스피닝릴을 사용하고 있다. 스

스피닝릴의 구조와 명칭

피닝릴은 특유의 생김새로 인해 각각의 구조와 명칭이 있는데 주된 구조는 릴을 감아 들이는 핸들(handle), 핸들을 돌리면 돌아가는 로터(rotor), 로터와 연결되어 라인을 감는 스풀(spool), 라인을 방출시키는 픽업베일(pick-up bail), 역회전방지레버 이렇게 다섯 가지다. 그 외에 드랙노브(drag knob) 등의 장치가 있다.

핸들

라인을 감아 들이는 장치다. 핸들노브(handle knob)를 잡고 돌린다. 캐스팅할 때는 사용하지 않지만 캐스팅 후나 로드로 액션을 줄 때 라인을 감아 들이는 기능을 수행한다. 예전에는 핸들을 접을 수 있게 만들었으나 최근에는 내구성과 강도를 보강하기 위하여 일체형으로 제작하고 있는 추세다. 플라스틱, 카본, 금속 등의 소재를 사용하고 있다.

로터

로터는 핸들을 돌리게 되면 돌아가는 구동계로 스피닝릴의 핵심 장치라고 할 수 있다. 핸들을 돌리면 기어를 통해 로터에 전달되고 이 로터는 세팅된 기어비에 따라 아래위로 회전하면서 상하운동을 하게 된다.

스풀

라인이 감기는 부품으로 로터와 결합해 사용한다. 핸들을 돌릴 경우 로터가 돌아가며 로터와 결합된 스풀은 회전운동이 아닌 상하운동만 하게 되는데 이때 스풀에 라인이 감기게 되는 것이다. 한편 스풀엔 드랙을 조절하는 드랙노브가 달려 있다. 드랙은 물고기를 걸었을 때 맞서는 힘을 말하는 것으로 드랙력이 높으면 물고기와 맞설 수 있는 힘도 강하다는 뜻이다. 드랙노브를 돌려 드랙의 강약을 조절한다.

픽업베일

픽업베일은 스풀에 연결된 라인을 컨트롤하는 기능을 맡고 있다. 이 픽업베일의 열림과 닫힘을 통해 라인의 방출을 관리할 수 있다. 캐스팅할 때는 픽업베일을 젖힌 후 던진다. 픽업베일을 닫으면 라인은 더 이상 풀리지 않는다. 베일에는 라인롤러(line roller)가 있으며 라인롤러를 거쳐 스풀에 라인이 감긴다.

역회전방지레버

스풀의 풀림 방향을 조정할 수 있는 장치다. 레버를 ON 상태에 놓으면 핸들이 한쪽 방향으로만 움직이고 OFF 상태로 놓으면 앞뒤 방향으로 자유자재로 움직인다. 평상시엔 ON 상태로 놓는다.

[이미지 라벨] 릴다리, 픽업베일, 로터, 역회전방지레버, 핸들, 라인롤러, 스풀, 드랙노브, 핸들노브

루어를 캐스팅하고 있는 낚시인.

활용

스피닝릴은 캐스팅 후 라인을 관리하기가 비교적 쉽다. 캐스팅 후 줄이 꼬이고 엉키는 현상을 백래시(backlash)라고 하는데 스피닝릴은 구조적으로 스풀이 움직이지 않고 라인만 풀려나가는 방식이어서 스풀 전체가 회전하는 베이트릴보다 라인 엉킴이 적다. 이러한 독특한 라인 풀림 방식은 또 다른 장점을 가지고 있는데 바로 가벼운 루어를 던질 수 있다는 것이다.

베이트릴은 캐스팅 시 루어가 어느 정도 무게가 나가야 스풀에 감긴 라인을 끌고 나가며 스풀을 회전시킨다. 루어의 무게가 가벼우면 라인을 끌고 나가는 힘이 부족하게 되고 라인이 방출되려는 힘과 스풀의 회전속도가 차이가 나면서 백래시가 발생하게 된다.

이와 비교해 스피닝릴은 스풀은 회전하지 않고 고정되어 있어 라인만 풀려나간다. 매우 가벼운 루어라고 해도 별 문제없이 던질 수 있는 것이다. 단점은 라인의 꼬임이 일어난다는 것이다. 픽업베일의 라인롤러에 의해 라인이 한 번 꺾여서 스풀에 감기는 구조이기 때문에 오래 사용하면 라인이 꼬이는 현상이 발생한다.

스피닝릴은 다른 장르에선 주력 장비 역할을 하지만 배스낚시에선 그렇지 못하다. 캐스팅 횟수가 많고 루어가 다양한 배스낚시에선 힘이 강하고 캐스팅 정확도가 뛰어난 베이트릴이 쓰임새가 많기 때문이다. 스피닝릴은 소형 루어를 사용할 때 주로 쓰인다.

배스낚시에 많이 사용하는 스피닝릴의 크기는 1000번에서 2500번까지다. 최근에는 라인 제작기술이 발전함에 따라 PE라인(합사)을 사용하는 일이 늘어남에 따라 갈수록 소형화되고 있는 추세다.

로드 조합

1000번대 스피닝릴을 기준으로 울트라라이트 파워 로드, 2000번대 스피닝릴을 기준으로 라이트, 미디엄라이트 파워 로드가 베스트매칭이라 할 수 있다. 스피닝릴은 풀려나가는 라인이 통과하는 첫 번째 가이드의 구경에 따라 비거리가 꽤 많이 차이가 난다. 파워에 맞춰 릴을 선택했다면 두 번째는 로드의 첫 번째 가이드 구경과 내가 사용하고자 하는 릴의 스풀 크기를 맞춰보는 것이 중요하다.

베이트릴

베이트릴은 캐스팅 시 루어의 무게에 의해 스풀에 감긴 라인이 풀려나간다. 스풀에 감긴 라인과 풀리는 방향이 같기 때문에 강하고 빠르게 감아 들일 수 있다. 구조를 보면 라인을 감아 들일 때 쓰이는 핸들, 라인이 감기도록 조절하는 기어부, 라인이 감기는 스풀, 라인의 풀림을 조절하는 브레이크시스템, 감아 들이는 힘을 조절하는 드랙으로 나눠 살펴볼 수 있다.

핸들

하나의 핸들에 두 개의 핸들노브가 달린 형태가 일반적이다. 릴의 무게를 줄이거나 힘 있게 감아 들이기 위해서 핸들노브가 한 개만 달려 있는 것도 있다. 캐스팅 후 루어와 라인을 감아 들이는 역할을 하며 플라스틱, 금속, 카본 등 다양한 소재로 만들어진다.

기어부

베이트릴의 힘과 속도를 조절한다. 메인기어의 크기와 기어 산(山, 기어 톱니의 촘촘한 정도)의 정도 등으로 속도를 조절한다. 메인기어는 레벨와인더(level winder)라고 하는 라인 방출구를 구동시키는 부위와 맞물려 있어 핸들을 돌리면서 자동으로 스풀에 라인을 고르게 감기게 하는

원심 또는
마그네틱브레이크
(핸들이 있는 보디의
반대편 중앙 쪽에 있다)

스풀

메커니컬브레이크

핸들노브

핸들

레벨와인더

릴다리

스타드랙

베이트릴의 구조와 명칭

역할도 한다.

스풀
라인이 감기는 부위로 캐스팅할 때와 감아 들일 때 모두 회전한다.

브레이크시스템
베이트릴에서만 볼 수 있는 기능이다. 캐스팅 시 방출되는 라인을 컨트롤할 수 있는 시스템으로 그만큼 베이트캐스팅이 까다롭다는 것을 보여주는 증거라 볼 수 있다. 브레이크시스템은 물리적으로 스풀의 회전에 저항을 주는 메커니컬브레이크(mechanical brake)가 있으며 핸들이 달려 있는 보디 쪽에 붙어있다. 다이얼 형태로 감고 풀면서 저항을 가감한다.
한편, 핸들 반대쪽에도 브레이크시스템이 있다. 브레이크 방식에 따라 마그네틱브레이크, 원심브레이크로 나뉜다. 마그네틱브레이크는 자력을 통해 스풀 회전수를 조절하고 원심브레이크는 원심력에 의해 튀어나온 브레이크슈의 마찰로 스풀을 제어하는 방식이다.

드랙
메인기어에 한 장 또는 여러 장의 브레이크패드를 넣어 제어 강도를 조절한다. 드랙에 소리를 내는 핀을 넣어 다이내믹한 재미를 느낄 수 있는 제품도 있다.
이 드랙 기능은 핸들과 함께 달려 있는 별 모양의 스타드랙(star drag)으로 조절할 수 있다. 스타드랙을 돌려 물고기를 걸었을 때 어느 정도의 힘으로 버티게 할지 조절한다.

활용
배스낚시에서 베이트릴은 필수다. 하지만 캐스팅할 때 라인의 방출속도와 스풀의 회전속도의 차에 의해 발생하는 라인 엉킴, 백래시가 입문자들에게 어려움으로 다가온다. 이러한 이유로 브레이크시스템이 갈수록 진화하고 있다. 원심브레이크와 마그네틱브레이크로 대변되던 브레이크시스템이 이제는 디지털브레이크의 등장으로 백래시의 걱정을 덜어주고 있다. 최근의 베이트릴은 원심과 마그네틱이 혼합된 가변브레이크도 등장했는데, 작은 힘으로도 멀리 정확하게 포인트를 공략할 수 있는 것이 장점이다.
구동부는 갈수록 고기어비로 가고 있는 것이 특징이다. 예전에는 6점대 기어비가 최고로 여겼으나 최근에는 무빙루어의 활용도가 높아짐에 따라 7점대 이상의 기어비가 많이 쓰이고 있다. 핸들링 속도와 힘에 있어 장점이 많은 파워핸들을 선호하는 추세다.

로드 조합
힘 있고 스피디한 낚시가 유행함에 따라 장르에 맞춰 로드가 세분화되고 있다. 이에 따라 파워피싱에 적합한 베이트릴이 인기를 얻고 있다. 예전엔 미디엄헤비 파워를 기본으로 삼는 추세였으나 최근에는 미디엄이 중심을 차지하고 있다. 이 미디엄 파워를 기준으로 미디엄헤비, 헤비, 엑스트라헤비 로드에 베이트릴을 결합해 사용하고 있다. 베이트피네스란 영역이 개척되면서 스피닝릴이 주로 쓰이던 라이트 파워 로드까지 베이트릴이 활용되고 있다.

LINE · HOOK · ACCESSORY
낚싯줄의 종류 · 훅의 구조 · 구비해야 될 소품들

라인

루어의 종류가 많고 기법이 다양한 배스낚시에서 그에 맞는 라인을 사용하는 것은 중요하다. 높은 강도를 요구하는 헤비커버나 장애물에서 강도가 높은 카본라인이나 합사를 사용하고 물에 떠서 움직이는 루어를 운용할 때는 비중이 높은 나일론라인을 써야 한다.

라인은 만드는 방법에 따라 하나의 줄로 이뤄진 단사(單絲, monofilament line)와 여러 줄을 꼬아서 만든 합사(合絲)로 나뉜다. 단사는 다시 소재에 따라 카본라인(carbon line), 나일론라인(nylon line)으로 분류한다. 배스낚시에 쓰이는 라인은 카본라인, 나일론라인, 합사 중하나다.

나일론라인(위)과
카본라인

나일론라인

물에 잘 뜨고 신축성이 뛰어나다. 수면이나 수중에 강하게 액션을 주는 하드베이트피싱에 적합하다. 루어와 연결할 때 충격을 완화해주는 쇼크리더(shock leader)용으로도 많이 쓰인다. 모노라인이라고도 부르는데 정확한 명칭은 나일론라인이다.

카본라인

표면장력보다 비중이 무거워 물에 가라앉는다. 나일론라인보다 인장강도가 강하여 바닥에 루어를 가라앉혀 운용하는 웜낚시, 라인의 높은 강도가 필요한 커버낚시에서 주로 사용되고 있다.

합사

여러 가닥의 줄을 꼬아서 만들었다. 몇 가닥을 사용하였느냐에 따라 4합사, 8합사, 12합사 등으로 나뉜다. 인장력이 제로에 가깝기에 완충력이 거의 없어 순간적인 충격에 끊어지는 경우가 많다. 그러나 평균강도는 단사에 비교해 매우 높다. 수초 같은 헤비커버를 공략할 때나 프로그 루어를 사용할 때 사용한다.

훅

훅의 구조
훅아이(hook eye)

바늘구멍. 이 구멍으로 라인을 묶어 사용한다. 굵은 라인을 많이 사용하는 배스낚시에선 훅아이가 여러 모로 편리하다.

미늘

갭(품)

훅포인트
(바늘 끝)

생크(바늘허리)

훅아이
(바늘구멍)

배스낚시용 바늘(hook)의 구조와 명칭

미늘(barb)

바늘 끝과 반대방향으로 나있는 뾰족한 부위를 미늘이라고 한다. 대상어의 입에 바늘이 박혔을 때 빠지지 않도록 하기 위한 용도다. 최근에는 대상어를 다치지 않게 하기 위해 무미늘 제품을 사용하고 있는 추세다.

갭(gap)

배스낚시 전용 훅은 어떤 루어를 사용하느냐에 따라 그 종류가 달라진다. 가장 큰 차이는 바늘 끝과 허리의 간격인 갭(품)이다. 통통한 웜을 사용할 경우 갭이 큰 것이 좋고 가는 형태의 웜은 갭이 넓을 필요가 없다.

생크(shank)

바늘허리를 말한다. 루어의 종류에 따라 생크의 길이와 형태가 달라진다.

훅의 종류

스트레이트훅(straight hook)

흔히 플리핑지그(Flipping Jig)라고 부른다. 배스낚시에서 가장 먼저 쓰기 시작했다. 훅아이에서 생크까지 꺾임 없이 일자로 쭉 뻗은 형태다. 주로 커버낚시에서 챔질 성공률을 높이기 위해 사용한다. 이 일자형 생크는 챔질 시 힘의 손실 없이 바늘 끝인 훅포인트에 전달되므로 챔질 성공률이 높다.

오프셋훅(offset hook)

스트레이트훅은 일자 형태여서 웜에 빠지는 일이 많아 이를 방지하기 위해 생크를 한 번 꺾었다. 우리가 요즘 사용하는 배스낚시용 바늘은 대부분 오프셋훅이다.

와이드갭훅(wide gap hook)

오프셋훅의 한 종류로 가장 많이 사용되고 있다. 일직선이던 생크를 둥글게 처리하여 좀 더 다양한 방식으로 웜을 꿸 수 있도록 만들었다.

채비 전용 훅

드롭샷(다운샷)리그, 네꼬리그, 와키리그 등 웜채비에 특화된 바늘이다. 바늘이 작고 그에 따라 가벼운 것이 특징으로 채비의 자연스러운 움직임을 도와준다. 다른 바늘에 비해 이물감이 적어 입질 유도 기능이 뛰어나다는 것도 장점이다.

트레블훅(treble hook)

바늘이 세 개 달려 있다. 하드베이트에 많이 쓰인다. 바늘이 많다 보니 배스가 살짝만 입을 대도 입이나 몸에 걸리는 경우가 많아 챔질 성공률이 높다. 하지만 반대로 밑걸림이 굉장히 심하다. 이러한 밑걸림을 극복하기 위해 세 개인 훅을 두 개로, 두 개인 훅을 하나로 튜닝하기도 한다.

낚시복

낚시모자

여러 대의 로드를 묶어 보관할 때 편리하게 쓰이는 로드밴드.

낚시용 파우치

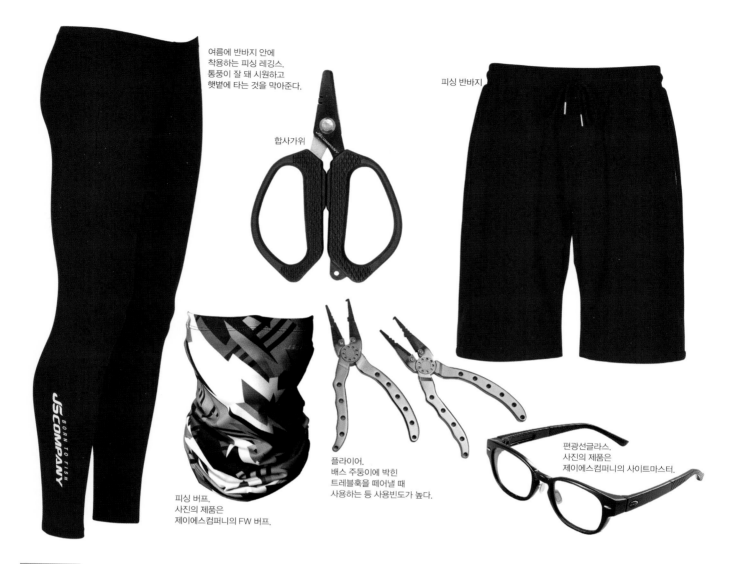

여름에 반바지 안에 착용하는 피싱 레깅스. 통풍이 잘 돼 시원하고 햇볕에 타는 것을 막아준다.

합사가위

피싱 반바지

피싱 버프. 사진의 제품은 제이에스컴퍼니의 FW 버프.

플라이어. 배스 주둥이에 박힌 트레블훅을 떼어낼 때 사용하는 등 사용빈도가 높다.

편광선글라스. 사진의 제품은 제이에스컴퍼니의 사이트마스터.

액세서리

낚시복

예전에는 일상복 그대로 입고 낚시를 하는 일이 많았지만 최근에 아웃도어룩 열풍이 낚시까지 번져 일상복으로도 입을 수 있는 낚시복들이 많이 나오고 있다. 최근 낚시복의 트렌드는 기능성이다. 땀을 빠르게 흡수하고 비와 바람을 막아주는 방수 성능 등을 중요하게 여기고 있다.

모자

직사광선을 그대로 맞는 야외활동 특성상 모자는 머리와 얼굴을 보호하고 햇빛을 막아주는 역할을 한다. 예전엔 여름이나 겨울에 모두 똑같은 모자를 착용했지만 최근에는 다양한 소재의 모자가 개발되었다. 여름엔 메시 원단의 모자를 착용해 통기성을 높이고 겨울에는 따뜻한 기모 소재로 만들어 체온을 보호한다. 또한 디자인도 갈수록 부각되어 스냅백의 대유행을 불러일으키기도 했다.

루어백

루어를 수납한 태클박스, 라인, 물병 등을 수납할 수 있는 루어낚시용 가방이다. 어깨 한쪽으로 메는 가방, 허리에 감아 고정하는 가방, 백팩저럼 양 어깨에 메는 가방 등 다양한 형태가 출시되고 있다.

라인커터, 합사가위

라인커터, 합사가위는 루어를 교체할 때 라인을 자르거나 끊을 때 쓰는 도구다. 합사 같이 강한 라인은 합사가위가 필수다. 끝이 매우 날카롭고 매끈한 제품이 좋다.

편광선글라스

낚시인은 항상 수면에 반사된 자외선에 노출되어 있다. 히말라야 설원에서 자외선 반사를 막기 위해 항상 선글라스를 쓰고 있는 것처럼 낚시 역시 수면에 반사된 자외선에 노출된 눈이 노화, 시력 감퇴 등을 막기 위해 선글라스를 쓰는 게 좋다. 선글라스를 쓴다면 편광선글라스를 권한다. 눈에 보이지 않는 세로줄 필름을 입힌 편광렌즈는 난반사를 잡아주고 물속을 좀 더 선명하게 보여준다. 물고기를 보고 잡는 사이트피싱(sight fishing)에서는 필수품이라 할 수 있다.

내 생애 첫 장비 업그레이드
남들 말고, 자신의 낚시 스타일과 낚시터에 맞춰라

1998년, 고3이라는 힘겨운 스트레스를 풀기 위해 아버지와 같이 당시 붕어낚시터로 유명하던 경남 함안의 악양수로를 찾았지만 잡히는 건 참붕어 한 마리. 어디서 본 건 있어서 철수를 앞두고 살림망의 참붕어를 등꿰기하여 물에 집어넣었다. 찌가 둥실둥실~! 챔질을 했고 비록 놓쳤지만 생전 처음 보는 물고기를 볼 수 있었고 그 물고기 이름은 배스라고 했다. 그 뒤로 전용 장비 없이 아버지의 낚시창고에서 몰래 훔친(?) 농어용 트리플조인트 미노우를 감성돔 1호대에 달아 던지길 수십 번, 창원 동읍의 서천저수지에서 처음으로 루어를 이용해 배스를 낚았던 기억은 아직도 잊히지 않는다.

그로부터 20여 년이 흐른 지금… 어마어마한 수의 루어와 전용 보트까지 보유하게 되는 지경(?)까지 이르게 되었다. 그 과정에 얼마나 많은 장비를 샀다가 교체하고 또 바꿨는지. 비슷한 스펙의 장비 중 어느 것을 살 것인가 고민과 번뇌를 수십 번에 거쳐 지금에 이르게 되었다. 20여 년 동안 로드와 릴을 업그레이드하면서 습득한 노하우와 경험을 '옥잠이와 블리'란 주인공을 통해 스토리텔링 방식으로 공유해보고자 한다. 옥잠이는 배스낚시 10년차 베테랑이고 블리는 옥잠이의 여자친구로서 배스 낚시에 입문해 생애 첫 장비 업그레이드를 앞두고 있다.

STORY 1
블리, 입문 후 첫 장비 업그레이드를 앞두다

옥잠이는 몇 시간 전부터 계속해서 낚시쇼핑몰 사이트만 뒤적거리고 있다. 여자친구의 장비 업그레이드를 위해서다. 옥잠이의 여자친구인 블리 역시 배스낚시를 좋아하는데 초보 딱지를 갓 떼었다. 여자친구를 위해 꽤 쓸 만한 로드와 릴, 그리고 루어를 사주고 싶은 것이다.

지금 블리가 가지고 있는 건 입문용 베이트로드와 릴. 하지만 블리는 남자친구인 옥잠이의 고급 베이트릴과 베이트로드를 못내 부러워하고 있었고 은연중에 사달라고 졸라대고 있었다. 옥잠이는 블리의 수준에 딱 맞는 로드와 릴을 사주고 싶다. 블리에게 전화를 걸었다.

"블리야, 내일 주말인데 뭐해?"

"응 옥잠아, 나 안 그래도 전화하려고 했었어. 우리 내일 날씨도 좋은데 낚시 가자!"

"그럼 우리 서낙동강 다리 부근에서 볼까? 도심하고도 가까우니까 좋잖아."

"그래 좋아~. 거기가 가깝고 화장실도 있고. 좋아!"

"헤헤, 그래 좋아. 가자고. 내일 데리러 갈게."

시간은 흘러 주말 서낙동강 다리. 옥잠과 블리는 나란히 로드를 드리우며 물가에 서있다

이제는 베이트로드와 릴을 제법 능숙하게 사용하는 블리. 옥잠이는 캐스팅부터 챔질까지 제법 능숙하게 하는 블리가 대견스럽까지했다.

"옥잠아. 나 이제 베이트로드 잘 쓰지? 나도 이제 너처럼 좋은 릴과 로드를 사서 멋있게 낚시하고 싶어."

"그래? 하긴 좋은 장비로 업그레이드하면 유리한 점이 많긴 하지. 하지만 무턱대고 좋은 거 쓴다고 잘 잡히는 것도 아니고 자기에게 맞게 차근차근 업그레이드하는 게 좋아"

"구체적으로 어떻게?"

ADVICE 1
지금 쓰는 루어에 맞춰라

낚시 경력이 늘어나면 자신이 주로 사용하는 루어가 어떤 것인지, 웜채비이든 하드베이트든 주된 무게가 얼마나 되는지 대략 알게 된다. 이렇게 자신이 주로 사용하는 루어를 알게 되면 무게와 용도에 따라 업그레이드할 로드를 고를 수 있게 된다.

주로 사용하는 루어의 무게에 따라 로드를 고른다면 그 루어의 파워와 액션에 따라 또 로드를 세분화할 수 있다. 1온스(약 28g)를 기준으로 주로 사용하고자 하는 루어가 14g 이상이면 H, MH 파워 이상의 로드를, 만약 그 이하라면 M, 또는 ML파워를 가진 로드를 고르면 정확하다. 또한, 액션 역시 사용하고자 하는 루어에 따라 갈라지게 되며 웜채비를 주로 사용한다면 패스트테이퍼를 가진 로드를, 하드베이트를 주로 사용한

다면 레귤러, 또는 슬로우테이터 액션을 가진 로드가 유리하다.
주로 사용하고자 하는 루어의 무게에 따라 로드를 골랐다면, 다시 사용하고자 하는 루어의 용도에 따라 릴을 골라보도록 하자. 루어는 크게 웜리그와 하드베이트로 나뉜다. 이러한 루어 종류에 따라 사용하고자 하는 릴의 종류와 기어비를 맞춘다면 성공적인 첫 번째 장비 업그레이드가 될 가능성이 높다.

STORY 2
비싼 장비가 좋은 장비 아닌가?
옥잠이에게 로드와 릴 업그레이드 시 알아야 할 사항을 듣게 된 블리. 하지만 궁금증이 생겨났다. 수만 원대의 릴과 로드부터 100만원대의 릴과 로드까지…. 시중에는 너무나도 좋고 비싼 장비들이 넘쳐나기에 가장 비싼 제품이 좋은 것이 아닐까 하는 생각도 드는 것이 사실.
"옥잠아, 근데 제일 좋은 장비를 바로 사면 쉽게 해결되는 문제 아니야?"

"그래, 그럴 수도 있겠지. 비싼 제품이 좋은 건 사실이야. 하지만 용도에 맞지 않는 릴과 로드는 아무리 비싸더라도 제값을 치루지 못하는 법이지."
"아, 아무리 비싼 제품이더라도 용도에 맞지 않으면 그 가치가 떨어지는구나."
"그럼! 게다가 한 번에 바로 제일 비싼 제품으로 가버리면 낚시에 대한 흥미도 떨어지는 경우가 많고 여러 가지 장비를 이해하지 못한 상태가 되어버리기 때문에 장비에 대한 이해도도 떨어지지. 그리고 100만원이 넘는 돈은 정말 큰 부담이 되잖아?"
"용도에 맞게 적절한 가격의 제품을 사는 것이 가장 현명한 업그레이드겠구나."
"그러면 어떤 가격대를 골라 사는 것이 가장 현명한 소비이고 업그레이드일까?"

루어의 무게에 따른 로드 선택

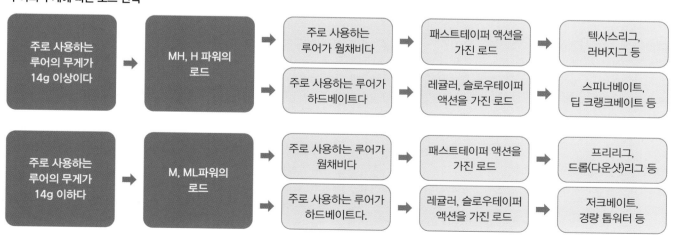

루어의 종류에 따른 릴 선택

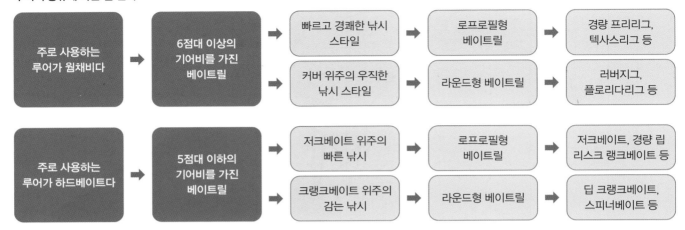

		빠르고 경쾌한 낚시 스타일 →	로프로필형 베이트릴 →	경량 프리리그, 텍사스리그 등
주로 사용하는 루어가 웜채비다 →	6점대 이상의 기어비를 가진 베이트릴 →	커버 위주의 우직한 낚시 스타일 →	라운드형 베이트릴 →	러버지그, 플로리다리그 등
주로 사용하는 루어가 하드베이트다 →	5점대 이하의 기어비를 가진 베이트릴 →	저크베이트 위주의 빠른 낚시 →	로프로필형 베이트릴 →	저크베이트, 경량 립리스크 랭크베이트 등
		크랭크베이트 위주의 감는 낚시 →	라운드형 베이트릴 →	딥 크랭크베이트, 스피너베이트 등

상향평준화된 장비, 중급기에서 골라라

비싼 장비는 좋은 재료와 많은 인건비가 투자된 제품이다. 즉, 비싼 제품은 당연히 좋을 수밖에 없다. 비싼 장비는 낚시를 편하게 해주는 건 사실이지만 조과까지 책임져주는 것은 아니다. 자신이 사용하고자 하는 루어와 사용 환경, 목적에 걸맞은 릴과 로드, 루어가 적절히 조화될 때 좋은 조과가 나오는 것이다. 무조건 비싸다고 하여 업그레이드가 잘 됐다고할 수 없다.

최근에는 신소재의 발견 및 사용, 주문자 생산 방식(OEM)의 확대로 인해 좋은 재료를 사용한 제품이 예전에 비해 가격이 많이 내려간 상황이다. 즉 제품 자체가 10여 년, 20여 년 전에 비해 급속도로 발전하여 제품의 질이 상향평준화가 되고 있는 추세다. 그러기에 현명하게 업그레이드하기 원한다면 시장에 주로 나와 있는 중급기 정도가 알맞다. 릴과 로드 가격대를 알아보고 소재, 생산지 등 여러 가지를 고려하여 구매하는 것이 좋다.

샛수로 워킹낚시에서 얻은 깨달음

장비 업그레이드에 대한 이런 저런 이야기를 하면서 워킹낚시를 하고 있는 옥잠이와 블리. 서낙동강 상류 쪽으로 조금씩 올라가다 보니 조그마한 지류가 나타났다. 폭은 약 5m 정도의 샛수로이지만 수심이 꽤 나오고 나뭇가지들로 얼기설기 얽혀 있는 지역이다. 블리는 아까부터 투덜대고 있었다. 이렇게 폭이 좁고 나뭇가지들이 많은 곳에서도 배스가 나오냐는 거다.

"이런 곳에서도 배스가 나와?"

"그럼! 이런 곳일수록 배스가 은신하기 쉬운 곳이기 때문에 더 많은 배스가 있지."

옥잠은 연신 좁은 곳으로 루어를 밀어 넣어 입질을 받아내고 있다. 하지만 블리는 나뭇가지 등 장애물 때문에 로드를 다루기 불편해서 캐스팅조차 못하고 있는 상황이다. 블리가 옥잠의 로드를 자세히 보니 서낙동강다리에서 쓰던 로드와는 다른 것을 쓰고 있는 것처럼 보였다. 그렇다. 옥잠은 사방으로 나뭇가지가 얽혀있는, 이런 좁은 수로용으로 따로 로드를 챙긴 것이다. 블리는 심술이 나기 시작했다

"흥, 네가 그러면 그렇지. 솔직히 얘기해 너 로드 바꿨지?"

"어떻게 알았어? 방금 전에 다리 밑에서 쓰던 로드와 다른 거야."

"왜 바꿨어? 바꾸기 전의 로드로도 충분히 할 수 있는 거 아냐?"

"맞아. 그런데 여긴 캐스팅이 원활하게 할 수 없을 만큼 수풀이 우거진 곳이잖아? 그래서 길이가 짧은 로드로 바꿨어. 다양한 곳에서 낚시를 하려면 다양한 스펙의 로드는 필수지."

"난 이런 곳에서 낚시하는 게 별로야. 좁고 캐스팅도 어렵고."

"그건 네가 탁 트인 호수나 강가에서 낚시를 많이 해서 그래. 그런 곳을 선호한다면 굳이 짧은 로드는 필요 없지. 하지만 언젠가는 필요에 의해서 이런 짧은 로드를 원하게 될 걸?"

이 말과 동시에 옥잠의 로드에 입질이 포착되었다. 힘찬 훅셋 후 끌려나온 녀석은 50cm가 넘는 빅배스. 캐스팅조차도 못하고 있던 블리가 전용장비의 중요성을 느끼는 순간이었다. 생각보다 짧은 로드의 필요성이 빨리 드러났다.

주로 가는 낚시터의 환경에 맞춰라

자신이 주로 낚시하는 환경에 맞춰 업그레이드한다. 광활하고 탁 트인곳이라면 비거리가 좀 더 나오고 먼 거리에서도 훅셋이 용이한 긴 로드를 선택한다. 폭이 좁은 수로, 수풀이 우거지거나 나뭇가지가 많은 지역에선 짧고 파워가 강한 로드가 유리하다.

로드의 업그레이드 시 길이도 매우 중요한데 자신이 자주 가거나 선호하는 필드의 특성을 고려하여 업그레이드하는 게 좋다. 최근에는 로드의

길이가 주로 길어지고 있는 추세이나 벨리보트 전용 스펙으로 짧은 로드들이 출시되고 있으니 그러한 로드를 이용하는 것도 좋은 방법이다.

어느새 해가 저물고 옥잠이와 블리는 하루 낚시를 마무리했다. 옥잠이는 여자친구가 고기를 못 잡은 것이 못내 마음에 걸렸다.

"오늘은 고기를 못 잡았지만 다음에는 더 많이 잡을 수 있을 거야. 걱정 마."

"아니야, 난 오늘 많은걸 배운 것 같아. 특히 내가 어떤 면을 더 배우고 그에 맞춰서 어떤 장비를 업그레이드 하는 것이 효율적인가를 배운 하루 같아."

"오~ 너 웬일이야. 갑자기 어른스러워졌는 걸?"

"흥, 너 나 장비 사주기로 한 거 잊은 건 아니지? 다음 주에 우리 루어 전문숍에 같이 가보자. 거기 가서 직접 보고 네 조언도 들어서 장비를 구입하고 싶어."

STORY 4
루어숍에서 생긴 일

모처에 있는 루어숍을 방문한 옥잠과 블리. 블리는 인터넷에서 사진으로만 보던 릴과 로드를 실제로 보니 흥분하기 시작했다.

"와! 나, 이거 실물로 처음 봐. 진짜 멋지다."

"실제로 보니까 더 멋지지? 배서들에게 장비 업그레이드만큼 두근거리는 게 없다고."

수를 셀 수 없을 만큼 많은 장비들을 실제로 보니 블리는 헷갈리기 시작했다. 옥잠의 조언을 생각해서 자신의 낚시 스타일대로 장비를 구매하려고 했지만 막상 너무나도 많은 제품들 앞에서 자신감이 사라진 것이다.

"옥잠아. 장비 업그레이드를 쉽게 생각했는데 실제로 보니까 종류가 너무 많아서 쉽지 않은 것 같아."

"그렇지? 그럴 땐 인터넷에서는 할 수 없는 루어숍의 장점을 활용해보자고. 직접 쥐어보고 만져보고 느껴 보는 거지."

옥잠의 말대로 평소 봐두었던 두세 개의 로드를 직접 번갈아가며 만져보는 블리. 어떤 로드는 손에 착 감기는 콜크의 질감이 매우 좋게 느껴지는 반면, 생각보다 불편하게 느껴지는 로드도 있었다. 또한 한없이 가볍기만 한 로드도 있기도 하고 묵직하면서 남성스러운 스타일의 로드도 있었다. 평소 인터넷사이트에서 눈으로만 보던 제품을 직접 만져보고 흔들어보고 쥐어보니 그 제품의 제작의도와 만듦새를 어느 정도 짐작할 수 있었다. 또 비슷한 가격대의 로드들이 많아 한눈에 비교도 가능했다.

ADVICE 4
직접 만져보고 흔들어 보라

막상 루어숍에 들어가보면 너무나 많이 전시된 릴과 로드에 정신이 없기 마련이다. 이럴 때엔 조급하게 서두르지 말고 천천히 자기에게 맞는 릴과 로드를 직접 만져보고 골라보는 것이 좋다. 마치 옷을 살 때 입어보고 고르듯, 릴과 로드도 낚시할 때에 오랫동안 손에 쥐고 있게 되므로 직접 만져보고 흔들어 보는 것이 중요하다. 이것은 온라인과 비교되는 오프라인 루어숍에서만 가능한 일이며 릴과 로드에 대한 많은 정보가 없는 사람들에게 큰 장점으로 다가온다.

STORY 5
가성비란 무엇인가

옥잠이와 블리는 루어숍에 방문하기 전 어느 정도 구매 가격대를 정해놓은 상태다. 옥잠이는 블리가 가격이 비싼 장비에 눈이 가지 않길 바라고 있다. 비싼 제품이 좋은 건 알고 있지만 그것보다는 블리의 손에 딱 맞는 제품을 골라주고 싶은 마음에서다. 블리는 그 마음을 십분 이해하는 듯 보였다. 비싸지 않으면서도 마음에 쏙 드는 제품을 열심히 찾고 있는 것이다.

"옥잠아. 나 이 릴이 마음에 들어. 굉장히 부드럽고 가벼워. 이 정도면 캐스팅을 많이 해도 손목이 아프지 않을 것 같은데? 지금 쓰는 것보다 훨씬 가벼운 거 같아."

"응. 이 제품이 흔히 말하는 가성비(가격 대비 성능)가 매우 좋은 제품이야. 가격이 저렴하면서도 성능이 괜찮은 제품이지. 우리 같은 아마추어뿐만 아니라 프로 선수들도 즐겨 쓰는 제품이라고."
"정말? 근데 왜 이렇게 싸고 성능이 좋은데 인기가 없는 걸까?"

ADVICE 5
비싸지 않으면서 질 좋은 제품이 있다
가성비는 말 그대로 가격 대비 성능이 좋다는 뜻으로 주로 저렴한 가격에서도 일정 수준 이상의 성능을 이끌어내는 제품을 뜻하여 '가성비가 좋다'라고 말한다. 최근에는 릴과 로드 모두 제품의 성능이 상향평준화되고 신소재의 적극 채용으로 우리나라에서 배스낚시 붐이 막 일기 시작한 20여 년 전과 비교해 제품의 질이 비약적으로 발전하였다.
예전에는 비싼 제품은 다 좋다라는 인식이 있었으나 최근에는 여러 조구 업체들이 가성비 좋은 제품을 많이 출시하고 있다. 몇몇 제품들은 국민 릴, 국민 로드라는 별명을 가지고 있을 정도로 입문용으로 각광받는다. 이러한 가성비 좋은 제품들은 예전에는 오로지 입소문으로 알려졌는데 지금은 인터넷카페, 블로그, SNS, 잡지, 방송 등 여러 콘텐츠를 통해 널리 퍼지고 있다.

STORY 6
루어숍에서 만난 멘토들
저녁시간이 되면서 조용했던 루어숍에 하나둘씩 사람들이 모이기 시작했다. 이 루어숍을 중심으로 활동하는 낚시 멤버들이다. 그중엔 옥잠과 친분이 있는 사람들도 있었다.
"안녕하세요? 옥잠 씨. 오늘 여자친구랑 같이 왔네요."
"어, 형님 안녕하세요. 오늘 여자친구 장비를 업그레이드시켜줄려고 왔어요. 블리야, 인사해."
"안녕하세요. 블리입니다."
"네, 안녕하세요. 장비는 다 고르셨나요? 어이쿠, 벌써 손에 들고 계시네. 하하하!"
"네, 이 릴과 로드가 딱 좋은 거 같아요. 너무 맘에 드는 걸요."
"하하, 나도 이 릴과 로드를 오랫동안 사용했지요. 장점이 많은 제품들이지."
"어떠한 장점이 있나요?"

ADVICE 6
인터넷 말고 실제 사용자의 후기를 들어라
대부분의 루어숍에는 그 매장을 중심으로 활동하는 멤버들이 있다. 또한 루어숍의 점주 역시 루어낚시에 대해 이해도가 높고 마니아일 가능성이 높다. 그러기에 그들에게 사용하고자 하는 장비에 대한 지식, 노하우를 쉽게 습득할 수 있다. 대부분의 초보자들이 개인의 감각, 짧은 경험, 인터넷상의 사용후기와 추천만으로 릴과 로드를 고르는 경우가 상당히 많은데 이럴 경우 자신의 생각과 다른 제품을 살 경우가 많다. 그렇기에 루어숍을 찾아가 사용하고자 하는 제품의 실제 사용자에게 사용후기를 듣는 것이 중요하다.

STORY 7
제품보증서를 챙기세요
블리는 드디어 마음에 쏙 드는 릴과 로드를 골랐다. 두근거리는 가슴을 진정시키며 계산대에 다가가는데….
"손님, 맘에 드는 릴과 로드를 골랐나요?"
"네! 정말 맘에 쏙 들어요. 릴도 굉장히 부드럽고 로드도 가벼워서 좋아요."
"마음에 드는 릴과 로드를 골랐다니 루어숍 주인으로서 반가운 일입니다. 여기 제품보증서도 같이 드릴게요."
"제품보증서요? 옥잠아, 낚시용품도 제품보증서가 있어?"
"그럼. 낚시용품도 당연히 제품보증서가 있지. 이 제품보증서를 가지고 있으면 나중에 파손이 되더라도 보증처리규정에 의해서 애프터서비스를 받을 수 있어."
"아 그렇구나, 릴과 로드는 야외에서 주로 쓰니까 파손될 위험이 크겠네."
"그렇기 때문에 자신이 산 릴과 로드의 보증처리규정을 알고 있으면 나중에 파손되거나 고장이나더라도 안심할 수 있어."

낚시터 환경에 따른 로드의 선택

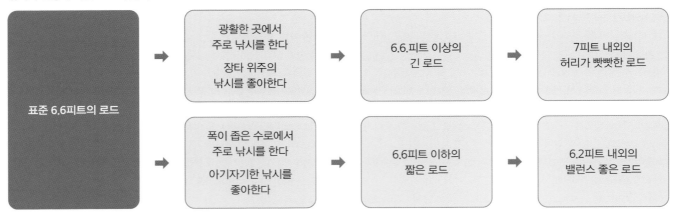

ADVICE 7

제품 종류, 업체마다 A/S가 다르다

시중에 판매되는 대부분의 릴과 로드는 피해보상근거(재정경제부 고시 소비자 피해보상 규정)에 의거해 제품보증서를 발행한다. 이 제품보증서가 있을 시 제품을 사용하다 파손 및 고장이 났을 때 보상규정에 의거하여 애프터서비스를 신청할 수 있다.

로드의 경우 파손의 위험이 높기 때문에 보상처리기준이 정해져 있으며 제작회사, 로드의 종류(1절 로드, 2절 이상의 로드)에 따라 조금씩 다르기 때문에 해당 회사 및 로드 종류에 따라 애프터서비스가 각기 다르다. 릴 역시 애프터서비스제도가 잘 되어 있으며 대부분 파손보다는 단순 고장이 많기 때문에 부품 교환, 릴 세척 등의 서비스를 받을 수 있다.

STORY 8

업그레이드는 계속 찾아온다

주로 사용하는 루어, 좋아하는 낚시스타일, 직접 만져본 느낌, 주변사람의 조언, 보증처리 등 모든 것을 꼼꼼히 따져 장비 업그레이드를 한 블리. 블리는 초보딱지를 떼고 제대로 장비를 갖춘 자신이 자랑스럽게까지 느껴졌다. 옥잠이 역시 블리가 무작정 비싼 장비를 고르기보다는 자신에게 맞게 합리적이고 효율적인 장비를 구매한 것이 대견스러웠다.

"와 신난다. 이제 이 장비를 사용하면 모든 물고기를 다 잡을 수 있을 것 같아."

"수고 많았어. 하지만 장비를 오랫동안 사용하다 보면 또 다른 업그레이드의 유혹이 생길 거야."

"그럼 그때는 어떤 식으로 업그레이드하면 좋아?"

"그때는 또 보는 안목이 높아져 있을 것이고 전용 장비의 필요성을 깨닫게 되겠지. 하지만 지금은 첫 업그레이드한 장비를 충분히 몸에 익히고 루어낚시의 재미를 알아가는 것이 더 중요하다고 봐. 제일 중요한 것은 장비가 아니고 루어낚시에 임하는 마음이니까."

ADVICE 8

첫 장비 업그레이드를 앞두고 있는 분들께

이 글을 쓰면서 제가 지금까지 사용해왔던 낚싯대를 찬찬히 정리해보았습니다. 손에 잡아본 로드가 무려 100대가 넘어가더군요. 초고가 장비도 대부분 사용해보았고 웬만한 조구사 제품도 다 사용해본 듯합니다. 웬만하면 중고로 사지 않고 또 중고로 팔지 않으려고 노력했고 각 로드의 장단점을 알 때까지 오랫동안 사용해보았습니다. 그러면서 최근 들어 느낀 것은 중복투자가 너무 많았다는 것입니다.

당시에는 인터넷 정보도 많지 않았고 스마트폰은 존재하지도 않았기에 오로지 내가 직접 사서 써보고 느끼는 수밖에 없었습니다. 그 결과 제조회사가 달라도 유사한 액션과 파워를 지닌 로드들이 많았고 비슷한 기어비를 가진 릴도 많았으며 제작의도가 거의 일치하는 제품들도 많았습니다.

저도 만약 지금처럼 루어낚시에 대한 콘텐츠가 많은 시기에 낚시를 시작했더라면, 그런 중복투자를 줄일 수 있었을 것이라 생각합니다. 이 글이 자신이 원하는 장비 업그레이드에 조금이라도 도움이 되길 바랍니다. 감사합니다.

PART 3

소프트베이트와
리그의 활용

소프트베이트와 리그
웜의 종류와 필수채비 13

웜(worm)은 말 그대로 애벌레, 지렁이 등 길고 구불거리는 생물을 뜻하는 말이다. 간단히 살아 움직이는 지렁이와 애벌레라 할 수 있으나 낚시에 대입하면 물속이나 수변에서 서식하는 생물을 모두 아우른다. 이들 생물의 겉모습이나 움직임 등을 고무소재나 합성수지, 부드러운 수지 등을 이용하여 유사하게 흉내 내어 만든 낚시용 가짜 미끼를 웜 또는 소프트베이트(soft bait)라고 이해하면 맞겠다.

웜의 생김새는 지렁이, 새우, 가재, 잠자리 등이 대표적이며 물속에서 서식하는 개구리, 올챙이, 수서생물, 어류 등 매우 다양하다. 웜은 낚시에서 가짜미끼 역할을 수행하지 못한다. 바늘과 낚싯줄 등의 소품이 결합되어야 하는데 이를 채비라고 한다. 미국에서 건너온 배스낚시는 현지의 용어인 영어이름을 그대로 쓰고 있다. 채비의 영어 이름은 리그(rig)다. 배스낚시에서 꼭 알고 있어야 할 필수채비 13개를 소개한다. 기본형인 채비를 설명하고 거기에서 파생된 채비를 소개하는 식으로 구성했다.

노싱커리그 No Sinker Rig

노싱커리그는 이름 그대로 싱커가 없는 채비다. 사실 노싱커리그란 용어는 한국, 일본, 중국 등에서만 쓰고 있다. 언제 어디서부터 쓰였는지는 알 수 없다. 원래는 미국에서 부르는 웨이트리스리그(Weightless rig, 무게가 없는 채비)라 부르는 게 맞다.

노싱커리그는 싱커가 없어 폴링 시간이 길고 걸림이 적은 게 장점이다. 폴링 시간이 길면 배스에게 노출되는 시간이 길고 싱커에 의한 밑걸림이 적어 복잡한 장애물 포인트에서도 쉽게 사용할 수 있다.

하지만 반대로 빠르게 폴링을 시키고 싶을 때, 깊은 곳을 공략하고 싶을 때에는 여간 불편한 것이 아니다. 따라서 노싱커리그는 주로 제한된 지역에서 많이 사용하고 있다. 수생식물 등의 줄기나 가지가 복잡하게 얽혀 있거나 밀생한 곳, 수심이 얕은 곳에서 많이 사용한다.

싱커가 없기 때문에 웜 고유의 형태와 움직임에 따라 액션이 나온다. 최근에는 웜의 재질을 고밀도(소금이나 유리가루 등)로 만들어 비중을 높인 제품이 출시되고 있다. 같은 크기의 웜보다도 무겁기 때문에 싱커 없이도 잘 날아가고 빨리 가라앉는다.

와키리그 Wacky Rig

와키리그는 일종의 노싱커리그라 할 수 있다. 바늘을 일반 와이드갭훅이 아닌 드롭샷이나 와키리그 전용 제품을 사용하며 일자형의 스트레이트웜을 쓴다. 'wacky'는 괴상하다는 뜻이 있는데 그도 그럴 것이 이 바늘을 스트레이트웜의 어디에 꽂느냐에 따라 액션이 달라지고 어디로 어떻게 움직일지 예측이 어렵기 때문이다. 보통 웜에 바늘을 꿸 때는 머리 쪽이 꽂는 것이 정석인데, 외카리그는 정중앙에 꿴다.

스트레이트웜의 정중앙에 바늘을 꽂으면 물속에서 떨어질 때 웜 양끝이 균일하게 떨린다. 이게 와키리그의 전형적인 폴링 액션이다. 하지만 어느 한쪽에 치우치게 꽂으면 무게중심이 달라져 폴링 시 속도가 달라진다. 또 호핑 액션을 주면 예측하기 힘든 곳으로 튀는 액션이 나오기도 한다. 와키리그는 뒤 이어 설명하는 네꼬리그와 카이젤리그의 기본이 되는 채비로, 느린 폴링 속도와 예측하기 힘든 액션이 장점이다. 바닥층에 붙어서 먹이활동을 하는 배스에게도 효과적이지만 직벽이나 고사목에 떠 있는 배스를 공략하기에 매우 좋은 채비다. 기본적으로 무게감이 있는 스트레이트웜을 사용해 전층을 다 공략할 수 있으며 부력이 좋은 재질로 만들어진 웜을 사용하면 표층에서 톱워터 루어처럼 운용할 수도 있다.

카이젤리그 Kaiser Rig

와키리그에서 갈라져 나온 채비로, 와키리그에서 와키리그 전용 바늘을 빼고 지그헤드를 사용한다. 이렇게 하면 폴링 시 와키리그보다 더욱 현란하고 살아있는 움직임을 연출할 수 있다. 카이젤리그는 한국에서 개발한 자랑스러운 'Made in Korea' 채비로 배스프로 전우용 씨가 고안해냈다. 현재 전용 지그헤드와 전용 웜까지 출시되어 있는 채비이다. '카이저(Kaiser)'는 황제의 콧수염을 뜻한다. 지그헤드를 스트레이트웜 중앙에 꽂아 물속에 떨어뜨리면 웜 좌우 양끝의 떨리는 모습이 마치 콧수염처럼 보인다고 하여 붙여진 이름이다.

와키리그에 지그헤드를 꿴 지그와키와 차이점은 없으나 카이젤리그는 지그와키를 좀 더 분석하고 롤링 액션이 더 잘 나오게끔 디자인했다. 핸드포워드로 만든 스트레이트웜처럼 매우 연하고 수류에 반응을 잘하는 제품을 사용하는 것이 베스트 매칭이다.

기본 활용술은 폴링시킬 때 자연스럽게 나오는 움직임으로 입질을 유도하는 것이다. 루어를 오랫동안 배스에게 노출시키고 싶다면 여윳줄을 주면서 섀이킹 액션을 준다. 굵고 탄력있는 웜을 사용하여 물속에서 바이브레션 효과를 강하게 주는 것도 좋은 사용법이다.

네코리그 根こ, Neko Rig

네코리그는 일본에서 만들어진 채비다. 일본 낚시인이자 조구업체 잇세이 대표인 무라카미 하루히코가 개발했다. 네코리그에서 네코의 어원에

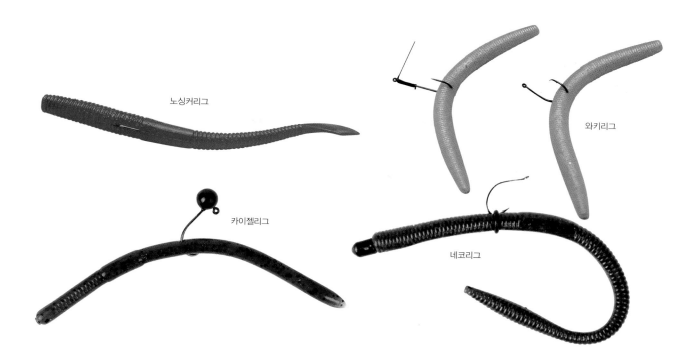

노싱커리그

와키리그

카이젤리그

네코리그

대해서는 고양이의 꼬리와 유사한 움직임을 가지고 있어서 네코리그다, 뿌리 뽑는다는 뜻이다 등등 여러 얘기가 있으나 실제 네코리그를 만들어 내고 그와 관련된 제품을 판매하는 잇세이의 홈페이지에서는 네꼬리그의 어원을 정확히 '根こそぎ'라고 설명하고 있다. 즉 '뿌리째 뽑는다'라는 뜻으로 '낚시터의 배스를 송두리째 뿌리 뽑는다(フィールドのバスが根こそぎ釣れることから)'라는 말에서 나온 것이다.

네코리그는 길고 구불거리는 스트레이트웜에 인서트싱커를 아래쪽 끝부분에 꽂고 바늘을 몸체에 꽂아 사용하는 것이 가장 일반적인 채비 방법이다. 바늘은 일반 와이드갭훅보다는 드롭샷리그나 와키리그 전용 바늘을 쓰는 게 좋다. 최근에는 네코리그 전용 바늘이 출시되고 있다.

액션 방법은 다른 웜리그의 그것과 크게 다르지 않다. 캐스팅한 후 바닥에 가라앉을 때까지 기다린 다음, 바닥을 느끼면서 천천히 당기거나 호핑 액션을 주면 길고 구불거리는 웜이 물의 저항을 받아 현란하게 움직인다. 이때 웜 끝에 삽입된 인서트싱커는 일자로 자세를 잡아주는 역할을 한다. 일본에서는 가장 많이 사용하는 웜리그 중 하나로 미국에서도 'Neko Rig'란 일본 이름을 그대로 쓰고 있다. 우리나라에서도 그 인기는 대단해서 전용 훅과 전용 싱커가 판매되고 있다.

지그헤드리그 Jighead Rig

웜리그에서 기본 중의 기본이라 할 수 있다. 역사도 오래된 채비 중 하나로 현재까지도 낚시인들이 배스를 비롯해 민물, 바다어종을 가리지 않고 가장 많이 사용하고 있다. 바늘이 일자형 스트레이트형이다. 오프셋훅이 아닌 지그헤드 전용 바늘(바늘 끝이 위로 올라가 있는 형태)에 싱커 역할을 하는 둥근 또는 삼각 모양의 금속을 덧붙여 만들었다. 싱커와 바늘이 따로 떨어져 있지 않고 하나로 붙어 있는 '싱커+바늘'의 결합체인 것이다. 사용하기 편하고 챔질 성공률이 굉장히 높다는 게 장점이다.

미국에서는 싱커와 바늘이 결합된 대부분의 채비를 흔히 지그(Jig)로 부르는데 이러한 지그에 납 또는 기타 금속이 헤드 부위(바늘 묶음 부위)에 고정되어 있는 채비를 지그헤드라고 폭넓게 부르고 있다.

지그헤드리그는 따로 바늘과 싱커를 따로 챙길 필요가 없으므로 사용하기

가 매우 편리하다. 지그헤드 하나만 챙긴 뒤 웜을 꿰어 바로 낚시하면 되는 것이다. 그렇기에 누구나 쉽게 사용할 수 있다. 하지만 단점도 분명히 있으니 바로 밑걸림이다. 원형 또는 삼각형 헤드는 그 무게로 인해 바닥에 잘 걸리며 노출된 바늘은 나뭇가지나 수초에 잘 박힌다.

그런데 왜 아직도 이런 바늘 형태를 계속 쓰고 있는 것일까? 그것은 채비 구성이 심플하고 원형, 삼각형 헤드가 채비의 밸런스를 잘 유지해주고 노출된 훅의 챔질 성공률이 워낙 높기 때문이다. 일단 물고기가 입질을 하면 따로 챔질을 하지 않아도 노출된 훅에 의해 바로 주둥이에 박힌다. 채비 손실이 자주 발생해 짜증이 나는 채비지만 낚시인이 사용하고 있는 이유다.

현대의 배스낚시는 원형의 지그헤드 형태보다는, 채비의 단점을 조금씩 줄이기 위한 다양한 시도가 이어지고 있다. 잘 걸리지 않게 위드가드를 붙이거나 바늘 포인트의 각도에 더 신경을 쓰기도 하며 헤드 성형을 잘 걸리지 않게 바꾸기도 한다.

지그헤드리그는 투박한 형태 때문에 바닥층을 공략하는 데 주로 쓰였지만 요즘은 금속을 다루는 기술이 발전해 헤드를 아주 작은 크기로도 만들 수 있게 되면서, 상층, 중층, 하층 등 전 수심에서 활용하고 있다.

텍사스리그 Texas Rig

텍사스리그는 미국 텍사스 지역에서 주로 사용한 웜리그다. 지그헤드리그, 드롭샷리그, 프리리그와 더불어 배스낚시 웜리그 4대장에 속한다. 형태에서 다른 채비와 구분되는 특징은 총알을 닮은 형태의 싱커와 비드(bead, 구슬)를 사용한다는 것이다.

텍사스리그는 미국 텍사스 지역에서 원활하게 사용하기 위해 고안된 지역 색이 강한 채비다. 텍사스엔 수심이 깊은 대형호 대신 수심이 얕고 완만하게 넓으며, 수생식물과 육초, 관목류 등이 많은 강과 자연호수가 많다. 텍사스리그는 이런 환경에 사용하기 좋게 개발됐다. 수심이 얕고 완만한 지형에서는 수생식물과 함께 매년 죽고 새로 자라는 관목류와 육상식물들이 많이 자라는데, 이런 곳에서 일반적인 싱커는 밑걸림이 많이 발생한다. 하지만 총알 형태의 싱커는 이러한 장애물에 잘 걸리지 않고

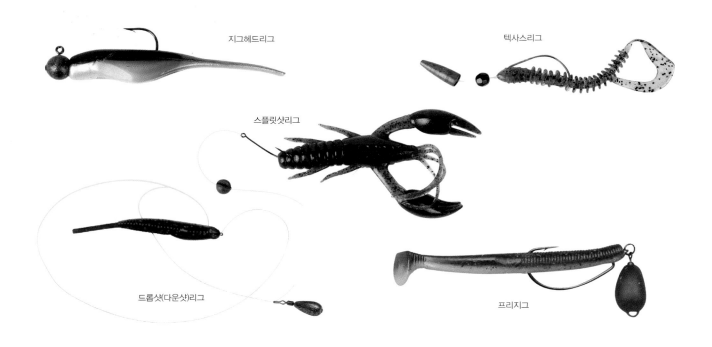

지그헤드리그

텍사스리그

스플릿샷리그

드롭샷(다운샷)리그

프리지그

뚫고 나오는 위력을 발휘한다. 또 빽빽한 수생식물 탓에 배스의 눈에 잘 띄지 않는 환경을 극복하기 위해 비드를 사용해 싱커와 부딪힐 경우 소리나 파동을 내게 했다. 총알형 싱커 덕분에 수생식물군락에서는 독보적인 돌파능력을 보여주며 소리를 내어 존재감을 극대화할 수 있다.

단점은 돌 틈이나 석축에서는 잘 걸린다는 것이다. 다른 채비에 비해 구성하는 과정이 복잡하여 채비를 만들기 번거롭다는 것도 단점이다.

캐롤라이나리그 Carolina Rig

캐롤라이나리그는 텍사스리그와 비슷한 구조이지만 싱커, 비드가 연결된 도래에 바늘채비를 따로 묶었다. 일종의 목줄채비를 덧달았다고 할 수 있는데 이러한 구조는 수생식물 중 침수식물(검정말, 붕어마름, 이삭물수세미, 나사말 등)이 바닥에 그득하게 많이 깔려있는 저수지나 강계에서 효과가 있다.

침수식물은 꽤 높게 자라곤 하는데 이런 곳에 싱커가 있는 채비를 넣으면 빽빽한 수초 때문에 배스의 눈에 잘 띄지 않는다. 따라서 바늘채비를 도래에 따로 묶으면 움직임이 자연스러워지고 빽빽한 수초 속에서도 배스의 눈에 띌 확률이 높다. 부력이 좋은 웜을 사용하거나 비중이 낮은 나일론라인을 사용하면 하늘거리는 물속 움직임을 더할 수 있다.

플로리다리그 Florida Rig

텍사스리그에서 파생된 채비가 많은데 온화한 기후와 습지형 저수지가 많기로 유명한 플로리다 지역에서 개발된 플로리다리그가 가장 유명하다. 텍사스리그와 캐롤라이나리그 역시 지역적 특색이 강하지만 플로리다리그처럼 강하진 않다.

텍사스리그와 캐롤라이나리그처럼 똑같이 총알형 싱커를 사용하지만 플로리다리그엔 비드를 넣지 않는다. 그리고 싱커가 라인을 타고 자유로이 움직이는 유동식이 아닌 고정식으로 만든다. 이유는 플로리다 지역이 갖

고 있는 자연환경 때문이다.

플로리다의 습지형 자연호수는 텍사스보다 수생식물의 밀생도가 더 높아 텍사스리그의 유동식 싱커를 사용하기는 불편하다. 비드는 바닥에 깔려있는 부유물, 찌꺼기 등에 계속 걸려 원활한 낚시 진행을 방해한다. 거추장스러운 비드를 제거하고 싱커를 고정해, 밀생하는 수생식물을 공략하기에 적합하도록 단순화시켰다.

최근에는 텍사스리그와 플로리다리그를 굳이 구분하지 않는 추세다. 고무 스토퍼를 사용하면 싱커의 유동 폭을 조정할 수 있고 소리가 나는 총알형 싱커를 쓰면 비드 효과를 낼 수 있기 때문이다.

스플릿샷리그 Split Shot Rig

스플릿샷리그는 라인 중간에 봉돌을 물린 채비다. 이 봉돌이 웜과 얼마나 떨어져 있고 얼마나 무겁냐에 따라 스플릿샷리그의 기능이 좌우된다. 미국에서 건너온 이 채비는 주로 침수수초가 밀생한 곳에서 사용한다. 봉돌과 웜이 일정 간격 떨어져 있어, 웜은 봉돌의 무게에 영향을 크게 받지 않으므로 독자적으로 움직인다. 싱커가 있는 노싱커리그라고 할 수 있다.

예전에는 봉돌을 라인에 직접 물리는 방법을 주로 썼으나 장애물에 걸리면 봉돌이 밀리는 등의 문제점이 있어 최근에는 고무 스토퍼나 스플릿샷리그 전용 싱커를 많이 사용하는 추세다.

드롭샷리그 Drop Shot Rig

라인에 바늘을 묶을 때 자투리 줄을 길게 남기고 이 자투리 줄 끝부분에 싱커를 단 채비다. 다운샷리그, 언더리그로 불리기도 하는 드롭샷리그는 배스를 비롯해 다양한 장르의 루어낚시에서 사용하고 있다. 지구상에서 가장 많이 사용되는 채비라고 해도 과언이 아니다. 미국에서 먼저 사용했으나 많이 사용하고 기법을 발전시킨 나라는 일본이다. 싱커가 라인 끝에 달

프리리그

펀치리그

려 있어 재빨리 가라앉는 특성 때문에 드롭샷리그라는 이름이 붙게 되었다. 배스의 유영층에 맞춰 낚시인이 원하는 위치에 웜을 달 수 있다는 게 가장 큰 장점이다. 빠르게 가라앉게 하고 바닥층을 섬세하고 오랫동안 탐색할 수 있어, 수심이 깊은 대형 호수에서 효과적인 채비로 각광을 받고 있다. 단점은 물속에서 웜이 회전해 라인이 꼬인다는 것이다. 라인이 꼬이면 낚시가 원활하게 진행되지 않아 수시로 꼬인 라인을 풀어줘야 한다. 이러한 단점을 없애기 위해 최근에는 라인 끝에 볼베어링을 달거나 도래가 달린 전용 바늘을 쓰기도 한다.

프리지그 Free Jig

프리지그는 우리나라에서 탄생한 채비다. 배스낚시의 본고장 미국에서는 훅아이에 스플릿링을 달고 싱커를 단 채비가 있었다고 전해지나 대중화되지는 않았다. 하지만 한국에서 시작된 이 프리지그는 수많은 사람들에게 채비에 대한 영감을 주었다. '스플릿링에 결합된 훅아이와 싱커'라는 구조는 결과적으로 지카리그, 리더레스다운샷, 도쿄리그 등 다양한 변형 채비를 파생시켰을 정도로 가히 선구자적인, 세계 최고의 바닥층 공략 채비라 할 수 있겠다. 배스프로 이상우 씨가 직접 개발한 채비이다.

프리지그의 핵심은 스플릿링에 있다. 이 스플릿링에 훅아이가 큰 배스낚시 전용 오프셋훅 또는 와이드갭훅을 달고 도래가 있는 드롭샷용 싱커 또는 도래추를 달아 사용한다. 라인을 타고 싱커가 움직이는 텍사스리그와 달리 싱커가 웜과 바늘을 통째로 끌고 내려가기 때문에 원하는 곳에 정확히 떨어지게 한다. 그런 장점을 눈여겨본 미국과 일본은 커버 전용 채비로 계속해서 발전시켰다.

단점은 스플릿링에 바늘과 싱커가 결합된 형태여서 만들기가 약간 번거롭다는 것이다. 아이러니컬하게 이 번거로움이 오히려 국민 배스채비 프리지그를 탄생시키는 계기가 되기도 했다.

프리리그 Free Rig

말이 필요 없는 대한민국 배스낚시의 최고 히트작. 이제는 한국을 넘어 전세계 최고의 배스낚시 채비로 통하고 있다. 민물을 넘어 바다까지 넘보는 이 최강의 채비는 배스프로 이상우 씨가 개발한 프리지그에서 시작되었다.

배스프로 김선필 씨가 고안해 낸 이 채비는 프리지그의 스플릿링을 없애고 싱커를 유동식으로 연결했다. 처음 이 채비를 접한 사람들은 텍사스리그와 뭐가 다르냐고 묻지만 사용해보면 텍사스리그와는 완전 다르다는 것을, 텍사스리그보다 모든 부분에서 뛰어나다는 것을 알게 된다.

특히 다음 세 가지가 압도적으로 뛰어나다. 첫째, 싱커다. 가장 많이 사용하는 물방울 모양의 프리리그 전용 싱커는, 사실 한국에서만 볼 수 있는 붕어낚시용 도래추의 업그레이드 버전이다. 이 도래추는 총알형 싱커보다 같은 무게 대비 훨씬 빨리 가라앉아 웜을 끌고 내려가는 힘이 강하다. 이때 웜은 빠르고 강하게 끌려가며 화려한 액션을 보여준다. 봉돌과 채비가 분리형이라 폴링 상태에서 웜은 노싱커리그와 마찬가지로 배스가 입질할 때 이물감을 줄여준다.

둘째, 밑걸림에 강하다. 바닥을 읽어올 때도 총알형 싱커보다 압도적으로 바닥을 잘 타고 넘어온다. 수생식물뿐만 아니라 바위, 자갈에서도 만능으로 쓸 수 있다.

셋째, 채비 구조가 단순하다. 지그헤드리그가 극악의 밑걸림에도 아직까지 최고의 채비로 군림하고 있는 것은 바로 단순함에서 오는 이용성의 편의 때문이다. 프리리그는 지그헤드리그 못지않게 단순하다. 싱커의 고리 또는 도래에 라인을 넣고 바늘과 함께 매듭을 지으면 끝이다. 텍사스리그처럼 스토퍼 넣고 비드 넣는 번거로움이 없고 드롭샷리그처럼 싱커용 매듭 따로 바늘용 매듭 따로 하는 복잡함이 없다. 이 단순함이 주는 편의성과 어디서든 사용할 수 있는 만능성은 프리리그를 세계 최고의 배스낚시 채비로 만들었다.

하지만 단점이 없는 것은 아니다. 커버낚시에서는 싱커의 유동성으로 인해 고정형보다 정확한 위치에 웜을 안착시키기 어렵다. 또 폴링 시 들어오는 입질의 경우 노싱커리그와 유사하여 바늘이 배스 주둥이 여러 곳에 꽂히거나 아예 삼켜버리는 일이 많다.

펀치리그 Punch Rig

펀치리그라는 이름에서 알 수 있듯, 수면의 연과 같이 일반 채비로는 도저히 공략할 수 없는 수생식물지역, 홍수나 범람으로 인해 각종 부유물이 뒤덮인 수면을 공략할 수 있는 채비를 말한다. '펀치(punch)'는 구멍을 뚫는다는 뜻을 갖고 있다.

이 펀치리그는 텍사스리그에서 파생되었다. 텍사스리그 전용으로 사용하는 총알형 싱커를 개조하여 스커트를 추가할 수 있게 하였으며 일반 텍사스리그보다는 두 배, 또는 세 배로 무거운 싱커를 사용함으로써 강제로 장애물을 뚫고 내려가게끔 만들었다.

최근에는 무거운 싱커를 이용해 장애물을 뚫을 수만 있다면 대부분 펀치리그라 부르고 있다. 총알형 싱커를 벗어나 물방울형 싱커와 와이어를 결합해 만든 펀치샷리그, 뾰족한 싱커를 웜의 끝에 꿰는 사스테키리그, 웜의 고유 형태를 유지시키기 위해 고안한 투웨이싱커, 빈싱커 등 다양한 소품이 펀치리그 범주에 속한다.

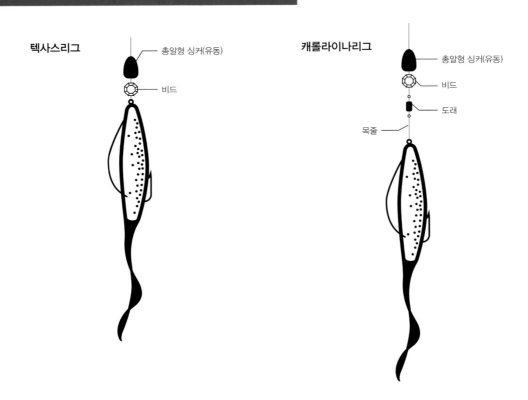

텍사스리그

총알형 싱커(유동)

비드

캐롤라이나리그

총알형 싱커(유동)

비드

도래

목줄

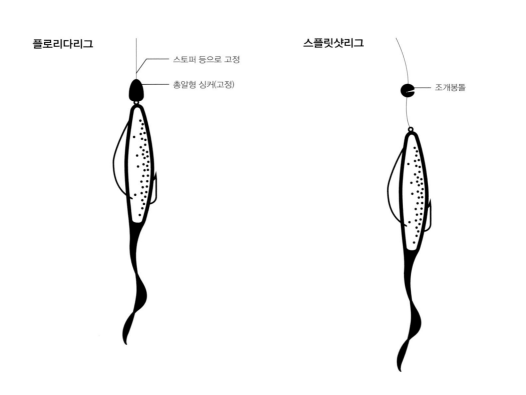

플로리다리그

스토퍼 등으로 고정

총알형 싱커(고정)

스플릿샷리그

조개봉돌

1 노싱커리그(10g 이상 고비중)
로드 JSCOMPANY N B3 702MH(커버 및 나무, 브러시 스키핑 및 백슬라이딩)
릴 8점대 베이트릴
라인 14~16lb 카본라인
바늘 와이드갭 3/0 이상
루어 고비중 노싱커용 웜, 백슬라이딩웜

2 와키리그
로드 JSCOMPANY N B3 672UL(직벽 폴링 및 지형변화지점 프리폴링)
릴 2000번대 스피닝릴
라인 5~6lb 카본라인
바늘 와키리그 전용 바늘 1~1/0
루어 4인치 이상 스트레이트웜

3 카이젤리그
로드 JSCOMPANY N B5 68L-ML(직벽 폴링 및 지형변화지점 프리폴링)
릴 2500번대 스피닝릴
라인 5~6lb 카본라인
바늘 와키리그 전용 바늘 1~1/0
루어 4인치 이상 카이젤리그 전용 웜

4 네꼬리그
로드 JSCOMPANY N B5 68L-ML(잔돌지형 및 직벽)
릴 2000~2500번대 스피닝릴
라인 5~6lb 카본라인
바늘 네꼬리그 전용 바늘 1~1/0
루어 5인치 이상 스트레이트웜

5 지그헤드리그
로드 JSCOMPANY N B3 682L-X(플랫지형 및 사면)
릴 2500번대 스피닝릴
라인 5~6lb 카본라인
바늘 지그헤드 1/0~3/0
루어 3인치 이상 섀드웜, 스트레이트웜, 그럽 등

6 텍사스리그
로드 JSCOMPANY N B5 611MH(수초지역과 브러시라인)
릴 8~9점대 베이트릴
라인 12~16lb 카본라인
바늘 텍사스리그 전용 목이 긴 와이드갭훅 2/0~4/0
루어 3인치 이상 스트레이트웜, 호그웜, 크리처웜 등

7 캐롤라이나리그
로드 JSCOMPANY AIR 692MH (수초지역과 브러시라인)
릴 8~9점대 베이트릴
라인 12~16lb 카본라인
바늘 와이드갭훅 2/0~4/0
루어 3인치 이상 스트레이트웜, 호그웜, 크리처웜 등

8 플로리다리그
로드 JSCOMPANY N B5 72H (수초밀생지역과 브러시라인)
릴 8~9점대 베이트릴
라인 12~16lb 카본라인
바늘 텍사스리그 전용 목이 긴 와이드갭훅 2/0~4/0
루어 3인치 이상 스트레이트웜, 호그웜, 크리처웜 등

다양한 루어를 세팅한 로드를 들고 포인트에 나선 낚시인.

9 스플릿샷리그
로드 JSCOMPANY AIR 692MH(수초지역 및 브러시라인, 사면)
릴 8~9점대 베이트릴
라인 12~16lb 카본라인
바늘 와이드갭 훅 2/0~4/0
루어 3인치 이상 스트레이트웜, 호그웜, 크리처웜 등

10 다운샷리그
로드 JSCOMPANY N B5 68L-ML(잔돌지형, 직벽, 사면, 드롭 지형)
릴 2000~2500번대 스피닝릴
라인 5~6lb 카본라인
바늘 다운샷리그 전용 바늘 1~1/0 / 오프셋 훅 2/0 등
루어 5인치 이상 스트레이트웜

11 프리지그
로드 JSCOMPANY N B5 611MH(수초지역 및 브러시라인, 커버지형)
릴 8~9점대 베이트릴
라인 12~16lb 카본라인
바늘 와이드갭훅 2/0~4/0
루어 3인치 이상 스트레이트웜, 호그웜, 크리처웜 등

12 프리리그
로드 JSCOMPANY N B5 69M / 672M(플랫지형, 드롭라인, 잔돌 및 바위지역)
릴 8~9점대 베이트릴
라인 12~16lb 카본라인
바늘 와이드갭훅 2/0~4/0
루어 3인치 이상 스트레이트웜, 호그웜, 크리처웜 등

13 펀치리그
로드 JSCOMPANY N B2 74XH(커버 및 수초밀생지역, 고사목 등)
릴 10점대 베이트캐스팅릴
라인 20~25lb 카본라인 / 40lb PE라인
바늘 와이드갭훅 2/0~4/0 헤비듀티모델 / 플리핑훅 3/0 이상
루어 3인치 이상 스트레이트웜, 호그웜, 크리처웜 등

프리리그 3대 액션
폴링·드래깅·호핑

**프리리그를 체결한 후 멀리 캐스팅해보자. 멀리 날아간 채비가 착수하면서 프리리그의 모든 액션은 시작된다.
내 손을 떠나간 채비가 착수하는 순간을 기점으로 프리리그에서 효과가 확실한 3대 운용술에 대해 알아보자.**

1 | 폴링

캐스팅 후 물에 떨어진 프리리그는 착수와 동시에 특유의 액션이 시작된다. 바로 폴링 액션이다. 폴링 액션이야 말로 프리리그의 가장 큰 무기이다.

웜과 바늘이 유동으로 움직이기 때문에 무거운 싱커가 웜보다 바닥에 먼저 떨어지게 되는데, 이때 싱커가 웜을 억지로 끌고 내려가며 특유의 폴링 액션을 선보이게 된다.

싱커의 무게로 웜을 끌고 내려가기 때문에 싱커 없이 웜의 무게만으로 수중 낙하하는 노싱커리그 액션과는 다른 움직임을 선보이게 된다. 특히 공략하고자 하는 수심이 깊으면 깊을수록 이 유격이 벌어져서 폴링 액션이 오랫동안 나타나게 된다.

웜의 무게에 비해 싱커가 무거우면 무거울수록 웜이 나사처럼 회전하며 폴링하는 경향이 있다. 활성도가 높은 배스는 이 폴링 액션에 바로 반응하게 되는데 러버지그보다는 느리고 노싱커리그보다는 빠른 이 중간 정도의 속도는 빠른 것과 느린 것에 각각 다르게 반응하는 모든 배스들에게 쉽게 어필한다.

화려한 액션엔 호그웜, 지연스러운 액션은 스트레이트웜

폴링 액션을 극대화하기 위해서는 싱커의 침강 속도와 저항을 받는 웜의 상관관계를 이해하여 조합해야 한다. 더욱 화려한 액션을 원할 때는 무거운 싱커와 호그웜을 조합한다. 이렇게 하면 노싱커리그의 폴링 액션에서는 볼 수 없었던 호그웜 고유의 화려한 폴링 액션을 싱커의 이물감 없이 배스에게 어필할 수 있다. 또한 자연스런 폴링 액션을 원한다면 가벼운 싱커에 무거운 스트레이트웜을 써보자. 웜과 싱커의 유격이 많이 벌어지지 않고 적당한 속도로 회전하며 폴링하게 된다.

2 | 드래깅

폴링 후 싱커가 먼저 바닥에 닿으면 뒤를 이어 웜이 바닥에 떨어지게 된다. 이때 웜이 플로팅 타입이라면 낚시인의 로드워크에 따라 스플릿샷리그나 캐롤라이나리그처럼 떨어져 있던 싱커가 웜과 붙게 된다. 그 뒤로 낚시인은 자신의 생각에 따라 액션을 주기 시작하는데, 가장 많이 사용하는 기법이 드래깅이다.

드래깅은 사실 대부분의 웜낚시에서 사용되는 액션법으로 말 그대로 웜 채비를 바닥에서 끌어오는 행위를 뜻한다. 프리리그가 바닥에서 끌려오다 순간적으로 튀어 오르는 순간이 있는데 바로 바닥의 돌멩이나 장애물에 걸렸을 때다.

낚시인은 잘 느끼지 못할 수도 있지만 채비를 드래깅하는 도중 아주 조그마한 바닥의 돌이나 나뭇가지에 살짝 걸리기만 해도 반발력으로 인해 살짝살짝 튀게 되는데 이렇게 튀는 과정에서 웜 특유의 액션이 살아난다. 즉, 억지로 질질 끌려가는 모습이 아니라 천천히 바닥을 기면서 경쾌하게 톡톡 움직이는 모습을 연출하게 된다는 것이다. 싱커가 가벼우면 가벼울수록 바닥의 굴곡과 장애물을 잘 건너면서 역동적인 액션이 나오게 된다.

3 | 호핑

바닥을 콩콩 찍으며 움직이는 호핑 액션이야 말로 프리리그 액션의 생명이라 해도 과언이 아니다. 착수 후 프리폴링이 폴링 액션의 극대화라면 호핑 액션은 물속에서 프리리그를 살아 움직이게 만드는 운용술이다.

호핑 액션은 대부분의 웜 채비에서도 강력한 액션법인데 프리리그는 더욱 강력하다. 바로 웜과 싱커가 떨어져서 움직이는 유동식이기 때문이다. 싱커와 바늘, 웜이 붙어있는 텍사스리그의 경우 폴링 액션을 구사해 바닥에 떨어지면 그대로 있지만. 유동식인 프리리그는 호핑의 폭이 크면 클수록 순간적으로 노싱커리그 액션이 구사된다. 즉 폴짝이는 폭이 크면 클수록 싱커와 웜의 유격이 많이 생겨 노싱커리그의 액션이 더욱 배가된다.

수초에 걸린 후 빠져나올 때 리액션 역동적

특히 호핑으로 물속 장애물을 넘어올 때는 더욱 화려한 액션이 나오게 되는데 이때 다팅(darting) 액션 또는 이스케이프(escape) 액션이 일어난다. 예를 들어 물속에 가득한 수초를 뚫고 나올 때엔 싱커가 대부분 걸리게 되는데 이때 호핑으로 이 수초를 강제로 뚫고 나오게 할 경우, 순간적으로 빠져나오면서 싱커만 급격히 빠지게 되고 뒤따라오는 웜에 강력한 리액션이 걸려 움직이게 된다. 이게 바로 프리리그 호핑에 의한 장애물에서의 다팅 액션이다. 마치 수초 속에서 급격히 도망치고자 하는 먹잇감처럼 움직이게 되는 것이다. 텍사스리그로 비슷하게 운용할 수 있지만 프리리그만큼 역동적으로 움직이지 않는다.

호핑 액션은 로드의 팁이 빳빳할수록, 싱커가 무거울수록 과장되어 움직이게 된다. 그렇기에 호핑 액션에 중점을 두고 프리리그를 운용하려는 경우에는 빳빳한 로드, 무거운 싱커로 물속 액션을 극대화시키는 게 유리하다.

테크닉

지금까지 프리리그의 장점만을 열거했지만 단점도 있다. 바로 챔질 성공률이 떨어진다는 것이다. 항상 바닥에서 바늘이 위를 향하고 있는 입질이 지그헤드와 비교할 때 챔질 성공률이 천지차이일 정도로 낮다. 그리고 입질이 지저분하다. 깔끔하게 입걸림이 되기도 하지만 그렇지 않을 경우가 많다. 이는 싱커와 웜이 떨어져 있기 때문이다.

지그헤드리그나 러버지그의 경우 대부분 훅 포인트가 위를 향하고 있고 루어를 흡입할 때 싱커가 함께 딸려오기 때문에 정확하게 입걸림이 될 경우, 배스의 상악이나 입 좌우 쪽에 대부분 바늘이 박히는데, 프리리그는 엉뚱한 바늘 박힘 즉, 아랫입술에 박힌다던가 설 걸려서 빠진다던가 하는 것이 빈번하게 일어난다.

이것은 싱커가 유동이고 웜이 자유롭게 움직이다 보니 순간적으로 빨아들이는 배스의 입질에 싱커는 빨려 들어가지 않고 웜만 물고 있거나, 싱커를 같이 흡입했더라도 입안에서도 싱커와 훅이 분리된 상태가 되어 훅 포인트가 제멋대로 움직이기 때문에 발생하는 현상이다.

느긋하면서도 묵직하게 챔질

그렇다면 완벽한 프리리그의 챔질은 어떻게 하는 것인가? 10년 넘게 프리리그를 써온 나의 경우, 어느 정도 확신을 갖고 있는 챔질법이 있는데 그것은 바로 빠르게 챔질하기보다는 무 뽑듯이 여유를 가지면서 강하게 챔질하는 것이다.

프리리그의 챔질은 절대로 순간적으로 강하게 챔질해서는 안 된다. 순간적으로 강하게 챔질할 경우 프리리그 채비 특성상 웜만 물고 있는 경우에는 바로 빠지게 된다. 한때 입질과 동시에 번개같이 챔질하는 챔질법이 유행했지만 프리리그만큼은 그런 번개 같은 챔질은 지양하는 것이 좋다.

그렇기에 프리리그로 입질을 받았다면 바로 챔질하지 말고 먼저 라인의 움직임과 텐션을 파악한 후 로드 허리의 탄탄함을 느끼면서 챔질한다. 쉽게 말하면 챔질이라기보다는 뽑아 올린다는 느낌으로 챔질하는 것이 좋다. 밭의 무를 뽑듯 로드의 허리와 라인의 텐션을 이용하여 뽑아 올리는 것이 성공률을 높여준다.

입질 후 라인의 흐름 방향을 먼저 알고 그 흐름 방향과 반대로 강하게 뽑아 올리듯 챔질을 해보자. 지저분하고 제멋대로였던 프리리그의 챔질 성공률이 높아지는 효과를 확인할 수 있을 것이다.

1, 2 프리리그 훅세팅 연속 동작. 필자가 입질을 파악하고 자세를 낮춘 뒤(위) 밭의 무를 뽑듯 낚싯대를 세우고 있다.
3 프리리그로 낚은 배스. 배스의 주둥이 위쪽에 바늘이 박혀 있다.

겨울에 강하다
언밸런스 프리리그의 모든 것

언밸런스 프리리그란 스트레이트형의 작은 웜에 큰 바늘을 꿴 프리리그를 말하는 것으로 필자가 개발했다.

언밸런스 프리리그의 효과는 우연한 기회에 발견하게 되었다. 한창 합천호에서 배스가 확인되기 시작한 시기. 열심히 낚시를 해보지만 계속해서 미스바이트가 일어나는 상황이었다. 단발성이지만 분명한 입질이 들어오는데 고기는 제대로 낚이지 않는 상황이었다.

웜 크기를 더 줄이고 정확한 입걸림을 위해 바늘을 더 키워본 결과, 놀라울 정도로 배스가 잡혀 나오는 상황을 경험한 나는 이것을 저수온기 배스낚시에 접목시켜 아주 좋은 조과를 얻게 되었다. 이후 가장 가혹하다는 토너먼트에서도 좋은 조과로 연결했고 우승까지 거머쥐는 결과를 얻게 되었다. 이 모든 것이 획일화된 방법에서 벗어난, 우연에서 찾은 언밸런스 프리리그의 위력이었다.

언밸런스프리리그는 일반 프리리그와 채비 구조는 같다. 유동식 싱커로 운용하며 매우 간단한 것이 특징이다. 차이라면 사용하는 웜과 바늘, 봉돌의 크기다. 아래 세 가지가 일관되게 적용되는 언밸런스 프리리그 조합 공식이다.

① 3인치 내외의 작은 스트레이트웜
② 3인치 내외의 작은 스트레이트웜에 맞지 않는 큰 훅
③ 5~7g 내외의 작고 가벼운 텅스텐싱커

웜 크기가 줄어들고 그에 맞지 않는 큰 바늘에서 오는 부조화, 그리고 작은 텅스텐싱커가 어우러져 만들어진 액션은 기존 프리리그의 그것과 차이를 보인다.

3인치 스트레이트웜이 절대조합인 이유

낚시인들은 호그웜, 컬리테일웜, 그럽을 많이 쓴다. 이들 웜의 화려한 액션은 어디에서 나오는 것일까? 그것은 바로 꼬리에 있다. 호그웜에는 집게발, 컬리테일웜과 그럽에는 거머리 같이 유연하게 움직이는 꼬리가 달려 있다. 바로 이게 배스를 유혹하는 것이다.

그렇다면 발이나 꼬리와 연결된 보디가 수행하는 역할은? 생각보다 별로 없다. 훅이 체결되는 영역으로 또는 볼륨감을 만드는 역할만 존재할 뿐 웜의 고유 액션에는 영향을 크게 미치지 않는 것이다. 사실상 꼬리가 달린 웜은 그 꼬리의 액션이 그 웜이 갖고 있는 액션의 전부라고 보는 게 맞다.

그와는 달리 스트레이트웜은 웜 전체가 배스에게 어필한다. 보디 전체가 유연하게 떨리거나 폴링하는 모습에 배스가 반응을 하게 된다. 이러한 스트레이트웜에 큰 바늘을 꿰면 웜이 일직선으로 펴지면서 꼿꼿한 형태로 바뀌게 된다. 즉, 웜 고유의 액션이 사라지고 작대기처럼 빳빳해진 형태만 남게 된다. 호그웜이나 컬리테일웜, 그럽에는 큰 훅을 꿰더라도 꼬리는 여전히 나풀거리기 때문에 고유의 액션은 살아있다고 볼 수 있다.

3인치 내외의 스트레이트웜에 큰 훅을 세팅하게 되면 앞에서 설명한 대로 웜이 빳빳해진다. 이것이 언밸런스 프리리그 고유 액션이다.

그러면 4인치나 5인치 스트레이트웜에도 큰 훅을 꿰면 똑같지 않겠냐고 물어보기도 한다. 나는 '맞다'고 답하곤 한다. 하지만 중요한 것은 그렇게 해서 효과가 있느냐 없느냐이다.

분명한 것은 웜을 작게 써야 효과가 있다는 것이다. 4~5인치보다 3인치를 썼을 때 입질빈도가 늘어나는 것을 조과를 통해 경험했다.

빳빳해진 스트레이트웜은 웜 자체의 크기와 볼륨이 고유의 액션을 만들어낸다. 4인치, 5인치로 크기가 커지면 언밸런스한 액션이 나오기는 하지만 3인치짜리 웜이 만들어내는 고유의 액션과는 차이가 있다는 사실을 알아야 한다.

큰 훅을 써야 잘 박힌다

언밸런스 프리리그용 훅을 고르는 기준은 배스의 주둥이에 잘 박히는 입걸림 강도다. 그 조건은 다음과 같다.

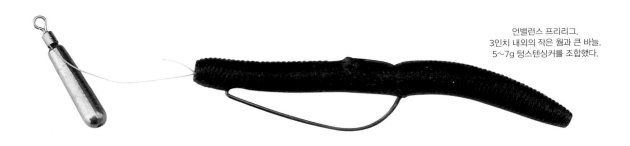

언밸런스 프리리그.
3인치 내외의 작은 웜과 큰 바늘,
5~7g 텅스텐싱커를 조합했다.

언밸런스 프리리그의 액션 운용

호핑

호핑

폴링

폴링

① 훅 포인트가 약간 밖으로 뻗어 나온 것
② 미늘이 없는 것
③ 가늘고 매끄러운 것
④ 크기가 큰 것

이 네 가지 기준 중 '④크기가 큰 것'이 언밸런스 프리리그용 훅의 핵심이라고 할 수 있다. 저수온기 배스의 짧은 흡입에 대응하기 위해서는 작은 훅보다는 큰 훅이 유리하다. 우리나라를 비롯한 미국, 일본의 프로선수들이 훅에 대해 공통되게 하는 말이 있다.
"훅이 크면 클수록 좋긴 하지만 그것이 웜의 움직임을 방해한다. 그렇기에 최대한 움직임을 방해하지 않는 범위에서 최대 크기를 설정하는 것이 좋다."
이 기본에 충실하면서 새로운 리액션을 유발시키는 것이라고 생각하면 이해가 쉬울 것이다.

밀어와 닮았다
언밸런스 프리리그는 물속의 생명체와 비슷하게 생긴 것일까? 아니면 오로지 리액션만 유도하는 채비일까? 나는 언밸런스 프리리그가 오로지 리액션만 유도하는 채비라고 판단하고 있었다. 그런데 언밸런스 프리리그 유저들이 많이 생기면서 나도 모르는 정보를 많이 얻게 되었다. 그중 가장 흥미로웠던 것은 언밸런스 프리리그의 액션과 유사하게 움직이는 생명체가 있다는 얘기였다. 그 생명체는 밀어였다.
밀어는 우리나라 전역에 사는 6~12cm 크기의 망둑어과 물고기로서 주로 암반에 붙어 산다. 생김새나 움직이는 형태가 언밸런스 프리리그와 매우 비슷해 보인다. 일반 물고기처럼 중층에서 유영하는 게 아니라 바닥에 붙어 툭툭 순간적으로 움직이는 모습을 보인다.

액션 연출하기
폴링
프리리그는 물속에 떨어질 때 수심이 깊으면 깊을수록 싱커와 웜의 거리가 점점 벌어지면서 떨어지게 된다. 이것은 프리리그의 특징으로서 언밸런스 프리리그 역시 마찬가지다. 다만 호그웜이나 여타의 웜처럼 나풀거리면서 떨어지는 것이 아니다. 짧고 빳빳한 루어 특성상 빙글빙글 원을 그리면서 떨어지게 되는데 다른 웜리그에서는 볼 수 없는 독특한 움직임을 보인다.

호핑
언밸런스 프리리그의 핵심 기법이다. 호핑 액션을 줄 경우 작고 빳빳한 스트레이트웜은 유연한 액션이 아닌 불규칙한 액션을 낸다. 막대기가 물속에서 폴짝거리다 돌이나 바위에 부딪히면 '획획'거리면서 넘어가는 듯한 모습과 비슷하다. 호핑 후 바닥에 떨어진 웜이 어디로 넘어질지는 운용하는 사람도 모른다.
가장 좋은 방법은 물속 장애물에 의도적으로 부딪히게 하는 것이다. 이때 물체를 타넘거나 부딪칠 때 과도한 리액션이 유발된다. 이것이 언밸런스 프리리그 액션의 핵심이다. 짧고 불규칙하게 움직이는 것을 의도적으로 나타내는 데 있어 드래깅보다는 호핑이 적합하다.

드래깅
프리리그는 드래깅이 아주 좋은 운용 방법이긴 하지만 언밸런스 프리리그는 제한적으로 활용한다. 급경사가 나타나는 지역이나 수초가 밀생한 지역에서는 호핑 액션을 주는 데 한계가 있으므로 드래깅을 적절히 섞어 사용한다.

서천 부사호에서 낚시 중인 필자.
사진처럼 돌과 수초가 있는 지역에서 언밸런스 프리리그의 효과가 두드러진다.

눈밭의 겨울 낚시터에서 언밸런스 프리리그로 배스를 낚은 필자.

호핑 위주의 낚시를 하라

언밸런스 프리리그로 낚시를 잘 하는 방법은 호핑 위주의 낚시를 하는 것이다. 무거운 싱커를 달아 멀리 던지고 드래깅 위주로 운용하는 프리리그와는 다른 점이다. 가볍고 세세한 호핑 액션을 주어 툭툭 친다는 느낌으로 운용한다.

빨라서는 안 되고 두세 번 툭툭 치고 슬랙라인을 감아 들인 뒤 다시 두세 번 툭툭 친다는 느낌으로 운용한다. 이때 저수온기라고 해서 느리게 운용할 필요는 없다. 데드워밍은 오히려 언밸런스 프리리그의 액션을 살리지 못하는 방법이다. 평소 시즌보다는 약간 느리게 운용하는 정도면 무방하다.

명심해야 할 것은 장애물에서 액션을 주라는 것이다. 물속 지형이 확연하게 바뀌는 곳이나 암반, 돌, 수초로 이루어진 지역에서 이 채비의 위력은 배가 된다.

프리리그가 그렇듯 언밸런스 프리리그도 챔질 타이밍에 신경을 써야 한다. 싱커 유동 폭이 너무 크기 때문에 배스가 루어를 물고 움직일 때까지 기다려야 한다. 확실한 입질이 느껴지면 로드를 낮추고 라인을 통해 물고기의 무게감을 느낀 다음, 슬랙라인을 감고 무를 뽑는다는 느낌으로 챔질한다. 짧고 강하게 끊어서 챔질하는 것은 바람직하지 않다. 충분히 무게감을 느낀 뒤 챔질하는 것이 중요하다.

암반, 석축 등 바닥에 돌이 있는 지역

언밸런스 프리리그의 효과가 잘 나타나는 곳이다. 물속에 있는 암반을 호핑으로 공략하면 루어가 돌에 부딪히게 되고 사용자가 의도하지 못한 액션이 나온다.

물속에 수초 또는 육초가 있는 지역

언밸런스 프리리그의 또 다른 강점이 나타나는 곳이다. 일단 언밸런스 프리리그는 크기가 작기 때문에 밑걸림에 유리하다는 장점이 있다. 특히 물속에 삭아 있는 육초나 수초의 경우 거의 걸리지 않아 마음껏 공략할 수 있다. 역시 운용 방법은 호핑이며 육초나 수초에 걸릴 경우 뒤로 지긋이 잡아당기면 거의 다 빠진다. 이때 걸렸다가 튕겨져 나오면서 돌발적인 행오프(hang off) 액션이 나오기도 한다.

수몰나무가 있는 지역

밑걸림에 탁월한 장점이 있는 언밸런스 프리리그가 위력을 보일 수 있는 곳이다. 프리리그로 공략하면 싱커와 웜이 벌어져 있기 때문에 자주 나무에 걸리게 되나 언밸런스 프리리그는 그렇지 않다. 소금 밀도가 높은 작은 웜과 무게에 비해 크기가 작은 텅스텐 싱커를 쓰기 때문에 간격이 벌어질 틈이 별로 없다. 그렇기에 잔가지를 하나하나 타넘는 낚시를 할 수 있다.

저수온기 최강의 조합은?

로드

6.8~7피트의 길이의 미디엄 이상의 파워, 패스트 액션을 가진 로드가 적합하다. 저수온기에는 롱캐스팅이 필요한 경우가 많고 또 멀리서 입질은 받았을 때 랜딩하기 위해서는 길이가 긴 로드가 유리하다.

릴

저기어비보다 7점대 이상의 고기어비 베이트릴이 유리하다. 물론 저기어비 베이트릴이나 스피닝릴로도 충분히 물고기를 낚을 수 있지만 장거리나 근거리에 모두 신속하게 대응하려 한다면 7점대 이상의 고기어비 제품을 권한다.

라인

카본라인이 좋다. 수초가 많은 지역에서는 14lb의 카본라인, 저수온기에는 8lb~12lb를 쓴다.

바늘

스트레이트훅이나 오프셋훅이 적당하다. 스트레이트훅이나 오프셋훅이 스트레이트웜과 매칭이 잘 되기 때문이다. 우리나라는 와이드갭훅을 사용하는 낚시인들이 많은데 와이드갭훅 중에서도 갭이 좁은 제품을 추천한다. 갭이 좁을수록 챔질 시 힘을 잘 전달해주어 저수온기의 미스바이트를 조금이나마 줄일 수 있다.

루어

3인치 내외의 스트레이트형 웜이라면 모두 쓸 수 있다. 웜의 색상은 크게 신경 쓰지 않으나 질감은 부드러운 게 좋다.

필자의 저수온기 태클 조합

제이에스컴퍼니 N B5 69M + 다이와 SS SV 105H 8.0:1 + 몬스터프로젝트 10 또는 12lb 카본라인 + 피나 Narrow gape 2/0 + 루어팩토리 텅스텐 싱커 5~7g

텅스텐싱커로 명성 회복
프리리그 말고 텍사스리그

텍사스리그란 말 그대로 미국 텍사스 지역에서 주로 사용한 채비다. 배스낚시에서 가장 중요하고 가장 많이 사용되는 채비이다. 총알을 닮은 불릿싱커(bullet sinker), 비드, 바늘을 세트로 사용하는 채비로 수몰나무, 육상식물, 침수식물 등 장애물이 많은 텍사스 지역의 특성에 맞춰 물속에서 잘 걸리지 않게 만들어졌다.

텍사스리그가 그동안 외면 받았던 이유

텍사스리그는 가장 오래된 채비 중 하나이며 가장 중요한 채비이지만 우리나라에서만큼은 명성에 비해 주목받지 못했다. 그 이유는 바로 프리리그 때문이다. 두 채비의 공통점은 장애물이 많은 바닥층 공략에 효과적이라는 것. 그런데 운용이나 조과 면에서 프리리그가 더 낫다. 그래서 배스낚시의 기본채비인 텍사스리그는 점점 잊히고 있었다. 그런데 이런 텍사스리그가 다시 부각된 계기가 있으니 바로 신소재, 텅스텐싱커의 등장이다.

텍사스리그는 앞에서 언급한대로 텍사스 지역에 맞게 만들어진 뾰족한 형태의 싱커가 가장 큰 특징인데, 이게 수생식물이 많은 미국의 자연호수에서는 사용하기 좋다. 뾰족한 총알형 싱커가 수생식물군락에 걸리지 않고 잘 뚫고 다니기 때문이다. 하지만 이 총알형 싱커는 돌바닥이나 거친 자갈에서는 반대로 어마어마한 밑걸림으로 다가왔다. 뾰족한 형태가 돌 틈에 너무 잘 끼어 돌바닥을 섬세하게 읽어내기 어려운 것이다. 게다가 납 또는 황동 재질의 싱커는 무게 대비 부피도 커서 가뜩이나 잘 걸리는 총알형 싱커에 밑걸림을 더 부채질하는 결과를 낳았다.

우리나라는 자연호수보다는 인공호수가 많아 수생식물이 많이 자라지 않고 급심 지역과 자갈, 바위지대가 많다. 그래서 텍사스리그는 수생식물

이 밀집한 저수지를 빼고는 기피 대상 1호가 될 정도였다. 하지만 납, 황동 대신 텅스텐이 싱커 소재로 사용되면서 그동안 지적됐던 문제가 어느 정도 해결됐다. 싱커의 무게는 같지만 크기가 현저히 작아져 이전만큼 밑걸림이 생기지 않는 것이다.

앵글러들 사이에 '잘 걸릴 줄만 알았던 텍사스리그가 이제는 잘 안 걸리니 바닥층을 노릴 때엔 프리리그와 텍사스리그를 구분해서 사용해보자'라는 움직임이 일어나게 되었고 현재는 프리리그와 텍사스리그를 낚시 환경과 포인트 여건에 따라 확연히 구분해서 사용하고 있는 추세다.

텍사스리그의 장점
■장애물 돌파

독보적인 장애물 돌파 능력을 가지고 있다. 수생식물, 물에 잠긴 육상식물, 수몰나무 등 자연적으로 생긴 장애물에 특화되어 있다. 그 이유는 바로 총알형의 불릿싱커 때문이다. 불릿싱커는 끝이 뾰족하기 때문에 밀생해 있는 수생식물을 뚫고 지나가기 쉬우며 물속에 잠긴 육상식물의 거친 줄기에도 잘 걸리지 않는다.

■느린 폴링

프리리그가 빠른 폴링으로 웜을 끌고 내려가는 게 특징이라면 텍사스리그는 무게 대비 느린 폴링이 특징이다. 라인이 싱커의 중앙을 통과하기 때문에 싱커가 통째로 물의 저항을 받으면서 내려가, 같은 무게 대비 프리리그나 다운샷리그보다 폴링속도가 느리다. 이렇게 폴링속도가 느리다는 것은 단점도 되지만 장점이 더 크다. 배스에게 오래 보여줄 수 있기 때문이다.

무거운 텅스텐싱커를 세팅한 헤비텍사스리그.

■소리

바닥층 공략 웜리그 중 유일하게 소리를 내는 채비이다. 텍사스리그는 싱커와 바늘 사이에 유리 또는 금속 재질의 비드를 넣는데 이 비드가 싱커와 부딪히며 소리를 낸다. 가재가 집게발을 부딪힐 때 나는 딱딱거리는 소리를 모방했다고 한다. 이 특유의 소리는 빽빽하게 밀생해있는 수생식물군락에 있는 배스에게 루어의 존재감을 알려주는 좋은 무기이다.

텍사스리그의 단점
■극악의 밑걸림

특유의 뾰족한 싱커는 약한 수생식물을 거침없이 뚫고 나아갈 수 있지만 돌바닥에서는 어림도 없다. 특히 돌과 돌 틈 같은 석축이 즐비한 우리나라에서는 한 번 끼게 되면 채비를 끊어야 하는 경우가 많다.

■번거로움

수생식물도 돌파하고 소리도 내고 하다 보니 다른 웜리그에 비해 구성이 복잡하다. 커버 전용 헤비 텍사스리그는 고무 스토퍼까지 포함이 되어 있다. 다른 채비가 싱커, 바늘 중심으로 단순하다면 텍사스리그는 스토퍼, 싱커, 비드, 바늘 등 두 배로 많은 소품이 필요하고 만드는 데 번거롭다.

플로리다리그? 텍사스리그?

텍사스리그와 유사한 채비로 플로리다리그가 있다. 둘 다 불릿싱커를 사용하지만 지역별 특성에 의해 채비방법이 달라졌다. 텍사스리그는 미국 텍사스 지역에서 유래한 채비다. 텍사스는 대부분 사막기후를 띠고 있는데 자연호수의 경우 수생식물이 많이 밀생해 있다. 물색이 탁한 곳이 많아 소리로 어필할 수 있는 비드를 사용하게 됐다.

플로리다리그는 텍사스리그와 비교해보면, 비드를 사용하지 않고 싱커를 고정시킨 채비다. 텍사스리그의 싱커가 프리리그처럼 유동인 것과는 다르다. 그 이유는 플로리다 지역이 텍사스 지역보다 수생식물 밀생도가 더 심하기 때문이다. 호수의 바닥마저도 전부 수생식물이라 할 정도로 빽빽하다. 따라서 이곳에서 배스를 잡으려면 유동식 불릿싱커보다는 고정식 불릿싱커가 유리하다. 비드는 물속 찌꺼기 등에 의해 잘 걸려 사용하지 않게 되었다.

가을이 되어 삭기 시작한 수면의 마름수초.

하지만 최근 미국과 한국, 일본, 멕시코, 유럽의 기타 나라에서 이 플로리다리그와 텍사스리그를 구분해서 사용하지 않는 추세다. 고무 스토퍼로 인해 싱커의 유동 폭을 조정할 수 있으며 내부에서 소리를 내는 싱커가 등장했기 때문이다. 소리, 유동식 싱커 등의 텍사스리그의 특징이 새로운 도구의 개발과 운용술의 변화 등으로 인해 플로리다리그와 별반 차이가 없게 되었다. 용어에 있어서도 크게 구분하지 않는 추세다.

커버낚시의 제왕

앞서 설명한 대로 최근 트렌드는 프리리그와 텍사스리그를 구분하여 사용하는 것이다. 프리리그가 바닥낚시 전반에서 두루 사용되고 있다면 텍사스리그는 프리리그가 유독 맥을 못 추는 곳, 커버를 담당하고 있다. 특히 납과 황동을 대체하며 최고의 소재로 등극한 텅스텐은 1온스가 넘는 무게에도 손톱 크기 정도로 작다. 장마철 쓰레기가 넘쳐 그늘을 형성하고 있는 지역, 여름철 무성히 자란 헤비커버 지역을 뚫고 바닥까지 내려가는 역할까지 담당하고 있다. 그야말로 텍사스리그 제2의 전성기라 할 수 있다.

사실 텍사스리그는 커버낚시에 불리한 형태를 띠고 있다. 상대적으로 무거운 1온스 내외의 싱커는 바늘과 부딪혀 지속적으로 리깅된 웜에 부하를 주고 똑바로 리깅된 웜을 계속 이탈시키거나 구부러지게 만든다. 이것은 커버낚시에서 들어오는 입질을 깔끔하게 챔질로 성공시키지 못하게 하는 요인 중 하나였다.

커버낚시에선 펀치리그(텍사스리그에서 파생된 채비로 커버에서만 사용한다)와 펀치샷리그(프리리그에서 파생된 채비로 최근 커버낚시에서 각광을 받고 있는 채비)를 많이 사용하고 있다. 이 문제를 다른 훅에 비해 목이 긴 텍사스리그 전용 훅의 출시, 챔질 성공률이 극도로 높은 스트레이트훅을 사용해 해결하고 있다.

텍사스리그가 빛을 발하는 시기는 수생식물이 대부분 삭아서 사라져 버리는 초겨울이다. 떨어진 수온과 짧아진 일조량으로 인해 수생식물은 삭아서 물속에서 분해된다. 수생식물이 삭아도 배스는 여전히 이 장애물에 의지하려는 성향이 강해 마지막 줄기 하나가 있을 때까지 머문다. 장애물을 좋아하는 배스의 특성 때문이다.

여름철 빽빽했던 수생식물 포인트는 11월 정도가 되면 어느 정도 공략이 가능한 포인트로 바뀐다. 틈새 하나 보이지 않던 수초군락에 듬성듬성 구멍이 생긴다면 그곳이 텍사스리그의 공략 포인트다. 물속에는 거미줄처럼 수생식물의 뿌리와 줄기가 얽혀 잘 걸리지만 텍사스리그는 불릿싱커로 인해 밑걸림을 어느 정도 피할 수 있다. 다른 채비보다 수초에 걸리지 않고 배스의 입질을 받아내기에 용이하다.

마름, 갈대 등은 근거리 피칭, 플리핑

삭아가는 수생식물군락, 특히 마름, 수련, 연 등의 부엽식물군락은 배스에게 좋은 은신처가 된다. 또 줄, 부들, 갈대 같은 정수식물의 경계 라인도 텍사스리그로 공략하기 좋은 곳이다. 이때 펀칭과 다르게 싱커의 무게를 1온스 이상 올리지 않는 것이 중요하다. 여름에 빽빽한 커버를 강제로 뚫기 위해 1온스 이상의 무거운 싱커를 사용했다면, 11월에는 수생식물군락의 틈이 갈수록 커지기 때문에 무거운 싱커에 의한 강제 펀칭은 필요 없다고 볼 수 있다.

이때는 삭아가는 식물군락의 중앙이나 사이드, 엣지 등을 다양하게 공략

대형호 연안에서 삭은 육초대를 공략하고 있는 낚시인.

하는 것이 좋다. 드래그앤드롭(drag&drop) 기법을 통해 표층을 긁어와 구멍이나 엣지에 폴링으로 떨어트리는 방법도 좋다. 이때는 폴링 액션이 좋은 크리처 계열이나 그럽, 컬리테일 웜이 효과적이다.

입질은 특유의 끌고 들어가거나 우악스럽게 들어온다. 라인이 흐르는 방향을 보고 반대로 챔질하되 평소보다 강하게 해야 한다. 힘으로 맞서는 매우 터프한 방법으로 배스를 제압한다. 고기를 빠르게 제압해야 하는 이유는 그 포인트에 있는 다른 고기에게 영향을 적게 주기 위해서다. 한 마리를 잡고 더 잡아낼 수 있는 것이다. 제압 속도가 느리면 고기가 커버를 감아버려 꺼내지 못하는 일이 발생한다.

로드는 H(헤비) 파워 이상이 좋으며 라인은 카본라인 16lb 이상, PE라인은 30lb 이상이 유리하다. 릴은 8점대 이상의 고기어비를 추천한다.

말풀은 릴링으로 공략

프리리그나 다운샷리그는 긁어오는 드래깅, 폴짝폴짝 뛰는 호핑 기법 등이 주로 쓰인다. 텍사스리그도 예외는 아니지만 침수식물, 즉 물에 잠겨 생육하는 수초를 공략할 때에는 로드워크에 의한 드래깅과 호핑보다는 강제 릴링으로 수초를 빠져나오게 하는 이스케이프 액션이나 다팅 액션을 쓰는 것이 더욱 좋다. 물속에 밀생한 말즘, 검정말, 붕어마름, 이식물 수세미 같은 식물은 호핑과 드래깅 액션을 주면 로드에 끈적끈적 걸리는 느낌이 많이 난다.

하지만 강제 릴링에 의해 수생식물군락에서 루어를 탈출시키는 방법은 깔끔하게 수생식물을 통과할 수 있어 찌꺼기 같은 작은 장애물이 채비에 걸리는 일이 없다. 그렇게 공략하다 보면 의도치 않게 마치 도망가는 물고기 같이 움직이는 이스케이프 액션이 나오기도 하며 빠르게 움직이는 물

고기 같은 다팅 액션이 나오기도 한다. 루어는 움직임이 화려한 컬리테일, 크리처 계열보다는 단순한 스트레이트형이나 스틱형이 효과가 좋다.

입질은 대부분 라인이 흘러가는 형태로 들어오며 속도도 빠르다. 이때는 라인의 이동 반대 방향으로 강하게 챔질한다. 로드는 H(헤비) 파워 이상이 좋으며 라인은 카본라인 16lb 이상, PE라인은 30lb 이상이 유리하다. 릴은 8점대 이상의 고기어비 베이트릴을 쓴다.

강하게 튼튼하게

텍사스리그는 삭아가는 수생식물의 군락이나 커버에서 텍사스리그를 주로 행해진다. 아무리 수생식물이 삭은 곳이라고는 하지만 아직은 섬유질이 질기고 단단하게 남아있을 수 있다. 당연히 태클 역시 강해야 할 것이다. 이 낚시는 강제제압이 기본적인 낚시법이기 때문에 무조건 강하고 튼튼한 태클을 사용해야 한다.

로드는 최소 H(헤비) 파워 이상이 필요하다. 허리, 팁 등 모든 부위가 튼튼한 로드가 좋다. 릴은 베이트릴을 기본으로 하고 최소 8점대 이상의 기어비를 사용하며 튼튼한 재질로 만들어진 제품이 필수다.

라인은 가장 중요한 소품이다. 개인적으로 수생식물이 밀생한 지역은 PE라인을 선호하고 부시(bush), 브러시(brush)에서는 굵은 카본라인을 추천한다.

잘못된 정보의 유튜브 영상으로 인해 웜낚시 전반에 걸쳐 나일론라인을 사용하는 유행이 불기도 했다. 수생식물을 노리는 커버낚시에서는 나일론라인을 사용하지 않는다. 아니 바닥공략을 기본으로 하는 웜낚시에는 나일론라인은 절대 불리하다.

섀드웜과 블레이드훅의 환상조합
블레이드리그

블레이드리그(Blade Rig)란 섀드웜과 블레이드훅을 결합한 채비를 말한다. 이 채비의 위력은 막강해서 낚시인들 사이에서 '최애 루어'로 통하며 인기가 급상승하고 있다. 스피너베이트와 비슷하게 사용하는데 밑걸림이 적다. 섀드웜의 무게와 파동이 더해져 캐스팅 거리는 길고 입질을 유도하는 기능은 더욱 강력하다

2016년, 나는 한국인으로는 최초로 미국 FLW 코스타 토너먼트 시리즈에 보터 자격으로 참가했다. 당시 토너먼트는 미국 동부의 포토맥강에서 개최되었는데 선수들이 가장 많이 사용한 루어는 채터베이트(스위밍지그)였다. 나는 이곳에 미국인들은 잘 모르는 생소한 채비를 들고 갔는데 이틀째 경기에선 좋은 성적을 냈다. 동승한 코앵글러는 처음 보는 내 채비에 관심을 보였고 미국 원정 내내 도움을 준 한국계 미국인 프로베서 배우진 씨도 마찬가지였다. 그 루어는 바로 섀드웜과 언더스핀을 결합한 채비였다. 바늘에 블레이드를 단 형태의 언더스핀은 싱커를 결합한 웨이드훅으로 진화했고 이 조합이 낚시인들 사이에서 큰 인기를 끌고 있는데 반응이 가히 폭발적이다.

다재다능한 섀드웜의 면면

섀드웜은 말 그대로 섀드(shad, 물고기류), 물고기를 본떠 만든 소프트베이트다. 물고기를 닮은 유선형 보디와 움직임이 좋은 꼬리 등 다방면으로 물고기가 헤엄치는 것을 본떴다. 작은 물고기를 주 먹이로 삼는 배스나 쏘가리, 끄리 등의 어식성 어종을 상대하는 데 적합하다.

여러 타입이 있지만 많이 쓰는 스타일은 유선형 몸매에 납작한 꼬리가 달려있는 것으로, 가장 많은 가장 판매량을 올리고 있다. 기존의 물고기 모양의 섀드웜과는 비교도 안 될 정도로 인기가 많은데 그 이유는 파동의 차이 때문이다.

기존의 섀드웜은 매우 리얼한 모습으로 물고기와 거의 비슷하게 생겼지만 파동은 약했다. 물이 맑아 배스가 육안으로 먹잇감을 확인할 수 있는 곳에서는 좋은 조과를 보였지만 물이 탁하거나 포인트 범위가 넓은 곳에서는 어필할 수 있는 파동이 약해, 멀리 있는 배스에게 효과적이지 못했다.

하지만 현재 넙적한 꼬리가 달려 나오는 섀드웜은 꼬리에서 나오는 파동이 매우 강하다. 스피너베이트의 블레이드와 유사한 파동을 낼 정도다. 그 꼬리가 클수록 또 단단할수록 더 강한 파동을 내기 때문에, 다양한 수심층은 물론 물이 탁하거나 수면이 일렁이는 악조건 속에서도 충분이 배스에게 어필을 할 수 있게 되었다. 그리하여 버징, 스위밍에 찰떡궁합인 웜이 되었다.

언더스핀에서 진화한 블레이드훅

바늘에 블레이드가 달려있는 제품은 예전부터 많았다. 크게 보면 스피너베이트나 지그스피너도 그 축에 속한다. 미국에서 많이 쓰이고 있는 언더스핀도 마찬가지다. 바늘에 블레이드가 달려있는 제품들의 공통점은 훅 포인트가 노출되어 있는 것이다. 스피너베이트, 지그스피너, 언더스핀 할 것 없이 모두 훅이 노출되어 있다.

노출된 훅은 자동 걸림이 잘 되어 챔질 액션을 크게 주지 않아도 입걸림 확률이 높다. 하지만 이러한 장점은 곧 단점이 됐다. 바로 밑걸림이다. 수초가 많은 미국의 자연호수에선 문제가 되지 않지만 인공호수가 많은 우리나라와 일본에선 불편하기 짝이 없다. 인공호수엔 수초대가 없고 돌, 나뭇가지 등 바닥은 복잡해서 노출 훅은 밑걸림이 발생할 수밖에 없다.

그래서 만들어진 제품이 바로 블레이드훅으로, 한국에서는 오너의 플래시스위머가 선조 격이라 할 수 있다. 사실 매우 간단한 원리다. 노출된 훅 포인트를 가지고 있는 지그헤드로 제품을 만드는 것이 아니라 오프셋훅에 웨이트를 성형하고 블레이드를 장착하니 모든 문제가 해결된 것이다. 스피너베이트 특유의 어필력과 훅 포인트를 숨길 수 있는 웜리그의 장애물 회피력이 만나 엄청난 채비가 탄생하게 된 것이다.

블레이드리그. 물고기 모양의 섀드웜(좌)과 블레이드훅을 조합했다.

스피너베이트보다 강력하다

루어낚시 역사상 최고의 루어를 뽑거나, 최고의 빅배스 킬러, 최고의 위닝루어를 꼽는 조사에서 스피너베이트는 단 한 번도 빠진 적이 없다. 이만큼 파동과 어필을 유도해내는 루어가 거의 없기 때문에 거의 독보적인 위치라고 보면 되겠다.

이 스피너베이트는 블레이드라는 무기로 물고기를 유인하며 조과로 보답하는 루어다. 하지만 스피너베이트 역시 훅 포인트가 노출되어 있는 루어여서 다른 루어보다 덜 걸리기는 하지만 밑걸림, 특히 나뭇가지가 많은 지역에서는 움직임이 자유로울 수 없다.

이에 비해 블레이드훅은 스피너베이트의 장점을 갖고 있으면서도 훅 포인트를 숨길 수 있어 돌파력은 더 강하다. 스피너베이트보다 작은 블레이드로 인해 약해진 파동은 이 채비와 결합되는 섀드웜의 두툼한 꼬리가 메워준다. 스커트대신 볼륨감 있는 몸체가 장착되어 돌파력이 기막히게 강력해진 이 루어가 지금까지 제대로 된 이름 하나 없었다.

별개의 두 용품이 결합해야 만들 수 있기 때문에 다른 채비 이름을 붙여 설명하기도 애매하다. 앞으로 이 조합의 인기는 더 커질 것이고 그에 따른 적당한 이름이 필요하게 됐다. 나는 이 조합의 이름으로 블레이드리그가 가장 적당하지 않나 생각한다. 여기선 블레이드리그란 이름으로 설명하겠다.

블레이드리그는 탁한 물에서 위력을 발휘한다. 블레이드의 회전과 번쩍거림, 섀드웜의 꼬리 움직임으로 배스를 유혹한다. 대부분의 루어가 밑걸림을 각오하고 던져야 하는 복잡한 수몰나무 지대나 브러시라인에서도 유유히 그곳을 통과하며 꼼꼼하게 바닥을 찍고 온다.

섀드웜은 파동 외에 여러 가지 무기를 블레이드훅에 장착시켰다. 다른 웜에 비해 비중이 무겁기 때문에 캐스팅 시 비거리가 늘어났다. 또 폴링 시 자연스런 꼬리 움직임으로 인해 블레이드 액션을 과하게 만들지 않아 자연스럽다.

최고의 조합은 무엇?

내가 몇 년간 사용하면서 찰떡궁합이었던 섀드웜과 블레이드훅의 조합을 소개한다. 몇 년간 배스토너먼트와 방송, 실전을 통해 모두 검증한 것으로 각각의 장단점도 함께 적으니 참고하면 좋을 것이다.

■OSP 도라이브섀드 4.5 +오너 플래시스위머 5/0(1/4온스)

가장 기본적이고 이상적인 조합으로 어떤 곳에서도 쉽게 사용할 수 있다. OSP 도라이브섀드는 노싱커리그로 사용할 때도 폴링 시 꼬리가 움직일 만큼 매우 민감한 테일 액션이 생명이다. 가벼운 웨이트를 사용해도 충분히 만족할만한 폴링 액션을 내기 때문에 폴링 액션이 필요할 때엔 도라이브섀드를 쓴다. 오너 플래시스위머는 블레이드리그의 기본이 되는 훅을 만든 회사다. 훅의 갭이 커서 어떤 루어도 여유롭게 소화할 수 있으며 아랫부분이 두툼한 도라이브섀드와도 궁합이 좋다.

■사와무라 원업섀드 5인치 +하프루어 파워스핀 2(1/4온스)

사와무라 원업섀드는 일본산 섀드웜의 기본이 되는 루어로 다양한 색상과 크기를 가지고 있으나 블레이드리그에서는 5인치가 가장 무난하다.

내가 미국에서도 사용한 루어가 바로 이 루어이다. 사와무라 원업섀드는 가벼운 웨이트를 사용하면 폴링 시 꼬리가 거의 움직이지 않기 때문에 1/4온스의 무게를 사용한 조합에서 최상의 성능을 발휘한다.

하프루어 파워스핀은 오너 플래시스위머와 비슷한 형태이지만 웨이트가 견고하게 고정되어 있고, 볼베어링을 이용한 원활한 블레이드의 움직임이 장점이다. 바늘이 플래시스위머보다 훨씬 더 짜임새 있게 제작됐다. 이 조합은 바닥이 매우 복잡한 곳이나 강제집행이 필요한 곳에서 주로 사용한다. 섀드웜은 소금이 많이 들어가지 않아 다른 섀드웜에 비해 질기고 훅은 견고하다. 브러시가 가득한곳, 수생식물의 경계라인에서 사용한다.

■케이텍 이지샤이너 5인치 +데코이 마키사수 5/0

케이텍 이지샤이너는 명실공히 세계에서 가장 사랑받는 섀드웜이라 해도 과언이 아니다. 다른 섀드웜에 비해 날씬한 보디를 갖고 있어 파동이 약할 것 같지만 완벽한 밸런스를 가진 꼬리 액션으로 역동적으로 움직인다.

데코이 마키사수는 말 그대로 감는(마키) 루어에 특화된 웨이트훅이다. 특징이라면 암이 매우 짧은 블레이드를 채용한 것인데 고정 웨이트가 아니라 고무로 고정해 반유동식이란 것이 특징이다. 훅은 갭이 넓지 않기 때문에 두툼한 웜은 리킹 시 약간 타이트한 형태가 된다. 이지샤이너처럼 가는 보디의 섀드웜에 제격이다 주로 장애물이 많지 않은 곳에서 가볍게 사용할 때 쓴다. 수심이 얕고 물색이 탁한 곳에서 탁월한 어필력을 자랑한다. 특히 폭이 좁은 수로 등 멀리 던질 필요가 없는 곳에서 핀포인트를 공략하는 블레이드리그로는 최고로 꼽고 싶다.

운용술

블레이드리그는 스피너베이트와 비슷한 루어여서 스피너베이트가 통하는 곳은 어디든 쓸 수 있다. 더불어 스피너베이트를 쉽게 사용하지 못하는 곳에서도 사용할 수 있으며 장애물이 가득한 곳 역시 문제가 없다. 주 사용 장소와 운용술은 다음과 같다.

■물이 탁하거나 수초, 육초가 많이 밀생하는 수심 얕은 지역

운용방법은 중층 스위밍이 아닌 바닥과 가까이 수심층을 유지하고 그냥 감는 것이다. 일단 바닥으로 가라앉힌 후 감는 것인데 매우 천천히 릴링을 하여 의도적으로 수초, 육초에 부딪히도록 한다. 릴링으로 하나씩 타고 넘는다는 말이 더 맞을 수 있겠다. 밑걸림 걱정은 하지 말고 천천히 장애물과 수초, 육초를 타고 넘는다는 느낌으로 운용한다.

수초와 육초, 장애물에 숨어있던 배스 또는 물이 탁해 근거리의 루어를 잘 인식 못하는 배스를 공략하는 데 적합하다. 블레이드리그의 순간적인 플래싱과 섀드웜 특유의 꼬리 파동에 반응을 하는 경우가 많다.

■수초, 고사목 등 장애물이 많은 지역

수초구멍 등 일반 루어로는 공략이 어려운 곳까지 채비를 밀어 넣은 다음 장애물을 천천히 타고 넘는 식으로 공략한다. 특히 물속에 잠긴 관목(부시)이나 수초(브러시)를 공략하기 매우 좋다. 크랭크베이트를 운용한다는 느낌으로 일부러 장애물에 부딪히게 하는 것도 좋은 방법이다.

블레이드리그에 유혹된 배스.

■수위가 낮아진 수로나 저수지

우리나라의 수로는 장마나 가을 태풍이 도래하는 시기가 되면 수문을 대부분 열어 물을 방류한다. 장마나 집중호우, 태풍에 의한 범람을 막기 위해 인위적으로 방류를 하는 것인데, 이때 남아있는 배스들이 채널이나 구조물에 바싹 붙어 있는 경우가 많다. 그럴 때 바로 이 블레이드리그가 효과적이다.

수로는 대부분 도심을 통과하거나 농지를 통과하는 경우가 많은데 바닥엔 폐그물이나 폐관, 비료포대 등이 많다. 하드베이트나 스피너베이트를 이런 곳에 던지면 바로 밑걸림이 발생할 정도로 바닥이 지저분하다. 하지만 블레이드리그는 이런 곳을 돌파하는 경우가 많다.

단점

어필력도 좋고 폴링 액션도 좋고 장애물에 걸리지도 않는 블레이드리그. 장점만 있는 완전무결점의 루어인가? 그렇지는 않다. 이 루어 역시 적재적소에 써야하는 루어다. 단점을 꼽는다면 다음과 같다.

■노출 훅에 비해 떨어지는 입걸림 확률

장애물에 걸리는 일이 줄어드는 대신 노출 훅보다 입걸림 확률이 떨어진다. 하나를 얻기 위해 하나를 포기한 것이다. 애초에 언더스핀이나 스피너베이트 같은 스위밍지그류는 하나같이 훅이 노출되어 있다. 장애물에 걸릴 줄 알지만 이렇게 해놓은 것은 어느 정도 이유가 있다.

스위밍지그는 기본적으로 움직이는 루어이고 배스 역시 스위밍지그를 따라와서 물거나 순간적으로 덮쳐서 입질하는 경우가 대부분이다. 움직이는 물체와 움직이는 물체가 만나면 입걸림 확률이 그만큼 낮아진다. 그렇기에 노출 훅이 최고의 선택이지만 블레이드리그는 이 부분에서 취약함을 띠게 되는 것이다.

대처 방법으로 한 템포 느리고 강하게 챔질하는 것이 필요하다. 쿵 하는 입질에 바로 챔질에 들어가는 것이 아니라, 한 박자 쉬고 로드와 라인에 무게감이 전달될 때, 스윕훅셋(sweep hook set, 로드를 수평 상태로 유지한 뒤 옆으로 돌려 챔질하는 방법)으로 강하게 챔질하는 것이 입걸림 확률을 조금이나마 높이는 방법이라 할 수 있다.

■웨이트가 입걸림을 방해

블레이드리그는 오프셋훅에 납으로 된 웨이트가 있고 거기에 블레이드가 달려 있는 구조다. 이 웨이트 부위가 구조상 원활한 입걸림을 방해한다. 즉. 입질이 들어오면 챔질할 때 전달된 힘으로 웜이 쭉 밀리면서 바늘이 노출되어야 정상인데, 웜이 벗겨질 때 납으로 된 웨이트에 걸리면서 입걸림을 방해하는 것이다.

이런 일은 큰 배스는 상관없을 때가 많다. 챔질할 때 가해지는 힘과 배스가 벗어나려는 힘으로 자연스레 웜이 밀려나가는데, 크기가 작은 배스는 이 힘도 약하고 입도 작아서 훅이 정확하게 박히지 않은 상태에서 챔질에 들어가게 된다.

로드, 릴, 라인 모두 강하게

블레이드리그는 스피너베이트와 비슷한 루어여서 스피너베이트 전용 로드처럼 허리가 강하고 팁이 유연한 로드가 필요할 것처럼 보이지만 실상은 그렇지 않다. 좀 더 뻣뻣하고 둔탁한 로드가 필요하다.

스피너베이트는 순간적인 입질과 돌아서는 배스에 의한 자동걸림, 그리고 블레이드 진동조절을 위해 7:3 액션의 패스트테이퍼 로드가 적합하다. 블레이드리그는 입질 후 한 박자 쉬고 챔질을 해야 하고 블레이드의 진동이 그리 강하지 않기에 빳빳한 웜리그용 일반 로드로도 충분히 운용할 수 있다. 로드의 파워는 빳빳한 미디엄헤비를 기준 삼아 그 이상 헤비까지 쓸 수 있다.

라인은 강하게 쓰는 게 좋다. 블레이드리그는 주로 구조물이 많은 곳에서 사용하기 때문이다. 다만 합사는 별로 추천하고 싶지 않다. 합사는 물을 가르는 소리가 물속에서 생각보다 크게 전달된다. 얕은 수심에서 사용하기에 적합하지 않은 것이다. 굵은 카본라인을 추천한다.

베이트릴의 기어비는 6점대를 기본으로 한다. 나는 다양하게 사용하는 편인데, 물속에 장애물에 많고 수심이 얕은 경우에는 8점대 기어비를 쓴다. 입걸림시킨 배스를 강하고 빠르게 제압하기 위해서다. 수심이 제법 깊은 고사목, 구조물 지대 등을 공략할 때는 5점대를 주로 쓴다. 베이트릴은 기어비가 달라지면 운용하는 데 어려움이 따르기 마련인데, 블레이드리그는 크게 상관이 없다. 저기어비 릴로는 스피너베이트 운용하듯 느릿느릿 운용하면 되고 고기어비 릴은 웜리그를 쓰듯 바닥이나 장애물을 콩콩 찍으면서 운용해도 무방하기 때문이다.

블레이드훅에 다른 웜을 조합할 경우 효과는?

만약 본인의 태클박스에 섀드웜이 없다면 어떡할까. 이 채비를 포기해야 되나? 아니면 다른 웜을 써도 상관없을 걸까? 결론은 써도 된다. 스트레이트웜이나 스틱웜, 컬리테일웜, 그럽 등 어떤 것을 써도 상관없다. 입질은 들어온다. 하지만 궁합이 좋은 편은 아니라고 단연코 말할 수 있다. 섀드웜만큼 무게를 가진 웜도 별로 없다. 꼬리나 발, 부속물들이 거의 없는 섀드웜은 밸런스나 폴링 액션, 스위밍 액션에 있어 블레이드리그의 장점을 극대화시키는 데 최적화되어 있다.

블레이드리그를 캐스팅하고 있는 필자.

시원하게 입질을 뚫어보자!
PUNCHING

여름을 맞아 왕성하게 자란 식물 중 낚시와 관련이 있는 것은 연안과 수면, 수중에 자라는 식물이다. 낚시를 방해하는 요소가 되기도 하는데 역으로 바꿔 생각하면 쉽게 배스를 잡아낼 수 있는 요소가 되기도 한다. 낚시터 연안과 수면, 수중에 무성한 식물을 어떻게 하면 효과적으로 공략해서 배스를 낚아낼 수 있을까? 그것은 바로 뚫는 것이다.

펀치리그에서 '펀치(punch)'는 '구멍을 뚫다'란 뜻이다. 빽빽한 커버나 수생식물이 밀집한 곳을 무거운 싱커를 통해 강제로 뚫어 버리는 것이다. 펀치리그는 채비 형태에 있어 헤비 텍사스리그와 비슷하다. 헤비 텍사스리그는 말 그대로 텍사스리그의 싱커를 매우 무겁게 사용한 채비다. 두 채비의 차이점이라면, 싱커에 달린 스커트의 유무와 생김새다. 펀치리그가 커버를 뚫고 내려가는 데 더 용이하게 설계되어 있다. 더 전문적이라는 얘기다. 펀치리그용 싱커는 텍사스리그처럼 총알 모양으로 생겼지

만 스커트를 타잉할 수 있는 홈이 파여 있다.

전용 스커트 싱커가 핵심, 컬러 입힌 제품 인기

펀치리그는 펀치리그 전용 싱커, 스커트, 스트레이트훅, 그리고 멈춤고무로 구성된다. 이때 싱커는 최소 3/4온스 이상 무게의 제품을 쓴다. 텅스텐으로 제작된 제품이 인기가 높다. 싱커는 금속광택을 죽인 컬러 텅스텐 제품이 유리하다. 금속광택은 커버 속 배스에게 이질감을 주어 입질을 유도하는 데 있어 방해요소로 작용하는 것으로 인식되고 있다.

스커트는 주로 짙은 색이 사용되며 최근에는 돌기가 많은 스커트도 출시되고 있다. 돌기 스커트는 폴링 시 많은 공기방울이 돌기 사이에 맺히게 되는데 이것이 배스의 공격 본능을 자극하는 데 유리한 것으로 보인다.

바늘은 스트레이트훅을 쓴다. 물론 스트레이트훅 외 일반 와이드갭훅이

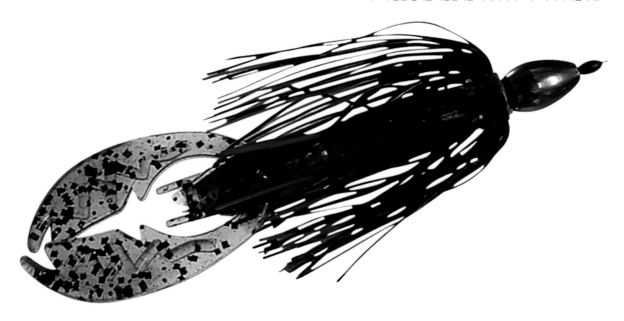

웜을 세팅한 펀치리그.
스커트가 달린 싱커를 사용한다는 게 헤비텍사스리그와의 차이점이다.

나 오프셋훅을 사용할 수도 있다. 하지만 챔질에 따른 힘의 전달력이나 관통력은 스트레이트훅을 따라오지 못한다. 비좁고 장애물이 많은 곳에서 사용하는 채비 특성상 힘이 고스란히 전달되는 스트레이트훅이 필수다.
싱커 바로 위에 삽입하는 멈춤고무는 싱커가 밀리지 않게 해주는 역할을 한다. 작은 소품이지만 싱커가 제대로 고정되어 있느냐 않느냐에 따라 채비의 성능에 영향이 주는 만큼 적합한 제품을 골라 써야 한다. 선택 기준은 크기다. 거친 커버에서 사용하게 되므로 웬만한 힘에도 잘 밀리지 않는 크기를 선택해야 한다. 멈춤고무가 없을 때엔 임시방편으로 싱커 구멍 사이에 나뭇가지나 이쑤시개 등을 꽂아 고정시키기도 한다.

펀치리그 전용 싱커

삭은 육초와 수초가 수면을 덮은 낚시터. 펀치리그가 위력을 발휘하는 포인트다.

드래그앤드롭으로 끌어오다가 떨어뜨리기

■수몰 육초 공략

물속에 잠긴 육초는 육초의 경계를 노리는 경우가 대부분이나 펀치리그는 커버 중앙으로 직공한다. 스트레이트훅 끝을 숨기면 밑걸림이 생각보다 거의 일어나지 않으며 느리게 할 필요 없이 빠르게 운용한다.
육초 사이사이 구멍 틈새를 피칭, 또는 플리핑을 이용해 공략한다. 입질은 커버낚시 특유의 끌고 들어가거나 우악스럽게 들어온다. 챔질은 라인이 흐르는 방향을 보고 반대로 하되 평소보다 강하게 해야 한다. 힘대힘으로 매우 터프하게 배스를 제압한다. 배스를 빠르게 제압해야 그 포인트에 있는 다른 배스에게 영향을 적게 준다. 한 포인트에서 한 마리를 잡고 더 잡아낼 수 있다. 제압 속도가 노리면 배스가 커버를 감아버려 꺼내지 못하는 일이 발생한다.

■수초 공략

수초도 수몰 육초와 마찬가지로 구멍 틈새를 공략한다. 다만 수초 포인트는 수몰 육초 포인트보다 더 넓게 형성되어 있는 경우가 많기 때문에 어떻게 탐색하는지가 중요하다. 빠르게 공략하기 위해서는 버징과 폴링을 혼합한 '드래그앤드롭(drag & drop)' 기법을 활용하는 게 효과적이다. 이름 그대로 채비를 수초 위로 끌어오다가 구멍 틈새에 떨어뜨리는 것이다. 싱커의 무게가 무겁기 때문에 길게 끌어오는 것보다는 짧게 끌어오다가 떨어뜨리는 것이 좋다. 입질은 대부분 라인이 흘러가는 식으로 들어오며 라인의 이동 반대 방향으로 강하게 챔질한다.

■삭은 육초 줄기 공략

이른 장마나 태풍, 오름수위로 인해 육초가 잠긴 뒤 10일 이상이 지나면 물속에 잠긴 육초는 점차 삭기 시작한다. 이때 이곳에 은신해있던 배스는 잠시 뒤로 빠졌다가 이파리가 완전히 삭고 억센 줄기만 남아 있게 되면 다시 돌아와 은신하는 경향이 있다.
물속 줄기도 드래그앤드롭 방식으로 하나하나씩 타 넘으면서 공략한다. 삭은 육초뿐만 아니라 연뿌리가 얼기설기 섞인 연밭도 마찬가지다. 물속에 무수히 많은 육초 줄기는 일반 채비는 걸리기 쉽지만 펀치리그는 특유의 무게감으로 인해 잘 걸리지 않으며 설사 밑걸림이 발생한

다고 하더라도 로드 자체를 뒤로 지긋이 잡아당기면 대부분 그냥 빠져 나온다.

무조건 강하게, 무조건 튼튼하게

펀치리그를 사용해야 될 필드 여건이 어떤 줄 알고 있다면 당연히 태클 역시 강해야 한다는 것을 깨닫게 된다. 특히 육초가 밀생한 곳에서 낚은 배스를 강제 제압하는 것은 일반 MH 파워 로드로는 어림도 없다. 이 낚시는 강제 제압이 기본이기 때문에 무조건 강하고 튼튼한 태클이 필요하다.
로드의 경우 최소 H 파워 이상이 필요하며 허리, 팁 등 모든 부위가 튼튼해야 한다. 베이트릴 역시 튼튼한 것이 기본이다. 기어비는 최소 8점대 이상의 제품을 쓴다. 고기어비 릴은 핸들 한 바퀴당 기어 회전 수가 많기 때문에 릴링 속도가 빠르다. 입걸림과 동시에 강제 제압하는 데 유리하다. 라인은 PE라인 30lb 이상, 카본라인은 25lb 이상을 추천한다.

미국에서 유행
펀치샷리그는 무엇?

미국에서는 펀치샷리그(Punch Shot Rig)가 유행이다. 펀치리그와 이름이 비슷하지만 전혀 다른 채비다.
빅샷리그로도 불리는 이 채비는 일본에서 만들어진 채비 상품인 도쿄리그를 본 떠 만든 것인데 드롭샷리그에 가깝다. 하지만 펀치샷리그와 도쿄리그는 모두 한국의 프리지그에서 파생된 채비라고 봐도 무방하다.
웜훅에 스플릿링을 달고 싱커를 달아 최초로 상품화한 채비가 바로 우리나라에서 개발한 프리지그다. 이 프리지그가 일본으로 건너가 지카리그로 이름만 바뀌어 제품이 출시됐다. 지카리그는 숏다운샷리그, 리더레스다운샷리그로 다시 변형되었다. 바늘에 달린 스플릿링에 매우 짧은 낚싯줄을 연결하고 거기에 싱커를 단 것이다. 이 리더레스다운샷에서 리더 즉, 낚싯줄을 철사로 바꾼 것이 바로 도쿄리그다. 그런데 도쿄리그가 미국으로 건너가더니 펀치샷리그로 이름을 바꿔 전혀 새로운 채비인 양 팔리고 있다.

기초강좌
기본 묶음법 · 웜 꿰는 법 · 웜리그 액션

바늘묶음법 ❶
팔로마노트

① 목줄 한 쪽을 훅아이에 통과시킨다.
구멍이 크다면 처음부터 두 겹으로 해서 통과시켜도 좋다.

② 그림과 같이 구멍에 목줄이 두 겹이 되도록
한다.

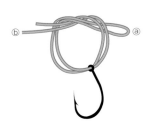

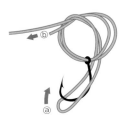

③ 두 겹의 목줄을 그림과 같이 고리 형태로 만든다.

④ 한 번 매듭짓되 너무 조이지 말고, ⓐ를 아래로 끌어내린다.

⑤ ⓐ 고리 속으로 바늘을 통과시키고, 두 겹인 ⓑ를 함께 쥐고서 당겨 조인다.

⑥ 자투리를 잘라내면 완성.

도래 · 루어 연결법
클린치노트

① 도래의 고리에 낚싯줄을 넣고 빼낸다.

② 한 손으로 접어 돌린 고리 부분을 쥐고 다른 한 손으로는 두 가닥 줄을 잡고 5~6회 꼬아준다.

③ 다 꼬았으면 끄트머리 줄을 그림과 같이 도래의 고리 쪽 첫 번째 낚싯줄 고리 사이로 통과시킨다. 이 상태에서 조여줘도 클린치노트는 완성된다.

먼저 당겨놓고

나중에 당긴다.

④ 표면이 단단하거나 신축성이 약한 낚싯줄은 풀어질 우려가 있으므로 그림과 같이 끄트머리 줄을 큰 고리 속으로 빼내면 풀어지지 않는다.

⑤ 4단계에서 양쪽을 서서히 당겨 조이고 자투리를 잘라주면 완성이다. 조이기 전에 꼬인 부분에 침을 한 번 발라주고 조이면 더욱 좋다.

① 팔로마노트와 동일한 방법으로 매듭을 진행한다.

② 끄트머리를 봉돌을 부착할 길이만큼 여유 있게 당겨둔다.

③ 팔로마노트와 마찬가지로 묶고

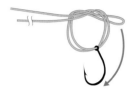

④ 조이고

⑤ 통과시킨 후

⑥ 본줄과 끄트머리 줄을 같이 쥐고 당겨 조인다.

⑦ 끄트머리 줄을 훅아이에 위로부터 아래로 통과시킨다. 이로 인해 바늘이 낚싯줄에 대해 직각을 유지하게 된다.

⑧ 낚싯줄 끝에 봉돌을 부착하면 다운샷리그가 완성된다.

오프셋훅에 웜 꿰는 방법

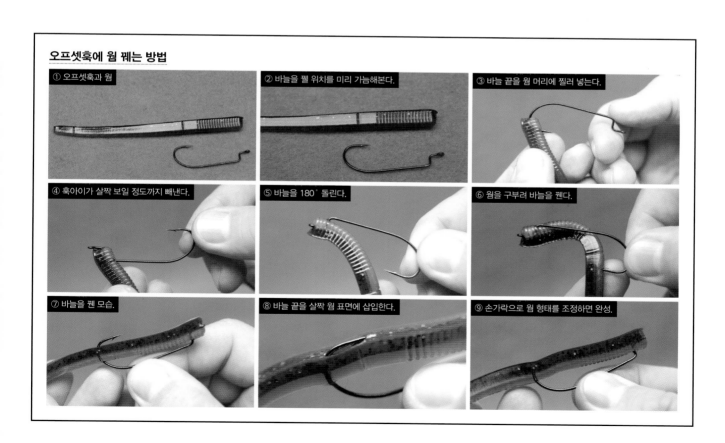

① 오프셋훅과 웜

② 바늘을 꿸 위치를 미리 가늠해본다.

③ 바늘 끝을 웜 머리에 찔러 넣는다.

④ 훅아이가 살짝 보일 정도까지 빼낸다.

⑤ 바늘을 180° 돌린다.

⑥ 웜을 구부려 바늘을 꿴다.

⑦ 바늘을 꿴 모습.

⑧ 바늘 끝을 살짝 웜 표면에 삽입한다.

⑨ 손가락으로 웜 형태를 조정하면 완성.

웜리그의
액션

① 네꼬리그의 호핑

인서트싱커가 박힌 웜 쪽이 바닥으로 향하게 된다.
바닥을 콩콩 찍게 만든다.

② 지그헤드리그의 리프트앤폴

채비가 바닥에 닿기 전에 로드를
세웠다가 내리는 식의 동작을 반복한다.

③ 드롭샷(다운샷)리그의 섀이킹과 스테이

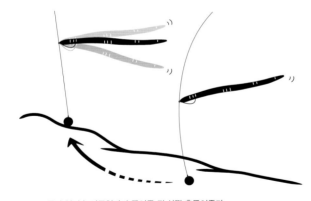

동작 없이 놓아두었다가 끌어준 뒤 살짝 흔들어준다.

④ 지그헤드리그 스위밍

일정 수심을 유지하게 하여
릴링만으로 물속을 유영하게 한다.

⑤ 지그헤드리그·프리리그의 프리폴링과 커브폴링

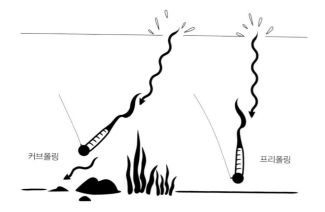

커브폴링

프리폴링

⑥ 텍사스리그·프리리그의 셰이킹

제자리에서 꾸준하게 흔들어준다.

⑦ 텍사스리그·프리리그의 호핑

바닥에 있는 채비가 짧은 간격으로
튀어 오르게 하는 동작을 반복한다.

⑧ 텍사스리그·프리리그의 드래깅

바닥에 붙여 끌어준다.
지렁이가 기어가는 움직임을 연출한다.

안동호 배스의 마지막 스퍼트. 필자가 보트 앞까지 끌어낸 배스가 마지막 힘을 다해 저항하고 있다.

PART 4

하드베이트와
활용

하드베이트의 종류와 특징
루어의 분류·구조·사용 장소·기본 운용술

하드베이트는 재질의 강도에 따라 분류한 것으로 부드러운 합성수지나 고무와는 달리 딱딱한 금속이나 나무 등을 주재료로 하여 만들었다. 수변부에 서식하는 저서생물, 곤충, 수중에 서식하는 물고기를 본떠 만든 게 대부분이다.

배스의 섭식본능을 자극하는 것은 물론 짜증이나 호기심 등을 유발케 하는 움직임과 번쩍임도 겸비하여 반사적인 입질까지 유도할 수 있다. 웜 리그에 비해 운용기법이 더 다양하다. 하드베이트 범주에는 스피너베이트와 같이 강선 등을 골격으로 하는 와이어베이트(wire bait)를 포함하고 있다.

러버지그 Rubber Jig

러버지그는 하드베이트와 소프트베이트로 나눠 분류할 때 반반씩 발을 걸치고 있는 루어다. 낚시인에 따라 소프트베이트로 분류하기도 하고 하드베이트로 분류하기도 하며 별도의 루어로 구별하기도 하나, 여기서는 하드베이트의 범주에 넣는 것으로 한다.

러버지그는 지그헤드에 스커트를 결합시킨 루어로 바늘에 덧다는 웜, 트레일러(trailer)를 연결해 사용한다. 미국에서는 러버지그라 부르지 않고 그냥 지그, 또는 스커티드지그(Skirted Jig)라 부르고 있다.

러버지그는 바닥을 읽어오는 루어 중 유일하게 아무런 액션을 주지 않아도 스스로 액션을 연출한다. 스커트가 수류에 따라 흔들리면서 자동적으로 움직임이 나와 배스를 유혹한다. 또한 다른 루어보다 스커트로 인한 볼륨감이 커서 빠르고 선 굵은 낚시에 알맞다. 특유의 볼륨감 때문에 큰 배스를 잡아내는 대물병기로 통하며 사시사철 운용할 수 있다.

메탈지그 Metal Jig

금속으로 만든 지그란 뜻으로 둥글고 길쭉한 금속 몸체를 갖고 있다. 배스의 먹성과 호기심, 그리고 리액션바이트를 최대치로 끌어낼 수 있다. 금속의 광택이 가지는 번쩍거림과 빠른 피치의 파동이 배스에게 어필한다. 배스낚시에서는 주로 겨울에 많이 사용한다.

다른 계절에도 사용할 수 있지만 그 시기에 맞는 루어들이 많이 있기 때문에 메탈지그를 굳이 쓰지 않는다. 금속으로 만들어진 루어는 모두 메탈지그의 범주에 들어간다. 이 범주엔 스푼이나 메탈 립리스크랭크베이트(메탈 바이브레이션)도 포함된다. 이들 루어의 운용방식은 조금씩 다르긴 하지만 돌발적인 움직임이 특징이라는 점에서 입질 유도 기능은 모두 같다고 할 수 있다.

운용방법은 빠르게 움직이게 하는 것이다. 이때 단순 릴링보다는 아래위로 변칙적인 액션을 주는 것이 효과적이다.

립리스 크랭크베이트(바이브레이션) Lip Less Crankbait

립리스 크랭크베이트는 우리나라와 일본에서 흔히 바이브레이션(Vibration)으로 부르는 루어다. 크랭크베이트에서 파생되어 나온 것으로 알려져 있다. 이름에서 알 수 있듯, 립이 없는 크랭크베이트다. 일부 플로팅 타입인 것도 있지만 대부분은 싱킹이다. 다른 플라스틱 하드베이트들이 몸체가 텅 비게 만들어 부력을 확보한 후 떠오르는 성질이 크다면, 립리스 크랭크베이트는 몸체가 꽉 차있어 수면에 떨어지는 것과 동시에 가라앉는다.

싱킹 루어는 사용자의 의도에 따라 표층부터 심층까지 전층을 다 공략할 수 있는 장점을 갖고 있다. 크랭크베이트의 특징인 고부력을 포기하고 전층을 탐색할 수 있게 만들어지면서 싱킹으로 바뀐 것인데, 이러한 조건에선 립이 굳이 필요가 없기 때문에 사라진 것으로 보인다.

립리스 크랭크베이트에는 구슬이 들어있는 경우가 많다. 큰 구슬 한 개가 들어있거나 작은 구슬이 여러 개가 들어 있는데, 큰 구슬 한 개가 들어 있는 루어는 물속에서 큰 소리를 내고 작은 구슬이 여러 개 있는 루어는 복합적인 소리로 배스를 유혹한다.

버즈베이트 Buzz Bait

버즈베이트의 어원은 윙윙거리다, 시끄럽게 웅웅거리다라는 뜻을 가진 '버즈(buzz)'에서 유래했다. 이름에서 알 수 있듯 매우 시끄러운 루어다. 하드베이트 중 와이어베이트에 속하는데 와이어베이트의 대표적인 루어인 스피너베이트와 비슷한 듯 보이지만 다르게 구성되어 있다. 스피너베이트는 블레이드가 달려 있고 버즈베이트는 프로펠러가 달려 있다. 스피너베이트가 유연한 와이어에 의한 몸체의 떨림, 밸런스가 특징이라면 버즈베이트의 가장 중요한 요소는 바로 소리다. 프로펠러를 어떤 소재로 만드느냐에 따라 소리가 달라지는데 이 소리의 성질과 크기 등이 중요하다.

프로펠러는 가볍고 잘 돌아가는 알루미늄 또는 알루미늄 합금으로 만든다. 강선으로 된 암에 달려 프로펠러와 부딪치게 해 소리를 더 크게 내주는 크래커(cracker)의 경우 황동 소재의 구슬이 달려 있다. 버즈베이트는 표층에서 사용하는 데 유리하게 만들어졌기에 수면에 착수하는 것과 동시에 감아줘야 한다. 릴링 또는 로드워크를 통해 수면에 띄워야 한다.

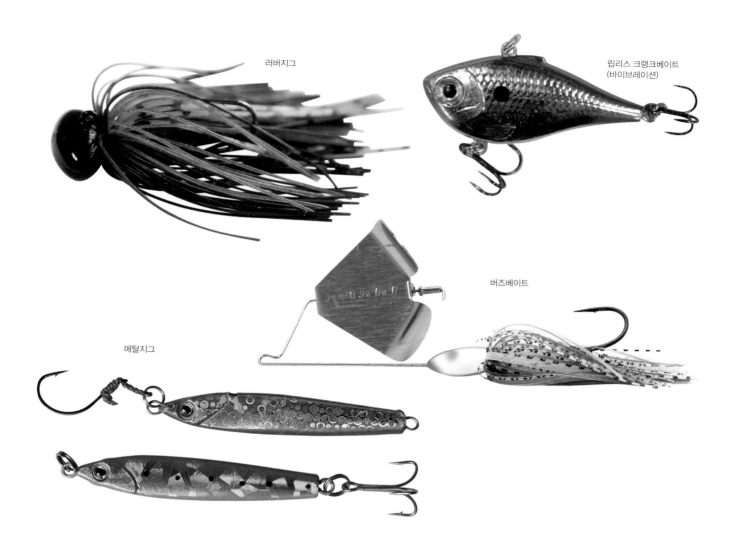

러버지그

립리스 크랭크베이트
(바이브레이션)

버즈베이트

메탈지그

프로펠러는 달려있는 위치와 형태에 따라 릴링할 때 일직선으로 오지 않고 약간 좌측으로 또는 우측으로 휘게 된다. 낚시인으로서는 운용하기 불편한 움직임일 수도 있겠지만 오히려 이 점을 이용하여 연안지역을 위화감 없이 공략하는 등의 고차원적인 기법으로 활용할 수도 있다. 이러한 움직임은 프로펠러에 구멍을 뚫으면 어느 정도 억제할 수 있다.

빅베이트 Big Bait

빅베이트란 단어는 일단 '큰 루어'를 총칭해서 부르는 말로 여기에는 주관적인 해석이 많이 들어가 있다. '크다'라는 개념이 사람마다 다 다르기 때문이다. 그렇기에 최근에는 이 빅베이트란 용어는 수면을 미끄러지듯 움직이며 물고기의 움직임을 본뜬 1관절, 또는 2관절의 글라이드베이트(Glide bait)나 다관절의 물고기를 본뜬 루어 대부분에 통틀어 쓰이고 있다.

빅베이트는 플라스틱이나 나무를 주재료로 사용하고 있는데 큰 보디가 주는 고유의 파장과 어필력이 빅배스의 공격본능을 자극한다. 사시사철 사용 가능하며 주로 표층, 중층에서 많이 운용하는 루어이기에 고수온기 같이 배스의 활성도가 높은 시기에 사용하면 유리하다. 새물이 흘러나오는 시기나 산란철에 가장 많이 사용되고 있다.

특별한 운용법으로 릴을 이용한 디지털릴링(digital reeling) 또는 삼각 릴링이라 불리는 운용방법이 있으며 로드를 이용한 트위칭 방법도 병행되고 있다.

빅베이트는 큰 무게와 비싼 가격, 전용 장비의 사용 등으로 쉽게 다가가지 못하는 루어였으나 이 낚시만이 주는 매력 덕분에 마니아들이 늘고 있다.

스피너베이트 Spinner Bait

스피너베이트는 세계에서 가장 사랑받는 배스 전용 루어다. 나 역시 필드에 나가면 가장 먼저 던져보는 것은 바로 이 스피너베이트다. 물속 상황을 가장 빠르게 읽어낼 수 있는 루어라 생각한다. 스피너베이트는 생물을 본떠 만든 무수한 루어들과 궤를 달리 하는 루어다. 스피너베이트를 닮은 물속 생물체가 전혀 없기 때문이다. 스커트가 달린 물고기 모양의 헤드와 블레이드는 처음 보는 사람에게 마치 완구처럼 보일 정도다.

스피너베이트는 헤드, 와이어, 블레이드, 바늘로 구성되어 있다. 분류상 하드베이트에 속하고 하위 분류로는 와이어베이트에 속한다. 플라스틱이나 나무로 만들어지지 않았기에 기본적으로 싱킹의 성질을 띠고 있는데, 이러한 특징은 배스가 어느 수심층에 있는지 빠르게 알아내는 데 장

스피너베이트

저크베이트(미노우)

빅베이트의 양 갈래.
사진은 스윔베이트.

빅베이트의 양 갈래. 사진은 글라이드베이트.

채터베이트

점으로 작용한다. 좋은 스피너베이트는 밸런스가 좋아 물속 유영 시 제대로 자세를 유지하고 있어야 한다.

블레이드가 원활하게 돌아가도록 볼베어링을 채택한 제품을 사용하는 것이 좋다. 헤드와 블레이드를 이어주는 와이어의 굵기, 강도도 제품의 질을 좌우하는 중요 기준이다. 스커트는 와이어를 따라 내려온 블레이드의 떨림을 풍성한 볼륨으로 바꿔주어 살아있는 생물처럼 보이도록 해준다.

저크베이트 Jerk Bait

미국에서는 주로 립이 달려있는 루어를 립베이트라고 한다. 우리나라와 일본에서는 크랭크베이트만 별도로 분류하고, 외형상 물고기를 닮고 저킹 액션을 통해 유연하고 빠르게 움직이는 립이 달린 루어를 총칭해 부르고 있다. 또 다른 이름으로 미노우(Minnow)가 있다.

저크베이트는 릴링과 로드의 저킹 액션을 통해 물고기가 이동하거나 황급히 도망가는 움직임을 연출한다. 사시사철 운용하기 좋으나 특히 초봄 산란을 준비하는 배스에게 효과가 뛰어나다.

저크베이트는 다른 하드베이트와 비교해 내부의 크기, 재질, 편납 같은 소품 등을 이용해 부력을 조절할 수 있다. 수면에 뜨는 성질을 가진 제품을 플로팅 계열, 물속에 뜨지도 않고 가라앉지도 않으며 정지 상태를 유지하는 서스펜딩 계열, 천천히 가라앉는 싱킹 계열로 나뉘며 계절, 환경, 낚시 상황에 맞춰 세분화하여 사용한다.

채터베이트 Chatter Bait

채터베이트는 가장 최근에 개발이 된 루어 중 하나로 개성이 강한 루어다. 금속 또는 플라스틱의 블레이드가 결합되어 있다는 것이 특징이다. 외형은 러버지그나 스피너베이트를 닮긴 했으나 블레이드 덕분에 움직임과 어필력은 크랭크베이트를 닮았다.

채터베이트는 물속에서 강력한 진동을 낸다. 폴링 또는 스위밍 액션이 매우 현란하다. 또한 블레이드로 인해 상승하려는 힘이 강해 조금만 감아버리면 상층으로 떠버리기에 표층, 중층을 의식하는 배스에게 효과가 있다.

기본 운용방법은 그냥 감는 것이다. 루어 자체가 고유의 파장과 진동이 강하기 때문에 릴링 만으로도 배스에게 크게 어필할 수 있다. 일정한 속도로 천천히 감아 들이는 게 중요하다.

채터베이트는 수생식물이 밀생한 곳에서 사용하기 좋다. 블레이드가 연약한 수생식물을 강제로 찢고 나오는데 이때 강력한 파장을 일으키면서 리액션바이트를 유도한다. 블레이드를 튜닝하여 루어의 움직임을 좀 더 다양하게 바꿀 수도 있다. 금속으로 된 블레이드는 도구를 이용해 약간

다양한 색상과 부력의 저크베이트

구부리거나 모양에 변형을 주면 액션이 다양해진다.

크랭크베이트 Crank Bait
'크랭크베이트를 포기한다면 그 저수지의 절반을 포기하는 것이다'라는 말이 있을 정도로 크랭크베이트는 큰 사랑을 받고 있다. 낚시인에게 사랑을 받는 이유는 크랭크베이트가 리액션바이트의 귀재이기 때문이다. 크랭크베이트 액션의 원천은 다른 루어보다 물의 저항을 많이 받아 생기는 독특한 떨림에 핵심이 있다. 여기에 더해 독특하게 생긴 립이 바닥, 장애물에 부딪히면서 일어나는 규칙적 또는 불규칙적인 움직임은 어떠한 루어도 따라올 수 없는 고유의 워블링(wobbling) 액션을 보여준다. 워블링이란 몸체와 립의 물속 저항으로 인해 루어가 격렬히 떨리는 것을 말한다.

크랭크베이트는 립의 길이와 몸체의 생김새 등에 따라 다양한 수심층을 공략할 수 있다. 얕은 수심을 공략할 수 있는 것을 샬로우 크랭크베이트, 깊은 수심을 공략할 수 있는 것을 딥 크랭크베이트로 구분한다. 샬로우 크랭크베이트는 빠른 움직임으로 얕은 수심의 장애물을 타고 넘으며 입질을 유도하며, 딥 크랭크베이트는 저기어비의 릴을 이용해 입질이 들어오는 수심에서 오랫동안 머무르며 입질을 받아낸다.

크랭크베이트는 연중 사용할 수 있는 루어다. 릴링과 로드워크에 따라 그 속도와 수심을 다르게 할 수 있다. 봄과 여름, 가을의 공략 수심과 릴링 속도, 운용기법은 조금씩은 차이가 난다.

톱워터 루어 top water lure
톱워터 루어는 의도적으로 표층에서만 운영되게끔 만들어진 루어를 말한다. 소재의 다양화로 인해 그 범주가 매우 넓어졌으며 가장 각광받는 루어는 다음 5개로 압축해 설명할 수 있다.

■스틱베이트 Stick Bait
명실공이 폽퍼와 더불어 톱워터 루어의 꽃으로 불리는 루어다. 가장 오

크랭크베이트

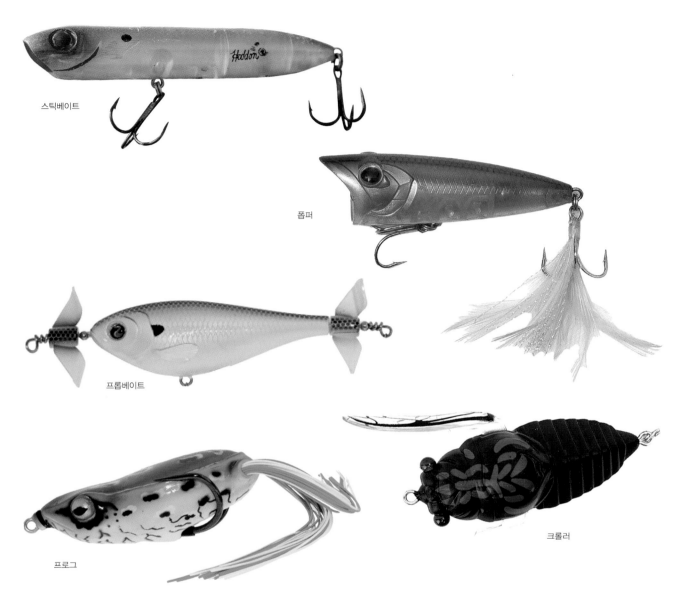

스틱베이트

폽퍼

프롭베이트

프로그

크롤러

랜 역사를 갖고 있다. 스틱베이트는 펜처럼 일자로 생긴 모습을 갖고 있다. 개가 걷는 형태의 워킹더독(walking the dog) 액션으로 입질을 유도한다.

■폽퍼 Popper
폽퍼는 움푹 패인 주둥이가 특징인 루어다. 강한 릴링이나 저킹 액션을 주면 수면에서 폭폭! 하는 소리와 함께 파장을 내며 물속 깊이 있는 배스에게까지 어필한다. 지속적인 움직임으로 입질이 많이 들어온다면, 액션을 주고 기다리는 스테이 액션에도 입질이 많이 들어온다.

■프롭베이트 Prop bait
몸체에 프로펠러가 달려 있는 루어다. 이 프로펠러가 보디의 움직임과 결합하여 강력한 소리와 파동을 낸다. 프로펠러는 주로 금속 소재로 만들어지고 있으며 최근에는 플라스틱 소재도 쓰이고 있다.

■크롤러 Crawler
크롤러는 루어 좌우 양쪽에 물의 저항을 많이 받는 날개가 달려 있고 앞쪽에 길고 넓적한 립을 부착하여 의도적으로 매우 느린 움직임이 나오도록 만든 루어다. 죽어가는 생물의 느린 움직임을 부각시킨 것이다. 움직임이 느린 만큼 좁은 지역에서 오랫동안 머물게 할 수 있는 장점이 있어 직벽 포인트나 고사목 지대 등에서 많이 사용한다.

■프로그 Frog
개구리의 외형을 본떠 만든 루어다. 대부분 속이 빈 형태를 하고 있어 물에 잘 뜨는 성질을 가지고 있다. 수심이 얕은 곳이나 수생식물군락, 육초와 관목류가 즐비한 곳에서 걸림 없이 사용할 수 있다. 하지만 고부력으로 인해 수면 외엔 움직임을 줄 수 없고 위로 향해 있는 특유의 바늘 위치로 인해 입걸림 확률이 떨어지는 단점이 있다.

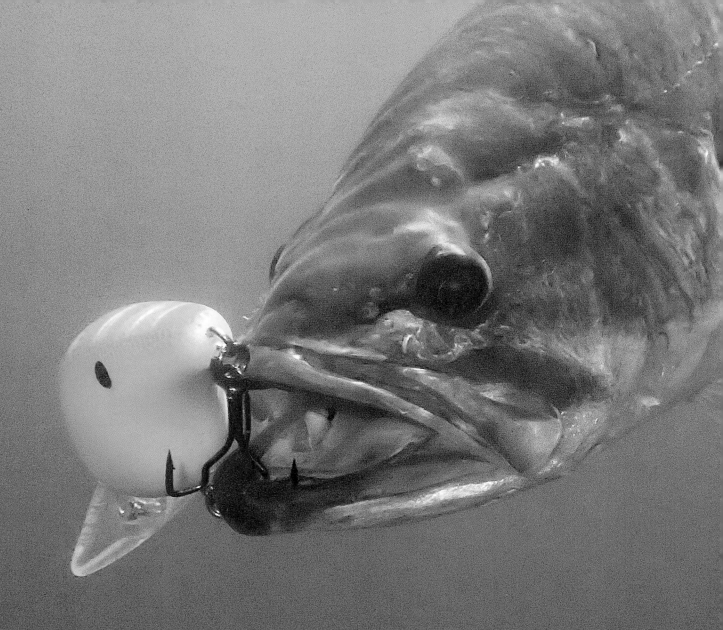

크랭크베이트를 덮친 배스.

쏘감 루어

좋은 스피너베이트의 9가지 조건

배스용 루어는 기본적으로 배스가 먹거나 흥미를 가질만한 물속 생물체의 외형이나 움직임을 흉내 내어 만들어진 루어가 대부분이다. 하지만 스피너베이트는 물속 생물체와는 전혀 닮지 않았다. 배스가 이걸 문다고? 처음 보는 사람은 당연히 이렇게 생각할 만큼 스커트가 달린 물고기 모양의 헤드는 괴상하기도 하고 빙글빙글 돌아가는 블레이드는 흡사 생명체라기보다는 장난감과 비슷해 보인다. 그러기에 루어낚시에 갓 입문하거나 흥미를 가지는 사람들이 첫인상에서부터 호불호가 가장 많이 갈리는 루어가 바로 스피너베이트이다.

스피너베이트는 만능 루어라 할 수 있다. 배스가 어느 수심층에 있던지 어떤 포지션에 있던지 빠르게 알아내는 파일럿 루어가 되기도 하다가, 핀 포인트를 공략하는 메인 루어가 되기도 한다. 이것은 스피너베이트가 가지는 미끼로서의 다양성과 무궁무진한 활용성 때문이 아닐까 생각한다. 그런 이유로 미군의 야전교범에는 생존방법 중 하나로 스피너베이트를 만들어 사용하는 내용을 싣고 있다. 지금도 미국 해군의 비상물품 중에는 낚시용품으로 바늘, 스푼, 스피너 등이 포함되어 있다.

만능 루어라 불리는 이유

나는 배스낚시를 스피너베이트로 배웠다. 대부분 웜낚시부터 낚시를 배우는 것과 달리 간단하고 빠르게 던지고 감는 이 루어가 너무나도 매력적이고 신기할 따름이었다. 웜낚시는 지겹고 따분했지만 스피너베이트는 신기하고 화끈했다. 도저히 물 것같지 않게 생긴 이 루어를 배스가 문다는 것이 너무도 신기했다. 던지고 날아가는 것만 봐도 좋았다.

그렇게 오랫동안 스피너베이트를 사용하다 보니 어느 정도 자신만의 노하우가 생기기 시작했고 그 노하우는 조과로 이어지기 시작했다. 그러면서 느낀 것은 잘 물고 잘 잡히는 스피너베이트가 실제로 존재한다는 것이었다. 이것을 머릿속에서 어렴풋이 공식화할 수 있었다. 순전히 필드에서 익힌 경험이지만 확실히 입질이 많이 들어오는 스피너베이트는 여러 특징을 가지고 있음을 텍스트로 나열할 수 있고 설명할 수 있다. 그 조건은 아래와 같이 정리된다. 중요도 순으로 꼽은 것은 아님을 밝힌다.

①작은 크기 ②좋은 비거리 ③작고 얇은 블레이드 ④회전력이 좋은 베어링 ⑤저중심 헤드 ⑥챔질 시 힘 방향과 평행한 훅의 각도 ⑦릴링 시 휘어지지 않는 튼튼한 암 ⑧풍성하고 화려한 스커트 ⑨균형 잡힌 밸런스

❶ 크기가 작아야 한다

평균적으로 작은 크기의 스피너베이트가 큰 크기의 스피너베이트보다 입질이 더 많이 들어온다. 큰 스피너베이트가 훨씬 어필력이 크기 때문에 작은 크기보다 오히려 더 입질이 많을 것이라고 생각하기 쉬운데 그렇지 않은 것이다.

작은 크기의 스피너베이트가 배스의 입장에선 훨씬 공격하기 쉽고 부담감이 적어 더 많이 덤벼드는 것이라 생각한다. 입질이 더 많다는 것이 중요한 선택 기준이 될 수 있지만 이것을 절대적으로 적용할 수 없다. 빅원을 외치는 앵글러에게 잔 씨알의 잦은 입질은 무의미할 수 있고 낚시 당일 베이트피시 상황에 따라 결과는 바뀔 수 있다. 하지만 어쨌든 지금까지 낚시한 평균 조황에 비춰보면 입질 빈도수에선 작은 스피너베이트가 큰 스피너베이트보다 앞섰다.

❷ 긴 비거리

좋은 루어의 조건 중 빠져서는 안 되는 것이 바로 비거리다. 스피너베이트도 예외는 아니다. 입질 빈도를 높이기 위해 긴 비거리는 필수 조건이긴 하나 스피너베이트는 구조상 멀리 날리기가 어렵다. 스피너베이트에 달려 있는 블레이드가 날아가면서 바람의 저항을 받기 때문이다. 작은 크기의 스피너베이트는 바람 저항이 적고 잘 날아가서 선호하는 이들이 많다. 이 비거리를 늘리기 위하여 각 제작업체마다 많은 노력을 기울이고 있다. 하지만 비거리를 늘리는 것은 쉬운 작업이 아니다. 캐스팅 시 저항을 줄이기 위해 블레이드를 작게 만들면 스피너베이트 특유의 어필과 진동, 플래시 효과가 많이 사라진다. 또 암을 짧게 만들면 밸런스를 잡기가 어렵다.

❸ 작고 얇은 블레이드

최근 들어 아주 중요하게 평가받고 있는 요소다. 큰 블레이드의 어필 효과에 뒤지지 않게 작으면서도 매우 빠르게 회전하는 블레이드를 장착하는

스피너베이트에 유혹된 배스.

것이 요즘 '잘 잡히는' 스피너베이트 특징이다. 작으면서도 어필 효과를 더욱 증대하기 위하여 각 업체에서는 블레이드를 매우 얇게 만들고 있다. 블레이드의 모양을 비대칭으로 만들기도 하며 블레이드의 두께를 비대칭으로 만드는 등 여러 가지 노력을 기울이고 있다. 그중에서 블레이드의 편평도(扁平度)는 아주 중요한 요소임이 밝혀졌다. 대부분 약간 굽어 있는 형태의 블레이드를 인위적으로 더 굽히거나 편평하게 만들어 블레이드의 회전범위와 진동속도를 조절하는 것이다. 일반적인 블레이드는 약간 굽어 있는 형태를 띠고 있다.

이러한 블레이드는 감았을 시 적당한 회전속도와 회전반경을 띠고 있다. 하지만 배스의 반응이 소극적이라 생각이 될 때는 블레이드를 더욱 굽혀 사용하면 회전반경이 더욱 작아지면서 고속으로 돌게 된다. 반대로, 약간 굽어 있는 블레이드를 완전히 편평하게 펴게 되면 저속으로 강하게 돌면서 회전반경이 매우 넓어지게 되는데 물이 탁하거나 어필력이 필요할때는 이러한 튜닝 방법이 효과적이다.

본래 대부분의 블레이드는 매우 강도가 강한 금속이라 도구 없이는 사람이 손으로 굽히거나 펼 수는 없는 재질이었으나 기술이 발전하면서 상당히 강하면서도 얇은 재질을 사용하여 사람이 손으로도 적당히 휘고 펼수 있는 블레이드가 달린 제품이 출시되고 있다. 이 제품은 블레이드의 두께와 편평도가 회전에 있어 얼마나 큰 영향을 미치는지를 알려준 제품으로 인식되고 있다.

❹ 회전력이 좋은 베어링

예전에는 이 베어링의 질을 보고 좋은 스피너베이트 또는 안 좋은 스피너베이트를 가렸던 적도 있었다. 그만큼 좋은 베어링은 적은 수류와 저항에도 블레이드를 원활이 회전시켜주어 스피너베이트의 기능을 향상

시켜준다. 하지만 이것은 개인적으로 십수 년 전 배스낚시 교과서에서나 나오던 이야기라 생각한다. 최근에 나오는 웬만한 스피너베이트는 기본적으로 볼베어링을 탑재하고 있으며 베어링에 의한 회전은 크게 차이나지 않는다. 그만큼 볼베어링의 제작 기술이 발전했으며 좋은 베어링이 대중화되었다.

하지만 최고급 제품으로 넘어가게 되면 이야기가 달라진다. 하이앤드 제품에서는 이 베어링의 제작 회사가 어디이며 부품은 어떤 것을 썼느냐 등 작은 것 하나만으로도 회전 질감이 달라질 수 있다. 중급 제품의 볼베어링이 비슷비슷한 회전력을 가지고 있다면 하이앤드 제품의 기능 차이는 이 회전력에서 난다. 던지고 감는 것이 기본인 스피너베이트에서 회전력은 어필 기능에 있어 큰 영향을 미친다.

❺ 저중심 헤드

최근에 나오는 대부분의 스피너베이트는 헤드 모양이 아래 부분이 약간 넓은 모습을 띠고 있는 것이 많다. 이러한 헤드 형태의 스피너베이트는 폴링이나 릴링 시 매우 안정적인 움직임을 보여준다. 이것은 전체적인 밸런스를 유지하는 데 있어서도 좋기 때문에 매우 중요한 요소라 말할 수 있다.

폴링 액션을 의식하고 만든 스피너베이트는 대부분 헤드의 모양이 길게 생겼거나 헤드 뒷부분이 스커트를 중심으로 보디까지 길게 이어져 있는 형태를 띤다. 그 이유는 폴링 시 안정적인 모습으로 떨어지기 때문으로 의도적으로 그렇게 만든 것이다. 헤드가 짧고 둥근 스피너베이트는 폴링 시 약간 앞으로 기울어지면서 떨어지는 경우가 많다. 이 중 인위적으로 무게중심을 약간 뒤쪽으로 놓이게 한 제품은 폴링 시 평행하게 떨어진다.

스피너베이트
물속 유영의 실제

낚시인이 상상하는 유영 모습

실제 유영 모습

이상적인
스피너베이트
훅의 각도
조정

챔질 시 힘 전달 방향

챔질 각도와 훅의 각도를
일치시킨다.

스피너베이트

가장 이상적인 훅 각도

**챔질 시 힘의 손실 없이
100% 전달된다.**

❻ 챔질 시 힘 전달 방향과 평행한 훅의 각도

스피너베이트를 운용할 때 물속에서 어떤 자세를 유지할까? 이에 대해 잘 모르는 앵글러가 많다. 단지 자기가 감아 들이는 스피너베이트의 앞 모습만 발 앞에서 보고 판단하는 정도다. 자신이 운용하는 스피너베이트가 옆에서 보면 어떤 각도로 오는지 알아보자.

스피너베이트가 물속에서 평행하게 온다고 생각하지만 실상 대부분은 앞부분이 약간 들린 채로 끌려온다. 이것은 스피너베이트 암이 위로 올라와 있고 감게 되면 떠오르게 되는 특성 때문에 발생하는 자연스러운 현상이다. 그렇기에 암과 헤드 그리고 훅까지 이어지는 각도가 챔질의 정확도에 영향을 미치게 된다. 물고기는 밑에서 공격하는데 챔질이 수평으로 이루어지지 않고 위쪽 방향으로 이루어진다면 설걸림이 많아질 수밖에 없다.

그렇기에 챔질 시 힘의 손실을 줄이고 효과적으로 정확히 입걸림시킬 수 있는 구조가 되어야 한다. 스피너베이트를 만들 때 암의 각도와 훅의 방향 역시 고려하여 만든 스피너베이트가 흔히 말하는 잘 박히는 스피너베이트가 된다. 위 그림처럼 챔질 시 힘의 전달 방향과 훅의 각도가 평행해야 한다.

❼ 릴링 시 휘어지지 않는 튼튼한 암

암은 헤드를 중심으로 아래쪽의 로우암(low arm)과 위쪽의 어퍼암(upper-arm)으로 나뉜다. 이 로우암이 길면 길수록 잘 휘어지고 불안한 상태의 유영을 보여준다. 최근에는 로우암이 짧게 나오거나 잘 휘어지지 않도록 매우 튼튼하게 제작되고 있다. 로우암과 어퍼암이 가늘면 가늘수록 진동은 더 커지게 되는데 그 진동은 헤드와 스커트의 진동에도 영향을 미쳐 입질을 유도하게 된다. 여기서 각 제작사들의 제품별 특징도 나오게 된다.

최근에는 어퍼암과 로우암이 둘 다 짧게 나오는 스피너베이트가 주류를 이루고 있다. 어퍼암이 짧을수록 훅포인트가 잘 드러나게 되어 잘 잡힌다고 선전하는 제품들도 눈에 띈다. 하지만 그것은 상대적으로 작아진

크기에 비례하여 입질할 때 루어 전체가 입안으로 들어가는 경우가 많아지기 때문에 나타나는 현상이라 생각한다. 챔질 시 입걸림 확률은 앞에서 설명한 암의 각도와 훅의 각도, 그리고 암 소재의 유연성이 더 큰 영향을 미친다.

❽ 풍성하고 화려한 스커트

진동은 스피너베이트의 가장 큰 무기 중 하나다. 블레이드에서 시작된 진동은 암을 타고 스커트까지 이르게 된다. 그만큼 스커트는 입질을 유도하는 데 중요한 역할을 한다. 색상까지 들어가 있어 시각적인 효과도 크다. 이러한 스커트는 실리콘, 동물의 털 등 여러 가지 재료로 제작되고 있다. 대부분 물속에서 풍성하게 보이기 위해 타잉한다. 빈약한 볼륨의 스커트보다는 풍성하고 화려한 스커트가 조과 면에서 앞선다. 그래서 물속에서 스커트가 풍성하게 보이게 하기 위해 타잉용 실을 사용하고 고무밴드로 고정시킨다.

최근의 트렌드를 보면 트레일러훅을 감안한 긴 스커트를 들 수 있다. 트레일러훅을 달 것을 감안하여 그 길이만큼 길게 만든 것이다. 또 트레일러용 웜을 달지 않고도 트레일러를 단 것처럼 효과를 내도록 기능성 스커트들을 채용한 제품도 발매되고 있다.

❾ 균형 잡힌 밸런스

가장 중요하다. 앞의 조건을 다 갖추었더라도 폴링 시의 밸런스 또는 리트리브 시 밸런스가 엉망이면 사용할 수 없는 스피너베이트가 된다. 그러기에 헤드의 무게, 헤드에 꽂혀 있는 암의 각도와 좌우방향 등을 고려하여 밸런스가 좋은 스피너베이트를 구매하는 안목을 기르는 것이 중요하다. 균형 잡힌 밸런스란 것이 어떠한 것이냐고 설명하라면 이걸 구체적으로 설명하기가 어렵다. 결국 경험자의 조언을 듣고 좋다는 제품을 써보면서 자신에게 맞는 루어를 고르는 수밖에.

무빙루어의 최고봉
CRANK BAIT

던지고 감는 수많은 무빙루어 중 최고를 꼽으라면 단연 크랭크베이트라 할 수 있다. 우리가 사용하고 있는 크랭크베이트는 1~2m 잠행수심의 샐로우 크랭크베이트와 3m 이상 잠행수심의 딥 크랭크베이트로 나눠 살펴볼 수 있다.

크랭크베이트는 둥글고 통통한 몸체가 특징이다. 길고 널찍한 립이 달린 루어로 구조상 감아 들이면 물속을 깊이 파고들게끔 만들었다. 그런 점에서 크랭크베이트에서 립은 다른 루어와 차이점을 만드는 핵심이라 할 수 있다. 물론 다른 루어도 립이 있다. 하지만 크랭크베이트처럼 립의 기능이 중요하지 않다. 저크베이트 등 립이 달린 다른 하드베이트는 잠행수심보다

는 워블링 등의 액션을 극대화하는 데 설계초점이 맞춰져 있다. 하지만 크랭크베이트는 다르다. 워블링과 위글링 액션보다는 루어가 공략수심층에 도달하는 데 제작 노력을 기울인다. 좀 더 쉽고 빠르게 깊은 물속으로 들어가기 위해 립의 각도를 조절하고 보디를 작게 만들기도 하며 립의 두께와 소재를 다르게 하기도 하는 등 제조사마다 고유의 노하우를 적용시켜 만들고 있다.

가을이 활용 적기
가을에 크랭크베이트를 써야 하는 이유는 다음과 같다.

샐로우 크랭크베이트에 낚인 배스.

첫째, 베이트피시와 닮았다. 가을이 되면 여름에 올라갔던 수온이 떨어지면서 배스의 활성도가 오르게 되는데 이는 배스의 먹잇감이 되는 베이트피시 역시 마찬가지다. 움직임이 활발해지는 것이다. 베이트피시가 활발하게 움직이는 이유는 적정한 수온 외에도 산란을 들 수 있다.

살치를 예로 들어보자. 저수지나 대형호수에 주로 서식하는 이 살치는 평소에는 흩어져 있거나 소규모 군집을 이뤄 살아가는데, 초여름에 물속 수생식물에 산란하곤 한다. 6~7월 장마기간이 주된 산란기라 할 수 있다. 하지만 요즘은 장마기간이 짧고 강우량이 적다보니 수위가 많이 오르지 않아 정상적인 산란을 하지 못하는 경우가 많다. 요즘 우리나라는 초여름보다는 가을장마와 태풍이 오는 9월에 수위가 많이 불어나는데 이 시기에 맞춰 산란하는 일이 많다.

올 가을에 태풍이나 늦장마가 올 경우 베이트피시가 대규모로 산란을 한다면 이 녀석을 쫓아 배스 역시 먹이사냥을 활발히 벌일 것이며 조황 역시 폭발적일 것이다.

둘째, 활성 강한 베이트피시를 가장 닮은 루어다. 크랭크베이트의 움직임은 어떤 루어보다 독보적이다. 빠르고 자극적이며 강력하고 시끄럽다. 조용히 바닥층을 더듬어 배스를 유혹하는 소프트베이트와는 다르다. 돌발적인 액션으로 반사적인 입질을 유도한다. 웜으로 못 낚는 물고기, 물고기가 없을 것이라고 생각한 포인트에서 크랭크베이트를 쓰면 입질을 받을 수 있는 게 매력이다. 크랭크베이트처럼 매니악한 루어도 없다.

저크베이트보다 크랭크베이트

가을에 물고기와 비슷한 루어에 배스가 반응을 잘한다면 오히려 물고기와 더 닮은 저크베이트나 미노우가 더 효과적이지 않느냐고 반문할 수 있다. 틀린 말은 아니다. 하지만 크랭크베이트가 좀 더 유리한 부분이 많다. 엄밀히 말하면 깊이 들어가고 서스펜딩 기능을 갖춘 루어가 제일 유리하다. 저크베이트 중엔 1~2m 수심을 공략할 수 있고 서스펜딩 기능을 갖춘 루어가 많다. 반면 크랭크베이트는 1~4m 수심을 공략할 수 있지만 서스펜딩 기능을 갖춘 루어는 많지 않다. 서스펜딩 기능과 다양한 잠행수심 둘 중 어느 것이 가을낚시에 더 유리하냐고 묻는다면 잠행수심, 즉 다양한 수심층 공략이라 할 수 있다. 서스펜딩 기능은 편납으로 부력을 충분히 조정할 수 있다. 최근에는 3~4m 수심까지 공략할 수 있는 서스펜딩 미노우가 나오고 있는데 이것 역시 가을에 사용하기 좋은 루어이다.

좀 더 느리게 또는 매우 빠르게

10월은 배스가 먹잇감을 의식하고 얕은 곳 또는 물 흐름이 잘 이뤄지고 산소가 많은 곳으로 움직이는 시기다. 배스가 얕은 수심에서 육안으로 많이 목격되기도 한다. 기본 운용법은 '좀 더 느리게 또는 매우 빠르게'이다. 먹잇감을 따라 움직이는 배스에게 최대한 오랫동안 노출시키기 위해서다. 적절히 스테이 액션을 병행하여 사용하면 좋다.

캐스팅 후 처음부터 느리게 루어를 감아 들이는 것은 아니다. 캐스팅 후 빠르게 감아 들인 후 크랭크베이트가 원하는 수심층에 들어갔다라고 판단되면 그때부터 천천히 감아 들인다.

반대로 매우 빠르게 운용하는 방법도 있다. 큰 바위 같이 스트럭처를 끼고 움직이는 배스에게 매우 위력적이다. 빠른 릴링과 로드워크를 통해 크랭크베이트를 바닥에 격렬하게 찍게 하고 질주하게 만드는 것이다. 이때 물속 돌, 바위 등에 립이 부딪혀 루어가 튀어 오르거나 예상치 못한 방향으로 움직일 때 스트럭처에 은신하고 있는 배스가 반사적으로 입질하는 경우가 많다.

느리게 운용하는 방법이 잘 먹히지 않는다면 장애물을 의식하고 오히려 매우 빠르게 감아 들이는 방법을 추천한다.

섈로우 크랭크베이트 운용술
육초·수초

10월이 되면 남쪽지방의 얕은 늪지형 저수지나 강계에는 말즘, 검정말 같은 침수수초가 자랄 만큼 자라 매우 빽빽한 상태이고 가을장마로 인해 육초가 물에 잠겨 있는 곳이 많다. 물속에 잠겨있는 수초, 육초가 수면에서 30~50cm 정도 잠겨 있다면 섈로우 크랭크베이트가 좋은 공략수단이 된다.

이미 자랄 대로 자란 수초나 물에 잠긴 육초는 물고기들의 은신처 역할을 하는데 그 위로 크랭크베이트를 감아 들이면 수초 속이나 육초의 가장자리에 있던 배스들이 반응을 보이는 경우가 많다.

컬러는 물색에 맞춘다. 육초가 잠긴 지역은 대부분 탁하기 때문에 흰색, 노란색, 형광색 계열이 좋다. 수초가 잠긴 지역은 물색이 맑다. 그런데 바닥이 식물들이 썩어서 쌓인 이탄층으로 이루어져 있어 검게 보인다. 반짝이는 내추럴컬러를 활용하면 효과를 볼 수 있다.

석축

석축은 사시사철 좋은 포인트다. 특히 가을에 좋은 포인트가 된다. 가을은 배스의 움직임 폭이 크다. 특히 석축같이 바닥이 불규칙한 곳을 끼고 이동하는 경우가 많다. 즉 석축은 배스가 수시로 오르락내리락 하는 곳이라 할 수 있다.

대부분의 석축은 수심이 얕으며 장애물이 많아 밑걸림이 상당한 곳이다. 이러한 곳에서는 립이 짧거나 사각 형태의 스퀘어립을 사용하는 것이 유리하다. 스퀘어립이 둥근 립 모양보다 밑걸림이 덜 하기 때문이다. 루어를 바닥에 밀착시키고 감아 들여 바닥에 일부러 부딪히게 하는 것이 유리하다. 단순 감기보다는 부딪힘과 동시에 스테이 액션을 주어서 루어 자체가 갖고 있는 부력으로 인해 밑걸림 상태에서 빠져나오게끔 하는 것이 핵심 운용법이다.

섈로우 크랭크베이트로 배스를 낚은 필자.

물이 탁한 곳

샐로우 크랭크베이트는 수심 얕은 곳을 공략하는 루어다. 얕은 수심은 대개 물색이 맑으며 배스가 사람을 인지하는 경우가 많다. 그렇기에 물이 탁한 곳이 조금이나마 샐로우 크랭크베이트를 운용하는 데 유리하다.

10월은 가을장마나 배수로 인해 물이 탁한 경우가 많다. 이럴 때는 스피너베이트도 좋은 선택일 수 있지만 빠른 시간 내에 많은 조과를 올리려면 샐로우 크랭크베이트만한 루어가 없다. 물이 탁하면 배스도 사람을 인지하기 어렵다. 배스는 탁한 물색과는 상관없이 크랭크베이트 특유의 소리와 진동은 느낄 수 있기 때문에 샐로우 크랭크베이트야 말로 가을 탁한 물색과 완벽한 매치되는 루어라 할 수 있다.

딥 크랭크베이트 운용술
사면, 콧부리 등

사면 또는 콧부리는 사계절 좋은 포인트가 되는 곳이지만 가을에 좀 더 나은 조과를 보여준다. 봄 시즌에 평평한 지역이 유리하듯 가을에는 이렇게 급심으로 떨어지는 지역에서 배스가 낚인다. 일단 공략하고자 하는 콧부리나 능선의 수심을 체크한 뒤 그에 맞는 잠행수심의 딥 크랭크베이트를 선택한다. 콧부리나 능선이 완만하게 뻗어 나와 수심변화가 급하지 않은 지역이라면 얕은 데서 깊은 데로 끌어오는 수직적인 공략 방법이 좋다. 반대로 수심변화가 큰 지형이라면 수평적인 공략방법이 유리하다.

물속의 장애물(나무, 바위)

딥 크랭크베이트를 이용한 물속 장애물 공략은 크게 두 가지 방법으로 요약할 수 있다. 공략하고자 하는 장애물에 직접적으로 부딪히게 하느냐, 부딪히지 않고 장애물에 숨어있는 배스를 끌어내느냐이다.

물론 루어를 장애물에 부딪치지 않고 은신한 배스를 슬금슬금 유혹하는 게 가장 좋은 방법이다. 하지만 이것은 현실적으로 매우 어렵기 때문에 대부분 장애물에 부딪히게 하여 리액션을 유발하는 방법을 많이 쓴다. 바람이 불거나 물색이 탁할 때는 크랭크베이트 자체의 부력으로 슬금슬금 떠오르게 하는 방법이 좋다. 또 물이 맑거나 바람이 없는 경우에는 장애물에 직접적으로 부딪치게 하는 방법이 효과적이다.

처음에는 빨리 나중에는 천천히

루어가 수면에 떨어지면 로드, 릴, 라인, 루어를 일직선이 되게 만든 후 감아 들인다. 이때 조금 빨리 감아 들여 딥 크랭크베이트가 원하는 수심층에 조금이라도 빨리 들어가게끔 한다. 최근에는 원하는 수심층에 빨리 루어가 내려가게 하기 위해 고기어비 릴을 사용하는 경우도 많다. 그런 후 바닥, 장애물이 느껴지는 곳, 즉 스트라이크존에 도착했을 때 속도를 평소와 같게끔 하거나 약간 느리게 감아 들인다. 좀 더 오랫동안 루어를 보여주기 위한 방법으로 입질빈도를 높일 수 있다.

장비

샐로우 크랭크베이트는 전용 로드와 릴 없이도 낚시를 할 수 있다. 1~2m 수심을 주로 공략하는 샐로우 크랭크베이트 운용술은 매우 빠르고 공격적인 게 특징이다. 얕은 수심을 공략하기에 공략시간도 짧고 공략범위 역시 넓지 않다. 핀포인트만 골라서 빠르게 운용한다. 전용 장비가 있긴 하다. 글라스화이버 소재 또는 보론 소재를 블랭크에 혼합해 만

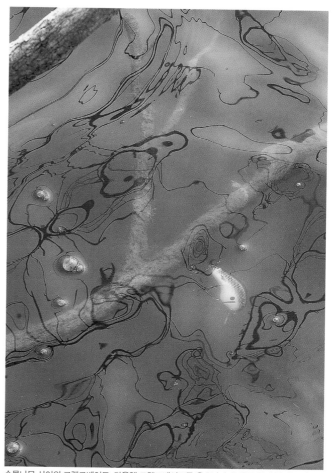

수몰나무 사이의 크랭크베이트. 가을엔 크랭크베이트를 육초나 수초 위로 감아 들이는 것만으로도 입질을 받을 수 있다.

든 로드다. 이러한 소재는 유연하지만 무거워 경쾌하지 못하고 캐스팅을 많이 하면 손목의 피로감이 크다. 릴 역시 저기어비보다는 6점대를 사용해도 상관없다. 6점대보다 더 높은 기어비의 릴을 써도 된다.

이와 반대로 딥 크랭크베이트는 전용 로드, 릴, 라인이 필요하다. 딥 크랭크베이트는 전용 장비가 아니면 오래 사용할 수 없을 정도로 무겁고 부하가 많이 걸리는 제품들이 많다. 전용 로드는 저항감이나 무게감을 줄여주고 부드럽게 챔질이 되도록 해주는 등 낚시를 편하게 만들어준다. 전용 릴은 기어비가 낮다. 기어비가 낮아야 크고 둔한 딥 크랭크베이트 운용하기 편하다.

딥크랭킹에서 감도도 꽤 중요하다. 감도는 웜낚시에나 적용되는 말 같지만 그렇지 않다. 딥크랭킹용 로드는 글라스화이버나 보론 소재를 사용하고 모데라토, 슬로우테이퍼 액션을 갖고 있어 감도에 취약할 수밖에 없다. 감도가 높은 카본라인이나 카본이 코팅된 라인을 쓰는 것이 취약한 감도를 높일 수 있는 유일한 방법이다.

입질이 선명하게 들어오는 얕은 수심과 비교해 깊은 수심의 입질은 천차만별이다. 루어를 따라오면서 빨아들이는 약은 입질은 파악되지 않는 경우도 있다. 이런 입질도 잡아내기 위해서는 감도와 강도가 좋은 카본라인이 유리하다.

톱워터 루어로 빅배스를 낚는 방법

더 크고 시끄러운
스틱·프롭베이트를 써라

배스 루어낚시의 꽃은 무엇일까? 시중에는 수없이 많은 루어들이 출시되고 있지만 시간이 흘러도 가장 사랑을 받는 루어를 꼽으라면 톱워터 루어(이하 톱워터)가 상위에 랭크돼 있을 것이다. 많은 낚시인들이 다이내믹한 입질 장면을 여과 없이 볼 수 있는 톱워터를 좋아한다. 하지만 톱워터의 매력은 시각적 효과에 그치지 않는다. 경험 많은 배서들은 톱워터가 최고의 씨알 선별력을 가진 루어라는 사실을 알고 있다. 왜 빅배스가 톱워터를 공격할까? 또 빅배스들이 좋아하는 톱워터의 액션은 무엇일까?

6월 초나 중순이 되면 전국적으로 배스의 산란이 대부분 마무리된다. 이때 배스는 암컷 수컷 할 것 없이 휴식기간을 가진다. 휴식이라고 해서 산후조리하듯 몇 주 몇 달을 쉬는 것이 아니다. 개체마다 다르지만 대부분 수일 내외다. 이렇게 휴식을 취한 배스는 체력을 보충하기 위하여 왕성하게 먹이활동을 벌이는데, 이때 배스의 눈은 표층을 향하게 된다. 수온역시 적당히 올라 신진대사도 왕성해지고 먹잇감에 대한 호기심과 탐욕성 역시 최고조에 이른다.

가장 활성도가 좋은 수온, 허비된 체력을 회복하기 위한 왕성한 식욕. 이 두 가지 요인으로 인해 톱워터의 황금시즌이 시작된다.

빅배스를 부르는 톱워터의 조건

사실 빅배스만을 골라잡는 톱워터라든지 특유의 액션은 허구일지 모른다. 작은 배스도 곧잘 덤벼들곤 하기 때문이다. 하지만 빅배스 헌터나 경험이 많은 앵글러들은 확률적으로나마 빅배스에게 어필을 할 수 있는 공통 분모가 있다고 말한다. 빅배스가 낚이는 톱워터는 무엇이 다를까?

크기가 크다

당연한 말일지는 모르겠지만 빅배스는 큰 크기의 톱워터에 반응을 한다. 작은 배스는 엄두도 못 낼 큰 씨알의 배스는 오로지 빅배스만이 덤빌 수 있는 전유물이다. 큰 크기의 톱워터는 중형급이나 소형급이 가지지 못한 것을 가지고 있다. 바로 수류의 크기와 세기다. 큰 톱워터는 운영 시 보디 자체가 크기 때문에 물의 저항을 많이 받게 된다. 그렇기에 어떻게 움직이든 그 물살을 가르는 존재감은 상당하다.

빅배스는 이 물을 가르며 움직이는 루어 고유의 액션에 반응을 한다. 빅사이즈의 톱워터만이 갖고 있는 어필력은 작은 루어는 흉내 내기 힘들다. 이러한 큰 톱워터는 오픈워터, 즉 주변이 탁 트이고 넓은 필드에서 더 위력적이다. 크고 와일드하며 느린 액션은 예상 외로 넓은 범위에서 통한다. 얕고 넓은 범위를 빠르게 체크할 수 있다는 게 장점이다.

액션을 매우 느리게 또는 빠르게

앞에서 말한 큰 크기의 톱워터와 상통하는 내용이다. 큰 톱워터는 자체 무게와 크기로 인해 빠르게 운용하기 힘든 경우가 많은데 느리게 운영하면 운용할수록 좀 더 시각적 효과라든가 수류의 차이에 의해 눈에 더 잘 띄고 호기심을 자극한다는 것이다. 느리게 움직여도 보디 자체가 커서 큰 수류를 일으키는데 이게 효과가 크다. 최근에 각광받고 있는 크롤러 계열의 톱워터가 바로 이 느린 액션의 선두주자로 큰 날개와 큰 몸체로 느릿느릿 움직이면서 빅배스를 유혹한다.

반대로 아주 빠르게 움직이면서 배스의 호기심을 자극하여 공격하게 만드는 방법도 있다. 작은 크기의 톱워터를 표층에서 빠르게 움직여 마치 수면에서 도망가는 생물체를 연상케 하는 방법이다.

빠른 액션엔 일반적인 크기보다 더 작은 것이 유리하다. 큰 배스는 작은 배스보다 물속에서 훨씬 빨리 움직이는데 상상 외로 빠른 액션에 어마어마한 스피드로 쫓아와 공격하기도 한다.

느린 액션은 넓은 필드에서 유용할 때 쓰이며 빠른 액션은 핀포인트에서 은신해있는 배스에게 효과적이다. 어느 정도 피딩 무드에 들어간 배스라면 은신처를 빠르게 지나가는 베이트피시를 그냥 두고 보지는 않는다.

빅배스가 좋아할만한 톱워터를 스틱베이트, 그리고 해외원정낚시나 타 어종에게도 빅사이즈 전용으로 불리는 프롭베이트, 이렇게 크게 두 가지 종류로 나누어 보았다. 종류별로 어떻게 하면 빅배스가 좋아하는 액션을 구사할 수 있는지 살펴보도록 하자.

수직형 스틱베이트. 액션을 주지 않으면 수면에 머리를 내민 채 꼿꼿이 서 있다.

스틱베이트

로드워크 시 좌우로 갈 지(之)자 형태로 움직이는 톱워터 중 가장 기본이 되는 루어다. 이러한 스틱베이트는 캐스팅 후 수면에 떠 있는 모습에 따라 수평형과 수직형 두 가지로 나뉜다.

수평형은 헤돈에서 생산되는 '-스푹(spook)' 이름의 루어 등이 대표적이다. 수평형으로 물위에 평행하게 떠 있는 것이 특징이다.

수직형은 럭키크래프트에서 생산되는 '새미'가 가장 대표적인 루어로 수면에 몸체의 아래쪽 절반 정도가 잠긴 채 수직으로 꼿꼿이 서 있는 모습이 특징이다.

수평형 스틱베이트의 운용

좌우 워킹더독 액션이 일어날 때 최대한 루어 좌우 옆면으로 물을 밀어낸다는 느낌이 나게 운용한다. 재빠르고 화려한 워킹더독 액션보다는 좌우로 천천히 몸을 틀 때 스틱베이트 옆면이 물을 유유히 밀어낸다는 느낌으로 운용한다. 실제로 화려하고 빠른 워킹더독 액션이 일으키는 파장도 어느 정도 효과가 있지만 스틱베이트의 무게와 크기를 이용해 천천히, 그리고 옆면으로 물을 밀어내면서 확실히 움직이는 것이 물 아래 배스에게 더 자극적으로 다가온다.

이때 스틱베이트가 크면 클수록 더욱 물을 밀어내는 힘이 강해져서 효과도 커진다. 물을 가르는 파장이 크면 작은 배스는 함부로 덤비지 못하고 어느 정도 큰 배스만이 반응하는 경우가 많다.

수직형 스틱베이트의 운용

수평형 스틱베이트와 같이 주된 액션은 워킹더독이다. 하지만 이 수직형 스틱베이트는 수평형 스틱베이트과는 좀 다르게 움직인다. 수평형 스틱베이트가 좌우로 넓게 움직이며 점잖게 물을 가르는 편이라면 수직형 스틱베이트는 좌우로 좁게, 약간 촐싹대는 것처럼 움직이게 된다. 동작을 멈추면 꼬리 쪽의 금속 볼과 부력에 의해 급격히 수직으로 꼿꼿하게 서게 되는데 이때 스프링처럼 아래위로 흔들리면서 파장을 일으키게 되는 것이 특징이다.

이러한 수직형 스틱베이트는 느리고 점잖게 물을 밀어내는 수평형과는 달리 약간 빠르게 운용하는 것이 액션의 생명이다. 수평형 스틱베이트 대부분이 곧은 1자 형태로 만들어졌다면 수직형 스틱베이트는 배 부분이 바나나처럼 불룩하고 꼬리 쪽이 가늘게 만들어졌다. 이것은 워킹더독 액션을 빠르게 운용할 때 수면에서 더욱 잘 미끄러지게끔 하기 위해 의도적으로 성형한 결과다.

이러한 워킹더독 액션은 물 가름으로 배스를 자극하거나 호기심을 끌려는 것이 목적이 아니다. 수면에 빠르게 도망가는 베이트피시처럼 촐싹거리며 운용하는 것이 정석이다. 정신없이 로드워크를 주고 적절히 스테이 액션을 섞어 주는 것이 좋다. 이렇듯 같은 워킹더독 액션이지만 수평형과 수직형의 액션은 완전히 다르다고 볼 수 있다.

수면에 물보라를 일으키며 달려오는 톱워터 루어.

프롭베이트

빅배스를 부르는 대표적인 톱워터로서 빠르게 운용할 수 있는 게 특징이다. 배스는 물론 타 민물어종이나 바다루어에서도 프로펠러(이하 프롭)이 달린 톱워터는 빅피시 전용 루어로 맹활약하고 있다. 프롭베이트는 말그대로 톱워터의 몸체에 작은 프로펠러가 달려 있고 이 프롭이 회전하면서 노이즈와 수류를 발생시킨다. 앞서 설명한 스틱베이트가 배스의 식욕, 호기심을 자극하여 입질을 유도하는 루어라면 프롭베이트는 짜증, 분노 등의 본능적인 반응에 의해 반사적인 입질을 유도하는 루어다.

프롭의 생김새와 회전감은 루어의 기능을 좌우하는 매우 중요한 요소로, 물속 깊은 곳이나 후미진 곳에 은신하는 빅배스를 유혹하는 데 큰 역할을 한다. 프롭의 재질은 대부분 스테인리스나 알루미늄, 황동 등 금속을 사용하게 되나 드물게는 플라스틱으로 만들어진 프롭이 달린 톱워터 루어도 시판되고 있다. 금속 재질은 가장 널리 사용되는 프롭의 재질로서 프롭이 얇고 재질이 강할수록 액션 구사 시 물을 가르는 능력이 좋아져서 물속에서 거품과 함께 노이즈를 많이 일으킨다.

이 프롭의 블레이드 개수에 따라 어필력이 달라진다. 물색이 맑은 곳에서 자연스런 움직임을 유도하기 위해 스위밍 위주의 움직임을 보여주는 프롭의 경우 대부분 두개의 블레이드가 달려 있다. 또 물색이 탁한 곳에서 강하게 어필하기 위해 만들어진 프롭의 경우 세 개, 네 개의 블레이드가 달려 있다. 서너 개의 블레이드가 달린 프롭이 만들어내는 노이즈는 상당하다.

톱워터 루어의 시즌
초봄과 늦겨울도 통한다

배스가 가장 활성도가 좋을 때의 수온은 20도 내외다. 우리나라에서는 계절상 여름으로 들어가는 6월부터 수온이 20도 이상으로 올라가게 되고 이때부터 표층을 의식하는 배스가 많아지면서 '톱워터 시즌'이 시작되고 수온이 급격히 하락하기 시작하는 10월까지 이어진다. 하지만 톱워터는 우리가 알고 있는 것보다 활용할 수 있는 기간이 길다. 경험 많은 앵글러들은 톱워터를 4월부터 12월까지 사용하기도 한다. 물론 어느 정도 환경과 여건이 갖추어져야 하지만 우리가 알고 있는 것보다 활용할 수 있는 시간은 훨씬 길다고 볼 수 있다.

이른 봄이나 초겨울에 톱워터가 메인 루어가 되기 위해서는 몇 가지 전제 조건이 따른다. 그것은 바로 수위다. 대형 댐, 저수지, 간척지의 경우 수위에 따라 톱워터 시즌이 좌우된다고 해도 과언이 아니다. 여름철이나 가을철 장마로 인해 육상식물이 잠기고 수몰 상태가 계속해서 유지된다면 그해 초겨울까지 분명히 톱워터에 조과가 이어진다.

다만 강은 인위적으로 수위를 조절하고 평균 수심이 6~7m를 넘어가는 4대강 같은 대형 강계를 제외하고는 수위에 큰 영향을 받지 않는다. 수위가 높다고 하더라도 물의 흐름에 의해 저수지나 호수에 비해 빨리 제 수위를 찾아가게 되고 또 물 흐름에 의한 수온 하락이 호수보다 빨라, 아무리 수위가 높다고 하더라도 톱워터 시즌은 오랫동안 지속되지 않는 경우가 대부분이다.

높은 수위로 겨울과 봄 맞으면 시즌 형성
장마 등으로 인해 높은 수위를 유지한 저수지나 호수는 초봄이나 늦가을에도 톱워터가 먹힐 확률이 높다. 담수량이 늘어나면서 물도 천천히 식기 때문이다. 초봄과 늦가을에 톱워터가 통할 수 있는 조건들을 살펴보면 아래와 같다.

① 얕은 수심에 물속 장애물이 형성된 곳
높은 수위로 인해 얕은 지역이 잠기면 그곳에 있는 장애물이 인위적으로 형성되었든 자연적으로 형성되었든 가리지 않고 배스가 머무는 경우가 많다.

② 직벽 등에 배스가 서스펜딩 상태에 있을 때
고수온기 저활성도로 서스펜딩 상태에 있는 것과는 달리 배스는 적당한 활성도를 띠면서 직벽이나 고사목 등 물 속 큰 장애물에 서스펜딩 상태로 떠 있게 된다. 이 때엔 톱워터에 활발히 반응하는 경우가 많다.

③ 얕은 곳에 먹잇감이 많을 때
장애물이 얕은 곳에 많이 있고 수온 역시 천천히 하락하거나 상승할 때엔 배스의 먹잇감이 되는 작은 베이트피시가 얕은 곳에서 오래 머물게 되는데 이때 그 먹잇감을 노린 배스들이 표층을 활발히 공격한다.

프로그
100% 챔질 성공을 위하여

개구리를 닮은 프로그는 태생적으로 챔질 성공이 잘 되지 않는다는 불리함이 있다. 이것은 프로그의 구조적인 문제와 루어를 주로 사용하는 환경, 그리고 배스의 식이습성 등이 복합적으로 어우러져 나타나는 현상이다. 프로그는 이 문제점을 극복하기 위해 발전하고 개량되어 왔다. 지금이 시각에도 많은 프로선수들과 유저들이 이 숙제를 해결하기 위하여 루어를 개발하고 튜닝하며 연구하고 있다

걸림을 방해하는 네 가지 요인
프로그의 걸림 성공률이 낮은 이유는 배스의 식이습성, 배스의 공격 패

턴, 프로그를 사용하는 환경, 프로의 구조 이렇게 네 가지 정도로 정리할 수 있다

첫째, 배스의 식이습성
프로그가 다른 루어에 비해 걸림이 안 되는 가장 큰 이유는 바로 배스의 식이습성에 기인한다. 배스는 먹이를 먹을 때 송어처럼 깨무는 것이 아니라 물과 함께 순간적으로 빨아들이는 방법을 취한다. 이 흡입 방법이 걸림 성공을 떨어뜨리는 요인이 된다. 오픈훅이 달린 하드베이트나 웜리그와 비교해보자. 루어를 물속에서 빨아들이고 고개를 돌려 움직이면 이

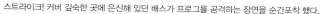

스트라이크! 커버 깊숙한 곳에 은신해 있던 배스가 프로그를 공격하는 장면을 순간포착 했다.

프로그 루어로 배스를 낚은 박무석 프로.

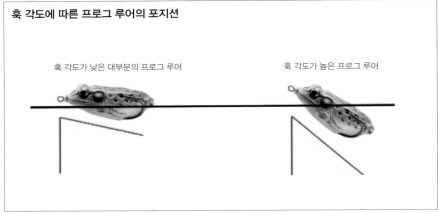

훅 각도에 따른 프로그 루어의 포지션

훅 각도가 낮은 대부분의 프로그 루어   훅 각도가 높은 프로그 루어

넷째, 프로그의 구조적 형태

프로그는 커버로 분류되는 각종 장애물에 걸리지 않게 하기 위해 바늘이 위로 향해 있다. 그렇기에 대부분 바늘이 아래로 향해 있는 일반적인 하드베이트와 비교해 챔질 성공률이 낮아질 수밖에 없다

이 네 가지 요인은 독자적으로 작용하는 경우는 별로 없고 대부분 복합적으로 작용해 챔질을 방해한다. 부엽식물이 많은 지역이어서 배스가 루어를 흡입하기에 제약이 많고 이런 상황에서 배스의 크기마저 작다면 흡입력도 약하므로 바늘까지 위로 향해 있는 프로그를 빨아들이기가 쉽지 않다. 낚시인 입장에서는 바늘을 제대로 박히게 하는 게 어려운 것이다.

걸림 성공률 높이는 방법

이러한 단점에도 불구하고 프로그피싱이 매력적인 이유는 일반 루어로는 사용하지 못하는 곳에서 배스를 공략할 수 있다는 것, 그리고 거칠고 빽빽한 커버 지역에서 벌이는 화끈한 낚시 스타일 때문일 것이다. 프로그을 활용한 커버피싱은 분명 매력적이다. 남자만의 거친 낚시, 프로그를 제대로 활용하는 방법을 소개한다.

❶ 천천히 섬세하게 운용한다

대부분의 루어가 마찬가지이겠지만 특히 프로그는 천천히 운용해야 한다. 프로그 마스터, 교과서라고 불리는 미국의 딘 로하스 프로조차도 프로그는 와일드한 면과 다르게 매우 섬세하게 운용해야 하는 루어라고 말할 정도이다. 그 이유는 앞에서 설명한 것처럼 걸림 성공률이 낮기 때문이다. 빠르게 운용하더라도 입질은 들어온다. 하지만 그것이 챔질 성공으로 연결되지는 않기 때문에 최대한 천천히 느리게 운용한다. 특히 마름, 수련군락 사이사이에 나 있는 구멍에 루어를 최대한 오랫동안 놓아두고 느릿느릿 운용하는 것이 루어 운용의 핵심이다. 오픈워터에서 프로그를 느리게 움직이게 할수록 걸림 성공률은 높아진다.

❷ 바늘과 부력을 조정한다

시중에 판매되는 프로그는 가물치용이 많다. 이러한 가물치용 프로그는 몸체가 대부분 물에 다 뜨는 타입인데 배스용으로는 적합하지 않다. 배스를 노릴 때는 배스 전용 프로그를 사용하거나 배스용으로 튜닝을 거쳐야 한다. 그중 가장 중요한 것이 바로 바늘의 각도를 조절하는 것이다. 흡입하는 형태의 입질을 보이는 배스의 특성상 바늘이 수면 위쪽으로 올라가 있는 것보다 조금이라도 물속으로 향하게 하는 게 유리하다. 즉, 몸체는 물위에 떠 있을지라도 바늘은 물속에 들어가 있어야 한다는 것이다.

때 루어는 큰 힘 없이도 물과 함께 쉽게 흡입되고 자연스레 배스의 입 어딘가에 바늘이 닿게 되며 박히게 된다. 하지만 프로그는 그렇지 못하다. 물 안에서 물 밖에 있는 루어를 빨아들이다 보니 빨아들이는 힘이 약하면 약할수록 루어가 제대로 입속으로 빨려 들어가지 못한다.

둘째, 배스의 공격패턴

배스는 베이트볼을 파괴하거나 소규모 먹이군락의 경우 흐트러뜨리기 위해 몸을 사용해 공격한다. 그런데 이러한 공격 방법은 프로그에는 맞지 않는다. 프로그는 대부분이 바늘이 위로 뻗어있어 물밑에서 공격하는 배스는 그 바늘에 닿지 않는 일이 허다하다. 물속에 바늘이 노출된 하드베이트의 경우 몸통 공격을 하면 자동적으로 걸림이 되는데 프로그는 그렇지 못하다.

셋째, 프로그를 사용하는 환경

프로그는 주로 마름 등 부엽식물 군락에서 사용하게 된다. 수면에 두텁게 자리한 부엽식물은 배스가 쉽게 루어를 물고 들어가지 못하는 차단막과 같은 역할을 한다.

그러기 위해서는 바늘을 구부리거나 부력을 조정하는 등 튜닝이 필요하다. 공구를 이용하여 바늘을 벌려 각도를 높이는 방법, 그리고 꽁지 부분에 무게를 가하여 물속으로 잠기게끔 하는 등 여러 가지 방법으로 튜닝할 수 있다. 최근에는 매듭이 지어지는 부분과 바늘 부분을 의도적으로 계산하여 자동으로 물속에 잠기게끔 하는 배스 전용 프로그가 개발, 시판되고 있다.

❸ 실링 처리는 절대 하지 말 것

배스 프로그와 가물치 프로그를 구분 짓는 기준은 바늘의 각도 외에도 하나 더 있는데 바로 바늘의 유동성이다. 가물치 프로그는 보디에 물이 스며드는 것을 막고 무게 추가, 바늘의 고정을 위해 실러를 이용한 실링 처리를 하는 경우가 많다. 하지만 배스 프로그는 절대로 실링 처리를 하면 안 된다. 실링 처리를 하면 바늘이 고정되는 경우가 많기 때문이다.
대부분의 유저들은 배스 프로그도 가물치용과 같이 실링 처리를 하는 경우가 많다. 하지만 배스용은 바늘이 자유롭게 움직여야 한다. 이것은 가물치의 입질 패턴과 배스의 입질 패턴, 그리고 물고기의 입안 크기가 차이가 나기 때문에 그렇다. 가물치는 입안의 공간이 협소하고 특유의 깨무는 입질을 하는 반면 배스는 입안의 공간이 넓고 흡입하는 입질을 한다. 가물치 입질은 까다롭긴 하지만 챔질 시 제대로 박히게 되는 경우가 많다. 입안의 공간이 협소하기 때문이다. 일단 한번 꽉 깨물게 되면 위턱이나 주둥이 아래쪽에 잘 박히게 된다. 실링 처리를 해도 무관한 이유다.
반면 배스의 경우 입안의 공간이 넓어 바늘 각도의 조정이 없거나 방수 및 바늘을 고정하기 위해 실링 처리를 하게 되면 챔질 해도 입걸림이 안 될 가능성이 크다. 즉, 배스 프로그의 훅 포인트는 위를 향하고 있되 일정한 물리적인 힘에 의해 옆, 아래쪽으로도 자유롭게 움직여야 바늘이 박힐 가능성이 크다. 그러므로 실링 처리는 절대 해서는 안 된다.

❹ 더블훅이 채용된 루어 구입

시중에 파는 대부분의 프로그는 바늘이 두 개 달린 더블훅을 채용하고 있으나 하나만 달린 제품도 출시되고 있다. 바늘이 하나 달린 루어보다는 두 개 달린 루어가 여러모로 유리한 점이 많다. 물론 챔질 시 바늘에 가해지는 힘이 분산되기는 하나 머리나 꼬리부터 통째로 빨아들여 고개를 돌리는 배스의 먹이취식 특성상 입속에서 비틀어지는 경우가 많기에 훅이 하나인 것보다는 두 개일 경우가 입속에 박힐 가능성이 크다. 또한 바늘이 하나인 프로그보다는 두 개인 게 좀 더 수면에서 안정적인 포즈를 취하는 장점도 있다.

❺ 무조건 합사

라인은 합사(PE라인)를 사용해야 한다. 무조건이다. 보통 사람들은 합사를 쓰는 이유에 대해 **빽빽한 커버**에서 프로그를 사용하기 때문에 랜딩 시 쉽게 꺼내기 위함이라고 생각한다. 하지만 그것은 두 번째 정도 되는 이유다. 가장 중요한 이유는 힘의 전달 때문이다. 합사는 연신율이 거의 없어서 늘어나지 않는다. 챔질 시 그 힘을 그대로 루어에 전달할 수 있다. 그렇기에 커버 위 까다롭고 순간적인 배스 입질에 빠르게 대응할 수 있으며 강력한 챔질을 그대로 루어에 전달시킬 수 있다. 품질 좋은 8합사 또는 12합사를 사용하는 것이 좋다. 베이트릴을 주로 사용하므로 가는 합사보다는 다소 굵은 40lb 이상을 추천한다.

프로그에 입걸림된 배스. 수초더미가 함께 올라왔다.

알고 있으면 유용한 팁

■ 매듭은 직결, 팔로마노트 추천

인터넷에 떠도는 내용이다. 쇼크리더를 사용하던지 특정 매듭을 해야 좋은 것처럼 얘기하는데 그렇지 않다. 프로그는 쇼크리더를 사용하는 것보다 직결이 가장 좋은 방법이다. 매듭은 간단하고 파워가 좋은 팔로마노트를 추천한다. 이밖에 다양한 프로그 매듭이 개발되었으므로 활용해 보시길.

■ 글라스로드는 비추

대부분 패스트 액션을 지닌 헤비, 또는 엑스트라헤비 파워의 로드가 좋으나 허리힘이 강한 로드여야 한다. 그렇기에 글라스로드나 카본+글라스콤포짓 로드는 적합하지 않다.

■ 내가 잘 볼 수 있는 색상이 우선

색상은 눈에 잘 띄는 것이 가장 유리하다. 시인성이 좋아야 배스의 입질 방향과 루어의 움직임을 멀리서도 잘 볼 수 있기 때문이다. 필자는 흰색이나 노란색, 까만색을 가장 선호한다. 즉 배스가 잘 볼 수 있는 색상보다는 내게 잘 보이는 색상이 중요하다. 리얼한 개구리색은 취향의 문제다. 물 밖에서 마름에 떠있는 프로그를 수면 아래 물속의 배스가 개구리와 흡사하다고 해서 더 공격적일 것이라고 보지 않는다.

■ 루어는 너무 딱딱해서도 약해도 안 돼

프로그의 보디가 너무 딱딱하면 배스 입질 시 바늘이 튀어나오기 어려울 때도 있다. 하지만 너무 약하면 찢어져서 물이 새어 들어가 루어가 가라앉는 수도 있다. 손으로 직접 만져보고 적절한 제품을 찾는 것이 좋다. 미국이나 한국의 프로선수들 중에는 프로그의 표면을 라이터나 인두 같은 것을 이용해 아주 살짝 녹여 사용하는 사람도 있다.

채터베이트를 완벽하게 쓰는 방법
트레일러훅을 장착하라

채터베이트는 폭발적이진 않지만 조금씩 그 위력이 알려지고 있는 루어다. 러버지그를 연상시키는 몸체에 육각형 또는 원형 블레이드를 헤드 앞쪽에 조합한 루어로서 첫 모습은 러버지그를 연상시키지만 액션은 확연히 다른 그런 루어다. 채터베이트의 원조는 미국이다. 2004년에 미국 토너먼트의 위닝 루어로 알려져 빅히트를 친 적도 있지만 지금은 꾸준하게 팔리고 있는 스테디셀러다. 그러던 중 일본에서 채터베이트에 대해 다시 관심을 갖고 일본 특유의 화려함과 섬세함을 입혀서 생산하게 되었는데, 이때 우리나라에도 많이 알려졌다.

일본의 최대 루어업체인 자칼사에서 채터베이트를 발매하였으나 판매가 부진했다가 2009년 당시 신생업체였던 이마카츠사에서 치도리 액션의 채터베이트가 다시 인기에 불을 붙였다. JB TOP50의 최상위권의 프로가 이 채터베이트를 사용해 우승을 거머쥐면서 대유행하였고 그 유명세가 한국까지 넘어온 것이다. 우리나라에선 슈어캐치사의 박무석 프로가 가장 먼저 이 채터베이트에 자신의 이름을 걸고 제작하였으나 큰 반향을 일으키지는 못했다.

누가 채터베이트 보고 리액션이래?

채터베이트의 가장 큰 특징은 어떠한 루어도 갖고 있지 못한 강력한 진동과 파동, 그리고 화려한 액션이다. 루어를 처음 다루는 초보자들도 느낄 수 있을 정도로 큰 진동과 액션을 보인다. 채터베이트는 두 가지 루어와 닮았다. 하나는 스피너베이트이고 또 하나는 샐로우 크랭크베이트다. 외형은 금속성 블레이드와 스커트가 달린 스피너베이트와 비슷하고 운용 방법과 효과는 샐로우 크랭크베이트와 비슷하다.

사실 채터베이트는 스피너베이트와는 완전히 다른 루어다. 서치베이트(search bait)로서의 개념은 비슷할지 모르지만 물고기의 입질을 받아내는 원리 자체가 완전히 다른 루어인 것이다. 스피너베이트가 물고기 무리를 공격하는 물고기, 또는 자기 영역을 침범한 물고기 무리를 형상화하여 영역 보호 및 취이욕구와 호기심 유발에서 출발한 루어라면, 채터베이트는 배스 특유의 공격성에 기인한 루어.

채터베이트의 진동과 파장은 스피너베이트보다 더 크고 강하다. 또한 샐로우 크랭크베이트와 비교해보면 강력한 진동과 파동에서 나오는 어필

력, 과장된 화려한 액션이 유사한 면이 있어서 사용 범위 역시 약간 겹치는 부분이 있다. 채터베이트의 범주를 굳이 따지자면 소프트베이트보다는 하드베이트의 범주에 들어가며 그 중에서도 샬로우 크랭크베이트와 가장 많이 닮았다.

채터베이트로 조과를 올린 블로그나 조행기를 보면 리액션이 저절로 나오는 루어, 리액션바이트에 의해 입질이 자주 들어 오는 루어로 인식이 되어 있는 듯하다. 이건 인터넷에서 잘못된 정보를 잘못 이해해서 나온 것이다. 채터베이트는 리액션이 거의 나오지 않는다. 리액션을 의도적으로 만들기 위해 생산된 일부 제품을 제외하고는 아주 강한 진동을 일정하게 내는 루어이다. 혹시 릴링을 하다가 의도적으로 속도를 늦추거나 폴링 액션을 주거나 바위나 나무에 부딪쳐 깨어지는 액션을 말하는 것인지? 그건 웬만한 루어도 다 그렇게 부딪치면 그 정도 액션은 나오게 된다. 채터베이트의 경우 의도적으로 리액션을 일으키는 장치를 꾸미지 않는 한 자동적인 리액션은 일어나지 않는다. 매우 노멀하면서 일정한 움직임을 가진 루어인 것이다.

사용 조건
배스의 포지션이 중층, 상층을 향해 있을 때

나에게 채터베이트는 비밀병기다. 즉 일반적으로 자주 즐겨 쓰는 루어라기보다는 여러 가지 필드 조건이 갖추어질 때 빅원을 잡아내는 비밀병기로 태클박스 속에 몰래 숨겨두고 있다.

2010년 즈음의 일이다. 창녕의 모 소류지는 물속에 말즘이라는 수생식물이 가득했는데 수심이 얕고 작은 규모의 저수지라 수온이 빨리 올라 이미 4월에 배스들의 포지션이 수면을 향하고 있었다. 수면 아래 70~80cm 수심에 말즘이 그득했는데, 수초가 워낙에 밀생하여 루어를 사용할 수 없었고 배스는 그 속에 은신하고 있는 상황이었다. 오후가 되어 바람이 불고 상층에 너울이 일면서 물색이 흐려지자 거짓말같이 채터베이트에 소나기 입질이 들어오기 시작했다. 수온이 올라 배스 자체가 표층을 의식하고 있을 때 바람이 불어 경계심을 낮추니 강력한 진동을 가진 채터베이트에 연거푸 반응을 한 것이다.

1 채터베이트를 운용하기 좋은 지형. 안동호 계곡동 포인트 중 한 곳을 어탐기로 찍은 모습이다. 오른쪽 다운스캔을 보면 물속에 잠긴 풀들이 보이고 그 속에 배스들이 은신해있다.
2 채터베이트에 낚인 배스.

이후 나는 채터베이트에 입질을 받게 하는 조건, 스위치를 넣는 조건을 네 가지 정도로 요약하고 필드에 따라 적절히 대응하여 사용하고 있다. 여기서 중요도 순을 따지자면, ①배스의 포지션이 중층이거나 상층을 향해 있을 때 ②물색이 탁할 때 ③바람이 불어 수면에 파도가 이는 상황 ④ 바닥에 수초나 육초가 깔려있는 얕고 넓은 지역이다.

사용 장소
위드플랫에서 가장 위력적

채터베이트는 상승하려는 힘이 강하고 진동이 강하며 폴링 액션이 좋은 루어로 이 특징을 살릴 수 있는 포인트를 찾아 적절히 사용하면 매우 좋은 조과를 낼 수 있다.

고사목이 즐비한 포인트(핀포인트 공략)

채터베이트의 폴링 액션과 감아 들일 때 나오는 강력한 진동을 감안하여 낚시하는 방법으로서 바닥에 붙은 배스나 고사목 중앙에 떠 있는 배스들을 노릴 때 유용하다. 고사목 아래로 프리폴링시킨 후 일단 바닥을 찍은 뒤 크게 들어올린다. 러버지그의 호핑과는 다른 개념으로서 1~3m까지 로드워크와 릴링으로 들어 올린 다음, 다시 릴의 클러치를 눌러 프리폴링시킨다. 이것은 마치 바다루어의 버티컬 지깅과 비슷하다. 러버지그의 경우 들어올릴 때와 폴링시킬 때 트레일러(trailer, 러버지그나 채터베이트 등의 바늘에 덧다는 웜)의 액션에만 치중되지만 채터베이트의 경우 폴링할 때는 블레이드의 번쩍임, 트레일러의 액션, 스커트의 액션 등 이 세 가지가 합쳐져서 떨어지며, 들어 올릴 때는 특유의 진동으로 강력하게 상승하여 배스에게 어필한다. 고사목을 공략할 때엔 러버지그보다 월등히 유리한 것이 사실이다. 트레일러는 폴링 액션이 좋은 컬리테일웜이나 섀드 타입의 웜이 적당하다.

수초가 빽빽한 위드플랫

위드플랫(weedflat)이야말로 채터베이트가 가장 강력한 효과를 발휘하는 포인트다. 바닥에는 빽빽한 육상식물 또는 수생식물이 가득하고 마름이나 수련이 수면을 덮지 않은 애매한 상황에선 채터베이트만한 루어가 없다. 먼저 수심 몇 미터 즈음에 수생식물들이 자라고 있는지 파악한다. 워킹낚시의 경우 웜채비를 이용하여 대략적인 수심을 파악한 후 공략한다. 이때 물속에 가라앉으면 카운트를 센 후 몇 초 후면 수생식물에 닿는지 파악하는 것이 중요하다. 그런 다음 수생식물에 스치듯 운용해오면 그 속에 은신해있던 배스가 공격하는 경우가 많다. 벨리보팅이나 카약피싱의 경우 어탐기를 이용해 파악하면 더 쉬울 것이다. 이때 앞에서 설명한 네 가지 스위치 조건처럼 바람이 불어 수면에 너울이 일고 물이 탁해지면 최고의 상황이 연출되는 것이다.

주로 늦봄과 초여름, 마름과 수련이 수면을 뒤덮기 전에 매우 알맞은 조건을 형성하는데 산란을 마친 배스나 늦산란을 위해 몸집을 불리는 배스를 잡아내는 데 효과적이다.

운용술
스트럭처 위에서 강하게 헛챔질

채터베이트는 상승하려는 힘이 강한 루어로서 조금만 빨리 감아버리면 상층으로 떠버린다. 그렇기에 중층과 상층을 의식하는 배스에게 효과가 있는 루어이나 반대로 릴링을 멈추면 매우 빠른 속도로 또 가라앉아버리기 때문에 이 점을 고려하며 운용해야 한다.

멀던슬감(멀리 던지고 슬슬 감기)

채터베이트 운용에 있어 가장 중요한 것은 루어 고유의 파장과 진동을 이용하는 것이다. 그 외에 별다른 운용법은 크게 없다. 일관되게 천천히 감아 들이는 것이 가장 중요하고 또 좋은 운용법이다. 하지만 이게 쉽지만은 않다. 앞에서 말한 대로 상승하려는 힘이 강한 루어이기 때문에 일정한 수심을 유지하면서 천천히 감기가 생각보다 힘이 든다. 이럴 때엔 릴링만으로 감아 들이기보다는 로드와 릴을 적절히 사용하여 감아 들이는 방법이 유용하다.

채터베이트는 강력한 훅셋이 필요한 루어이므로 허리가 튼튼한 로드가 필수다. 팁은 유연한 게 좋다. 입질은 매우 강력하게 들어오기 때문에 랜딩 초반에 제압할 수 있는 MH 이상의 로드를 추천한다.

폴링 그리고 강력한 헛챔질

채터베이트를 감아 들이다가 자신이 공략하고자 하는 곳, 물속 바위나 구조물과 같은 스트럭처가 있다면 그냥 그 위를 끌어서 운용해본다. 분명히 배스가 있을 것 같은데 반응이 없다 싶으면 그곳에서 프리폴링시켜

본다. 그런 다음 또 반응이 없다면 강하게 헛챔질을 해서 다시 프리폴링 시켜볼 것을 권한다. 여기서 말하는 헛챔질은 의도적인 행동이다. 일반적인 트위칭이나 호핑으로는 채터베이트의 블레이드를 떨리게 할 수 없기 때문이다. 짧고 강력한 챔질로 채터베이트를 바닥에서 띄우면 특유의 진동과 파장이 생겨 배스의 반사적 입질을 유도할 수 있다.

튜닝
저속 릴링에선 블레이드를 앞쪽으로 구부려야

나는 제트맨사의 채터베이트와 이마카츠사의 채터베이트를 주로 사용한다. 이 두 제품은 미국과 일본에서 채터베이트 붐을 일으킨 주인공들이다. 제트맨사 루어의 경우 모습은 투박하나 채터베이트 고유의 모습을 그대로 간직한 베이직한 모델로서 어떠한 장소에서도 사용할 수 있다. 이마카츠사 루어의 경우 오너가 채터베이트 사용 경험이 많은 사람이고 또 다양한 제품군을 만들어냈는데 그 때문에 즐겨 사용하고 있다.

위드가드 장착

채터베이트는 스피너베이트와는 달리 바닥과 구조물을 공략할 때 생각보다 밑걸림이 잘 생기는 루어다. 그렇기 때문에 러버지그처럼 헤드의 윗부분에 위드가드를 달아 주면 고사목이나 브러시 지역에서 밑걸림 걱정 없이 공략할 수 있다. 또한 바닥 밑걸림은 바닥을 찍을 때 발생하므로 루어 아랫부분에 강선을 덧대는 등의 튜닝을 해주면 밑걸림을 줄일 수 있다.

블레이드 구부리기

채터베이트 블레이드의 경우 얇고 클수록 진동이 강하다. 금속을 다루던 기술이 떨어지던 시절에는 두꺼운 블레이드를 달아 둔탁한 진동을 냈다면 최근에는 매우 얇고 강한 금속 소재를 사용하여 수류와 릴링에 아주 강하고 민감하게 반응하는 제품이 대부분이다. 이러한 블레이드는 앞부분이 꺾여 있는 경우가 많은데 주로 예전에 나온 채터베이트들, 저렴한 블레이드를 사용한 저가형 채터베이트들이 그렇다.

이럴 경우 채터베이트는 단순한 액션만 나타난다. 최근에는 매우 얇은 소재를 이용하고 구부리지 않고 일직선으로 만들어 시판되는 제품이 대부분이다. 이런 경우 블레이드를 임의대로 상하로 구부리면 사용자의 의도에 따라 액션을 다르게 해서 사용할 수 있다.

블레이드를 위로 구부리면 일반 채터베이트와 비슷한 액션이 나온다. 구부리면 구부릴수록 저항을 많이 받아 매우 강한 파동을 발생한다. 이것은 주로 매우 느린 릴링이 필요할 때 적합한 튜닝 방법이다. 블레이드를 아래로 구부리면 물의 저항을 받되 일정하게 받지는 않아 릴링의 속도에 따라 의도치 않게 움직일 때도 많다.

블레이드 튜닝은 채터베이트의 성질을 바꾸는 매우 중요한 튜닝 방법이다. 사실 이 튜닝에 의해 채터베이트가 완전히 바뀌기 때문에 생각을 많이 해서 튜닝할 것을 권한다.

트레일러훅 장착

채터베이트 역시 강력하고 반사적인 입질이 들어오는 경우가 많으므로 미스바이트가 일어나는 경우가 있다. 이런 실수를 줄이기 위해서는 자연스러운 흡입을 유도하도록 허리는 강력하고 팁이 무른 로드를 사용하길

강선 튜닝. 바닥 걸림을 줄이기 위해 강선을 덧댔다.

채터베이트 트레일러훅에 입걸림된 배스. 트레일러훅은 사진처럼 고무마개식이 좋다.

권하곤 하지만, 가장 좋은 방법은 트레일러훅을 덧댄다는 것이다. 트레일러훅은 횡적인 액션에 반응하는 숏바이트에도 잘 대응하지만 종적인 액션에 반응하는 숏바이트의 입질을 받아내는 데 필수조건이다. 폴링액션 등 종적인 액션을 자주 사용하는 채터베이트에서는 꼭 트레일러훅을 추가하는 것이 좋다

시중에는 튜브식으로 고정하는 트레일러훅과 고무마개로 훅을 고정하는 방법을 사용하는 트레일러훅 등 다양한 훅들이 시판되고 있는데 고무마개로 아래위를 고정하는 방법을 권하고 싶다. 튜브식으로 고정하는 트레일러훅의 경우 특유의 빡빡함 때문에 바늘이 돌아가 버리면 제자리로 돌아오지 못하는 경우가 많아, 약간의 유동성을 지닌 고무마개식이 낫다.

루어 분류부터 하이테크닉까지
실전! 빅베이트피싱

빅베이트를 쓰는 이유는 매우 단순하다. 그것은 바로 빅배스를 잡을 수 있기 때문이다. 씨알 선별력에 있어서는 빅배스 헌터로 불려온 스피너베이트나 러버지그보다 확실히 우위를 점한다. 보통 크기의 배스로서는 감히 덤벼볼 엄두도 못내는 크기와 중량, 실루엣을 자랑한다. 특유의 파장과 액션, 어필력을 무기로 하여 빅배스만을 노리는 헌터들에게는 최고의 루어로 꼽히고 있다.

더 무거워지고 커지고 있다

빅베이트는 말 그대로 기존의 상식을 넘는 매우 큰 하드베이트나 소프트 베이트를 말한다. 딱딱한 소재인 플라스틱이나 나무로 만들어진 것부터 말랑말랑한 재질로 만들어진 것까지 다양한 재료로 제작되고 있다.

일반적으로 알려진 빅베이트의 범주는 1온스가 넘는 무게와 15cm 이상 길이의 루어를 말하지만 갈수록 예전보다 루어가 커지고 있는 상황이어서 빅베이트는 앞으로 더 크고 무거워질 것으로 보인다.

빅베이트 루어는 대부분 큰 물고기 모양을 본떠 만들어지고 있다. 딱딱한 소재로 만든 하드 빅베이트는 물고기에서 벗어나 오리, 생쥐 등 조류나 포유류 등으로 확대되어 제작되고 있다. 말랑말랑한 소프트 빅베이트 역시 물고기가 기본 형태가 되긴 하나 큰 지렁이 같은 환형동물을 흉내낸 10인치 이상의 스트레이트웜도 빅베이트라 볼 수 있다. 이렇듯 빅베이트의 특징과 생김새는 기존의 루어와는 차별화되어 있다. 크기와 볼륨감 때문에 물속에서는 약간 둔한 듯 느릿느릿 움직이는 액션이 대부분이며 그 특유의 움직임이 빅배스의 공격본능을 자극한다.

실전에 필요한 세 가지 유형

빅베이트는 재질, 크기, 액션 등으로 나눠 계보를 따지듯 분류할 수 있지만 여기선 실전에서 많이 접하게 되는 빅베이트를 세 가지 유형에 따라 나눠보았다. 이 정도만 구분해서 사용해도 빅베이트를 사용하는 데 어려움이 없다.

S자과 I자 빅베이트

S자와 I자는 루어의 물속 유영 동작을 기준으로 구분한 것이다. 일본에서 유래되어 온 용어인데 이 중 I자형은 크기 구분 없이 관절이 없는 물고기 모양의 루어를 총칭하는 것으로 굳어지고 있다. 이러한 분류 방법은 루어를 구분해 사용하는 데 있어 도움이 되기에 그대로 쓴다. 이 용어에 대한 자세한 설명은 따로 해놓았으므로 참고하시길.

S자는 보디가 두 개 이상으로 나뉜 다관절 구조가 대부분이다. 물속 유영 동작이 S자를 그리듯 구불구불하게 움직인다. 플라스틱이나 나무, 말랑말랑한 합성수지 등 다양한 소재로 만들어지고 있다. 다관절 구조로

S자 빅베이트. 다관절로 이루어져 화려한 움직임을 뽐낸다.

I자 빅베이트. 관절이 없거나 하나의 관절로 이루어져 있다.

필자가 충주호에서 빅베이트를 사용해 낚은 빅배스.

인해 스테디 리트리브를 하면 화려한 움직임을 보이며 입질을 유도한다. 하드베이트는 표층에서 운용되는 루어가 많으며 소프트베이트는 싱킹 타입이 많다.

다관절로 이루어진 S자와는 달리 I자는 관절이 없거나 하나의 관절로 이루어진 게 특징이다. 화려한 액션보다는 다소 뻣뻣하고 큰 동작의 액션을 보여주는 것이 특징이다. 유유히 유영하는 물고기의 내추럴한 모습을 흉내 냈다. 실제 먹이고기와 유사하게 만들었기 때문에 물고기 고유의 체형과 크기에서 오는 파장과, 느리게 움직이는 특유의 유영 동작이 장점이다.

웜

최근엔 10인치가 넘는 대형 스트레이트웜이 유행하면서 새로운 빅베이트로 주목 받고 있다. 이러한 대형 스트레이트웜은 크고 긴 몸체가 수류의 영향을 받아 작은 액션에도 과도하게 구불거린다. 마치 물속의 장어나 대형 지렁이가 먹음직스럽게 움직이는 모습을 연출한다.

메탈

대형 스푼을 말한다. 스푼은 명실공이 리액션바이트를 유도하는 최초이자 최고의 루어다. 스푼 하면 보통 숟가락 크기의 루어를 떠올릴 것이다. 대형 빅스푼이 배스토너먼트에서 위닝 루어로 자리 잡았다. 무게가 3온스가 넘고 길이는 20cm를 넘는다. 중량감 있는 무게와는 달리 느리고 일정하지 않은 속도의 폴링 액션을 보이는 게 특징이다. 대형호수를 중심으로 토너먼트가 펼쳐지고 우리나라 무대에서도 조금씩 입지를 넓혀가고 있으며 운용 가능성은 무궁무진하다고 볼 수 있다.

S자 빅베이트는 스테디 리트리브

S자 빅베이트는 특별한 운용법이 없다. 루어 자체가 가지는 고유의 액션 자체가 부각된 루어이기 때문에 스테디 리트리브가 가장 좋은 운용 방법이다. 다만 환경에 따라 조금씩 다르게 운용하는 방법을 추천해주고 싶다. 특유의 화려한 액션으로 인해 주로 표층에서 운용하는데 특히 늦장마, 또는 많은 물이 흘러내려오는 새물찬스, 수위가 올라 육상식물이 잠긴 시기에 매우 강력한 루어로 통한다. 톱워터를 운용하는 것처럼 넓은 지역을 빠르게 서치베이트 개념으로 운용하는 것이 좋으며 환경에 따라 리트리브 속도를 가감해준다.

싱킹 타입의 경우 표층보다는 중층 및 바닥을 노리는 경우가 많은데 가장 좋은 방법은 수류에 그냥 맡겨서 유영시키는 것이다. 주로 유속이 있

S자 · I자 용어의 유래
일본 이마에 카츠타카가 처음 사용

S자와 I자라는 뜻은 일본의 루어업체 이마카츠사의 CEO 이마에 카츠타카 씨가 만들어낸 개념이라고 볼 수 있다. 이전에는 빅베이트의 대부분이 크게 S자 액션을 그리면서 오는 것을 보고 '빅베이트는 S자 액션'이라는 인식이 있었으나 최근에는 다관절 루어의 크기가 커지고 하이브리드 액션이 나오는 등 빅베이트의 종류가 매우 다양해졌다. 수많은 빅베이트들이 쏟아지는 요즘, 액션은 적용해볼만한 기준이다.

일본에서는 빅베이트뿐만 아니라 다른 루어도 크기 구분 없이 관절의 유무, 액션의 형태로 S자형과 I자형으로 구분하고 있다. 미국에서는 S자, I자라기보다는 미끄러진다는 뜻인 'glide'라는 표현을 써서 글라이드베이트라고 부른다.

기존 스푼과 크기와 무게에서 차별화된 빅스푼.

일본에서 고바야시 프로가 개발해 히트한 장어리그.
12인치 대형 스트레이트웜을 사용했다.

는 강계나 수로, 새물 찬스에 활용하면 좋다. 자체 무게로 부드럽게 가라앉게 되면 다관절 루어의 경우 수류에 의해 자연스럽게 움직이게 되는데 이러한 액션이 입질을 유도하게 된다. 상황에 따라 웨이트를 가감하기도 한다.

S자 빅베이트가 넓은 지역을 빠르게 탐색하는 루어라면 I자 빅베이트는 핀포인트 공략이 장점인 루어다. I자 빅베이트를 효과적으로 사용하려면 턴(turn) 액션을 일으켜야 한다. 빅베이트에 어느 정도 관심이 있어 따라오거나 이를 지켜보는 배스에게 입질을 유도하면서 일종의 스위치를 넣는 효과가 있다. 이 턴 액션은 필자가 애용하는 테크닉으로서 그 동안 토너먼트에서 많은 배스를 낚으며 효과를 검증했다.

핵심 테크닉 턴(turn)〜!

턴 액션을 활용해 핀포인트를 공략하려 한다면 I자 하드 빅베이트를 쓴다. 대부분 슬로우싱킹이거나 립이 달린 서스펜딩 타입인데 수몰나무, 수중 스트럭처, 물속 암반 등 공략하고자 하는 핀포인트를 정한 후 롱캐스

팅하여 공략 지점까지 끌어온 뒤 잠시 스테이시키고 그 지점에서 루어를 인위적으로 과하게 '턴'시키는 방법이 가장 좋다. 철저히 스트럭처라는 핀포인트에 의존하여 운용하는 것이 조과를 높이는 방법이다. 더불어 한 자리에서 서스펜딩 상태로 오래 액션을 보여주는 루어도 효과가 있으니 활용해 보기를.

I자 소프트 빅베이트는 대부분 싱킹이거나 슬로우싱킹 타입이다. 턴 액션보다는 테일의 고유한 액션을 활용하며 운용방법은 S자 소프트 빅베이트와 비슷하다.

빅베이트 중 물고기와 사실적으로 만든 루어는 무관절 또는 관절이 하나인 소프트베이트가 주를 이룬다. 얼핏 보면 물고기라고 착각이 들 정도로 잘 만들었다. 이러한 루어는 대부분 유유히 유영하는 물고기 모습을 흉내 내도록 만들었다. 그렇기에 별다른 액션을 주기보다는 물고기 고유의 유영 모습이 나오도록 하면 된다. 하드베이트와 비교할 때 역동적으로 움직이지는 않는다. 미국의 허들스톤(Huddlestone)사의 루어들처럼 꼬리 부분만 무겁게 하여 꼬리지느러미가 자연스레 움직이도록 만들었다. 사실적인 모양이나 꼬리의 액션보다는 특유의 무게감으로 물을 가르는 파장 등이 호기심과 입질을 유도한다.

웜·메탈 빅베이트의 운용

대형 스트레이트웜 역시 생물의 자연스러운 움직임을 연출할 수 있도록 한다. 이 루어는 물속에 살고 있는 민물장어나 대형 지렁이처럼 구불거리는 액션이 특징이다. 특유의 움직임과 길이, 큰 실루엣으로 인해 작은 배스들은 잘 덤비지 않는다.

대형 웜은 일본의 토너먼트에서 진가를 발휘하고 있다. 일본의 JB TOP 50 토너먼트에선 이마에 프로가 12인치 웜을 이용해 4kg에 육박하는 빅배스를 잡아냈으며 고바야시 프로도 12인치 스트레이트웜을 이용하여 빅배스를 연거푸 잡아내는 등 빅베이트로서의 위력이 드러나고 있다. 고바야시 프로는 이 12인치 스트레이트웜을 이용해 장어리그(우나기그, ウナギリグ)라는 새로운 채비를 개발해 빅배스 헌터로서의 면모를

조인트 미노우와는 태생부터 다른 루어

빅베이트와 비슷하게 생긴 루어로 조인트 미노우가 있다. 관절로 이루어져 있어 비슷하게 보이지만 빅베이트와 조인트 미노우와는 태생적으로 다르다. 조인트 미노우는 미노우를 기반으로 다관절을 만들어 중층을 노리는 루어로 미노우의 DNA인 립을 가지고 있는 것이 특징이다. 하지만 S자와 I자의 빅베이트는 빅베이트를 기반으로 만들었으며 기본적으로 중층이 아닌 표층, 또는 표층과 매우 가까운 수면을 미끄러지듯 움직이게 만든 루어다. 두 루어는 태생부터 공략 수심, 공략 대상, 액션 등 모든 것이 다른 루어다.

빅베이트를 사용해 입질을 받아낸 낚시인.

하이 테크닉
턴 액션의 실제

턴 액션은 일종의 스위치를 넣는 행동이다. 호기심을 가지며 졸졸 따라오는 빅배스에게 물수 있는 찬스를 주는 것이다. 일상적인 낚시에서도 요긴하게 사용할 수 있다. 일반적으로 I자 빅베이트를 감아 들이다 보면 눈에 띄는 포인트들이 있다. 물속 바위나 고사목, 브러시, 오버행, 또는 물이 와류를 이루는 백워터 지역 등 핀 포인트라 불릴 만한 곳들이 있는데 이런 곳에서 턴 액션을 준다.

물속으로 어렴풋이 보이는 바위가 하나 있는데 그곳을 공략한다고 가정해보자. 빅베이트를 바위를 넘겨 착수시킨 후 천천히 감아 들이면, I자 빅베이트는 어슬렁거리며 그 바위 옆을 지나가게 된다. 바위에 은신하던 배스가 빅베이트를 바로 공격하는 경우도 있지만 대부분 빅베이트에 이끌려 그냥 따라만 나오는 경우가 많다.

이때 따라오는 배스를 보고 잠시 빅베이트를 멈춘 후 로드를 아래 또는 위로 트위칭하듯 툭 쳐주면 빙글 돌면서 턴 액션이 나오게 된다. 이때 중요한 건 라인의 적절한 텐션이다. 너무 텐션이 강하게 걸릴 경우에는 밸런스가 깨지기도 하고 너무 느슨하면 돌지 않는다. 또한 턴 액션을 취하기 전 빅베이트의 밸런스가 유지되어야 하고 안정되어야 한다. 루어 머리 부분이 낚시인의 왼쪽이나 오른쪽에 위치해야 한다. 즉, 머리 부분이 낚시인 쪽을 보고 있으면 안되고 살짝 왼쪽, 오른쪽에 치우쳤을 때 액션을 주면 빙글 돌아간다.

한편 턴 액션 외 한자리에서 서스펜딩 상태로 있으면서 오래 눈에 띄게 하고 과도한 테일 액션으로 호기심을 자극하는 루어와 기법도 많이 애용되고 있다.

과시하고 있다. 우리나라에서도 10인치가 넘는 웜이 배스토너먼트에서 위닝루어가 되어 화제가 되는 등 갈수록 대형 소프트베이트의 인기가 높아지고 있다.

메탈 빅베이트인 빅스푼은 휘어져 있는 특유의 루어 형태가 물의 저항을 만나 매우 격렬하고 돌발적인 액션이 나오는 게 특징이다. 운용 방법은 리트리브 또는 버티컬 지깅(Vertical jigging)이다. 운용술이 복잡하지 않다. 감거나 폴링만 시켜도 자동으로 리액션이 나온다. 특히 가을철 대형호수

의 경우 물 중앙이나 구조물 주변에 서스펜딩 상태에 있거나 스쿨링되어 있는 배스가 있는데 이러한 배스에게 빅스푼을 사용하면 프리폴링에서 나오는 돌발 액션에 의한 빛 반사와 볼륨감으로 인해 리액션바이트가 들어온다.

가을이 적기, 잘 먹히는 곳은?

빅베이트는 사시사철 위력적인 루어이나 특히 가을에 잘 먹힌다. 9월 하순부터 11월 초순은 배스의 활성도가 높은데, 잔뜩 올라가있던 수온이 적절히 내려가게 되면 배스의 신진대사가 원활해지면서 먹이활동이 왕성해진다. 수면에서는 산발적이고 강력한 피딩이 이어지는데 빅배스 헌터라면 이런 시기에 빅베이트를 사용할 것을 권한다.

대형호수의 경우 장마나 태풍에 의해 물에 잠긴 육초들이 아직까지 남아 있는 경우가 많다. 이러한 곳을 빅베이트로 공략하면 의외의 조과를 거둘 수 있다. 다만 육초가 완전히 썩어가는 순간에는 조과가 좋지 않다.

물에 잠긴 지 오래 되지 않거나 시간이 많이 지나 이파리가 다 삭아 없어진 곳은 빅베이트를 사용해볼 만하다. 먹이를 찾거나 은신하기 위해 육초 속으로 들어온 배스의 호기심을 자극하는 데에는 자연스런 움직임이 특징인 I자 빅베이트를 사용해보길 권한다. 또한 직벽이나 구조물 같은 경우에는 웨이트를 추가하여 서스펜딩 상태로 튜닝한 빅베이트가 좋은 반응을 얻을 수 있다. 특별한 액션 없이 천천히 스테디 리트리브해도 따라오는 배스를 확인할 수 있다.

수심이 깊은 곳은 빅스푼을 프리폴링시킨 후 저킹 액션을 주는 것이 효과적이며 구조물 및 콧부리 주변에서 사용한다. 이때 밑걸림이 많이 생길 수 있으므로 트레블훅보다는 바다 지깅에 사용되는 외바늘 어시스트훅을 사용한다. 강계의 경우 유속을 고려하여 소프트 빅베이트를 천천히 자연스레 흘려주면서 낚시한다. 저수지의 경우 물속 수초 위를 I자 하드 빅베이트를 사용해 스테이와 느린 리트리브를 적절히 섞어가며 운용한다. 물론 스트럭처가 있다면 반드시 턴 또는 서스펜딩 상태로 오래 보여주는 액션을 병행해보길 권한다. 새물이 흘러나오는 스팟이나 양수장의 후미진 곳에서는 10인치 이상의 대형 스트레이트웜을 이용해 조용하고 느리게 폴링시킨다.

수몰 육초를 빅베이트로 공략해 배스를 낚았다.

수면의 빅베이트. I자 소프트 빅베이트로서 사실적인 외관과 생물 고유의 파동으로 입질을 유도한다.

버티컬부터 캐스팅까지
HOW TO METAL JIG

금속을 물고기 형태로 만든 메탈지그는 오래전부터 사용한 고전 루어다. 루어의 원조라 불리는 스푼조차도 메탈지그의 하나로 분류할 정도로 역사가 오래되었지만 그 위력은 지금까지도 사용될 정도로 강력하다.

루어는 다양한 기능으로 배스를 유혹한다. 호기심을 불러일으키게 하거나 공격성이나 반발성을 유발해 잡아내는 등 여러 가지 기능이 있다. 메탈지그는 물고기를 닮은 형태가 먹잇감으로 인식시키게 만들고 운용방법에 따라서 호기심, 공격성, 반사적인 행동을 불러일으키는 등 여러 기능을 갖추고 있는 루어라 볼 수 있다.

메탈지그의 운용법은 크게 두 가지로 나눌 수 있다. 수직으로 떨어뜨리는 방법인 수직액션과 수평으로 끌어오는 방법인 수평액션이다. 수직액션은 보트나 벨리보트, 카약에서 쉽게 사용할 수 있으며 이런 낚시방법을 버티컬 지깅이라고 부른다.

수평액션은 캐스팅이 수반되어야 한다. 멀리 캐스팅해 천천히 또는 빠른 속도로 릴링해 감아 들이는 방법으로 워킹낚시에서 많이 활용한다.

스쿨링된 무리를 직공

겨울에 메탈지그가 주목 받는 이유는 배스의 스쿨링(schooling) 때문이다. 스쿨링이란 동종 또는 다른 종의 물고기들이 뭉쳐있거나 함께 무리 지어 다니는 것을 뜻한다. 수직액션이 뛰어난 메탈지그는 스쿨링을 공략하기 적합한 루어다.

사계절이 뚜렷한 우리나라 수계에서는 주로 겨울에 이루어진다고 알려져 있다. 하지만 수십 년 동안 매년 스쿨링을 경험해본 결과, 나의 의견은 다르다. 안동호, 대청호, 합천호 등 대형호를 기준으로 스쿨링은 언제쯤 이뤄지는지 살펴보았다. 그해 그해 수온, 수위 등의 자연환경에 따라 조금씩 차이가 나긴 하지만 평균적으로 보았을 때, 9월 말부터 물속은 스쿨링이 이루어진다고 보고 있다.

대부분의 낚시인들은 겨울 스쿨링을 얘기할 때 12월부터 시작해 수온이 가장 떨어지는 2월 사이에 주로 이뤄진다고 알고 있지만 실상은 생각보다 빠르게 이루어지고 빠르게 흩어졌다. 9월 말부터 시작된 스쿨링은 가을과 겨울을 거쳐 1월 즈음이면 거의 사라지게 되는데 가장 스쿨링이 강하게 느껴지는 시기가 바로 11월부터 12월까지이다. 11~12월이 가장 스쿨링이 강하게 일어나는 시기이며 다르게 해석한다면, 가장 메탈지그를 운용하기 좋은 시기라 할 수 있다.

수직액션
폴링과 릴링의 반복

메탈지그의 수직적인 움직임을 가장 극대화할 수 있는 액션이 폴링이다. 번쩍거리면서 팔락팔락 떨어지는 폴링 액션이야 말로 물속에 스쿨링되어 있는 배스들을 제대로 유혹할 수 있다. 하지만 머리 위로 떨어지는 루어를 보지 못한 배스도 있을 것이다. 이런 녀석들에게 다시 메탈지그의 존재감을 어필할 수 있는 방법이 릴링이다.

폴링과 릴링을 통해 루어를 반복적으로 노출시킬 수 있고 입질을 유도할 수 있다. 자연스레 한 번 떨어뜨린 후 바닥을 찍게 한 뒤 다시 천천히 감아 배스 무리 위를 지나쳐 오게 한 뒤 또다시 떨어뜨리는 방법이다.

이때 대부분 바닥을 찍은 뒤 메탈지그를 폴짝폴짝 뛰게 하는 호핑 액션을 주는 경우가 많은데 그리 효과적인 방법은 아니다. 호핑 액션보다는 바닥을 찍은 다음 천천히 감아 올리는 게 좋다. 위쪽으로 올라가는 메탈지그를 의식하여 따라 올라오는 배스가 꽤 많다는 사실을 명심해야 한다. 메탈지그를 따라 올라가는 배스는 스쿨링 무리 중에서도 활성도가 높은 녀석이기 때문에 입질로 이어지거나 재차 떨어지는 루어에 반응하는 경우가 많다. 그러므로 수직액션에서 가장 먼저 사용해볼 액션은 폴링앤릴링이다. 이것만으로도 스쿨링 속에서 활성도 높은 배스를 빠른 시간 내 찾아낼 수 있다.

작은 호핑, 큰 호핑, 저킹

폴링앤릴링으로 운용했는데 반응이 약하다 싶으면 그 뒤로는 호핑과 저킹 액션을 섞어준다. 말 그대로 자극을 주기 시작하는 것이다. 바닥에 떨어진 메탈지그를 로드워크를 이용하여 컨트롤하는 것으로, 바닥을 폴짝폴짝 뛰듯 호핑 액션을 주면 그 자극적인 움직임으로 인해 반사적인 입질을 하는 경우가 많다. 이때 스쿨링이 바닥에 가깝게 형성되어 있는 경우라면 작은 폭의 호핑 액션만으로도 효과를 볼 수 있지만 스쿨링이 바닥과 1m 넘게 형성되어 있는 상태라면 크게 저킹 액션을 주는 것도 좋다.

스테이

사실 이 기법은 워킹낚시에서는 사용하기 힘들고 보트나 벨리보트 등의 보팅에서 주로 사용할 있는 기법이다. 특히 프로 선수들이 잘 사용하는 방법으로 폴링으로 원하는 포인트에 떨어뜨린 후 살짝 들어 띄운 뒤 그

메탈지그.
무겁고 멀리 날아가 깊은 수심의
스쿨링존을 노려야 하는
겨울에 많이 사용하는 루어다.

싱글훅으로 교체한 메탈지그.
트레블훅보다 밑걸림이 적어 워킹낚시에서 사용하기 좋다.

냥 내버려 두는 것이다. 살짝살짝 움직이기도 하지만 한군데 오래 두는 게 핵심이며 이때 메탈지그는 틴셀이 달려 있거나 보디 표면이 화려한 홀로그램으로 이뤄진 것이 조금이나마 유리하다. 메탈지그 주변에 배스들이 회유하고 있다고 생각될 때 사용되는 기법으로 어군탐지기가 있다면 위력은 배가된다.

수평액션

몇 해 전만 해도 배스용 메탈지그라고 하면 대부분 수직액션이 전부인 줄 알았지만 지금은 다르다. 쇼어 지깅(Shore jigging, 해안가가 육지 연안에서 하는 지깅)으로 거칠고 얕은 수심의 갯바위에 있는 록피시를 낚을 수 있듯 배스낚시에서도 메탈지그를 캐스팅해 입질을 유도하는 방법을 많이 사용하고 있다. 배스피싱 얼리어댑터들이 개척한 장르로 겨울이 되면 많은 배스 앵글러들이 활용하고 있다. 수평액션은 철저하게 배스의 호기심과 반사적인 행동을 유도해낼 수 있도록 공격적으로 운용하는 게 특징이다.

장타

수평액션의 장점은 먼 거리의 배스를 그대로 공략할 수 있다는 것이다. 수직액션은 보통 10~30g의 메탈지그를 사용하지만 캐스팅을 해야 하는 수평액션에선 20~40g 등 비교적 무거운 루어를 사용하는 경우가 많다. 그 이유는 바로 멀리 날릴 수 있기 때문이다.

메탈지그는 스피너베이트처럼 바람의 저항을 받는 부속물이 거의 없어 원투성이 뛰어나다. 거기에 무게까지 30g에 육박하면 그야말로 총알처럼 날아가는 경우가 많다. 평균 비거리가 50m를 상회하게 된다. 이렇다면 정상적으로 운용하는 거리보다 훨씬 멀리 날아가게 되어 평소 닿지 못했던 먼 거리에 도달하게 되고 사람이 인지하지 못한 배스가 루어에 쉽게 반응하는 경우가 많다.

하지만 무거운 루어를 사용하게 되면 필연적으로 따라오는 것이 바로 밑걸림이다. 이러한 밑걸림을 조금이나마 줄이기 위해서는 트레블훅 대신 싱글훅으로 교체하는 것이 좋다.

연속적으로 강한 호핑

싱글훅이 달린 메탈지그를 원투로 캐스팅하여 원하는 곳에 떨어뜨렸다면 이제는 액션을 줄 차례. 이때 한손을 이용한 어설프고 약한 호핑 액션보다는 두 손을 이용하여 강력한 호핑 액션을 준다. 바닥에 있던 메탈지그는 강력한 호핑 액션으로 위로 솟구치다 다시 떨어지고 다시 솟구치다가 떨어지는 액션을 반복하게 되는데 이때 이것을 본 활성도 높은 배스가 대부분 솟구치는 액션이나 떨어지는 액션에 강렬하게 반응하는 경우가 많다.

프리리그나 텍사스리그 같은 웜리그의 액션과는 다르게 좀 더 힘을 주어 절도 있는 액션이 필요하며 좁은 곳에 오랫동안 액션을 주는 것보다는 넓은 지역을 빠르게 탐색해야 한다. 활성도 있는 배스를 찾는다는 개념

으로 운용하면 좋을 것이다.

단순 중층 릴링

메탈지그가 가진 또 다른 장점은 릴링에 의한 불규칙한 움직임이다. 멀리 캐스팅한 후 아무런 로드워크를 하지 않은 채 단순 릴링만 하는 것으로 입질을 받을 수 있다. 메탈지그가 갖고 있는 불규칙적인 동작이 배스에게 호기심을 유발해 공격하게끔 만드는 것이다. 특히 1자형으로 단순하게 생긴 메탈지그보다는 스푼처럼 약간 구부러져 있거나 휘어진 메탈지그가 무조건 유리하다.

포인트
폭이 좁은 수로

폭이 좁은 수로는 사시사철 좋은 포인트가 된다. 얼지만 않는다면 12월에 가장 유리하게 낚시를 할 수 있는 최고의 포인트이다. 겨울철 저수온기에서 배스는 스쿨링하거나 겨울을 나기 유리한 지형으로 몰린다. 폭이 좁은 수로는 그러한 곳을 육안으로도 쉽게 찾을 수 있다. 교각 부근, 폐자재가 쌓여 있는 곳, 물 흐름이 좋거나 깊은 지역은 좋은 포인트가 된다. 폭이 좁은 수로는 수평액션을 추천하고 싶다. 호핑 액션도 좋지만 밑걸림이 많은 곳이 있으므로 스푼류를 이용하여 천천히 릴링하는 것도 좋은 방법이다.

콧부리와 능선 주변

콧부리와 능선은 배스가 좋아하는 물속 지형이다. 12월에는 수심이 약간 깊은 콧부리에 주로 몰려있는 경우가 많다. 그 콧부리 주변에 수초나 수중관목이 있다면 최고의 포인트가 된다.

큰 저수지나 호수는 물 흐름이 있거나 믈 흐름이 많은 곳에 인접한 콧부리가 최고의 포인트가 된다. 능선은 완만하게 뻗어나가 햇빛을 많이 받는 지역을 노린다. 피딩타임이나 일조량이 가장 많은 시간대에 찾을 것을 추천한다.

수평액션으로 공략하되 호핑 액션을 중심으로 운용하는 것이 좋다. 보통 밑걸림이 많이 발생하므로 바늘은 싱글훅 하나만 달아 운용하는 것이 좋다. 라인은 카본 20lb 이상, 로드는 H 파워 이상의 로드를 사용하는 것이 어느 정도 밑걸림에서 자유로울 수 있다.

깊은 수심

물속 깊은 곳에서 주로 활동하는 베이트피시만 활발히 따라다니며 취식하는 배스를 잡기 위한 포인트다. 물속 깊은 곳에서 주로 움직이는 빙어를 필두로 한 냉수어종을 주 먹잇감으로 삼는 배스를 잡는 방법으로, 보통 7~10m 수심을 노린다.

워킹낚시는 급경사가 있는 직벽, 저수지 제방의 끝, 무넘기 구간이 이에 해당된다. 보트낚시는 물속 드롭이나 채널 같은 지역을 꼽을 수 있다. 깊은 수심은 수직액션으로 공략한다. 자연스러운 폴링에 이은 릴링, 그리고 짧은 호핑 등으로 스쿨링된 배스를 잡아낸다.

기초강좌
스피닝릴 캐스팅 · 베이트릴 캐스팅 · 릴 스풀 매는 법 · 하드베이트 액션 · 백래시 푸는 법

스피닝릴
오버헤드
캐스팅

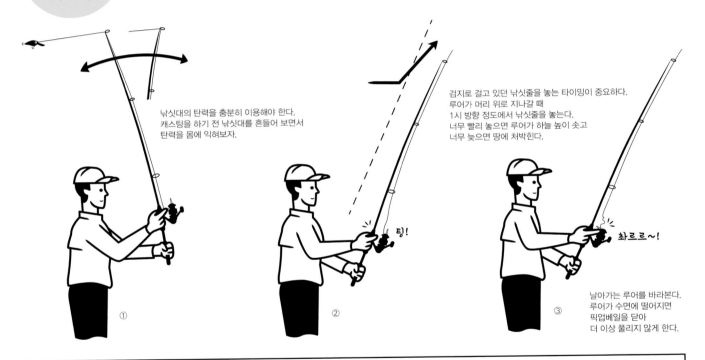

낚싯대의 탄력을 충분히 이용해야 한다.
캐스팅을 하기 전 낚싯대를 흔들어 보면서
탄력을 몸에 익혀보자.

검지로 걸고 있던 낚싯줄을 놓는 타이밍이 중요하다.
루어가 머리 위로 지나갈 때
1시 방향 정도에서 낚싯줄을 놓는다.
너무 빨리 놓으면 루어가 하늘 높이 솟고
너무 늦으면 땅에 처박힌다.

팅!

좌르르~!

①

②

③

날아가는 루어를 바라본다.
루어가 수면에 떨어지면
픽업베일을 닫아
더 이상 풀리지 않게 한다.

릴 스풀 묶음법

1 원줄 끝을 스풀에 한 번 감는다.

2 헛돌 수 있으므로 두 번 감고 시작해도 좋다.

3 그림과 같이 끄트머리를 고리 속으로 넣어
3~4회 감아준다.

4 다시 끄트머리를 그림과 같이 빼내고 조인다.

4 자투리를 자르면 완성.

베이트릴
오버헤드
캐스팅

어깨 넓이 정도로 발을 벌리고
왼발(오른손잡이의 경우)을 조금 앞으로 내민다.

① 발과 발 사이는 어깨 넓이만큼

시선은 45도 각도

왼손은
손잡이대를 받쳐 든다.

②

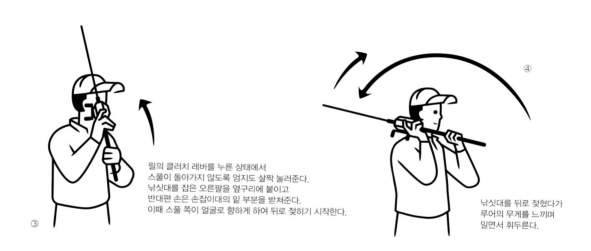

릴의 클러치 레버를 누른 상태에서
스풀이 돌아가지 않도록 엄지도 살짝 눌러준다.
낚싯대를 잡은 오른팔을 옆구리에 붙이고
반대편 손은 손잡이대의 밑 부분을 받쳐준다.
이때 스풀 쪽이 얼굴로 향하게 하여 뒤로 젖히기 시작한다.

③

④

낚싯대를 뒤로 젖혔다가
루어의 무게를 느끼며
밀면서 휘두른다.

12시

엄지를 뗀다.

12시 방향에서 스풀을 잡고 있는
엄지를 떼면서 스풀을 놓아준다.
너무 늦게 엄지를 떼면
루어가 수면에 직선으로 날아가 꽂힌다.

⑤

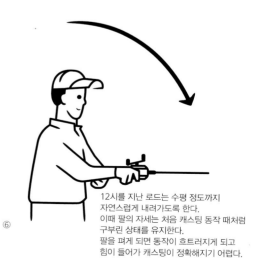

12시를 지난 로드는 수평 정도까지
자연스럽게 내려가도록 한다.
이때 팔의 자세는 처음 캐스팅 동작 때처럼
구부린 상태를 유지한다.
팔을 펴게 되면 동작이 흐트러지게 되고
힘이 들어가 캐스팅이 정확해지기 어렵다.

⑥

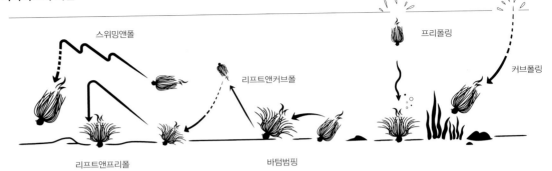

하드베이트 액션

러버지그의 액션

스위밍앤폴

프리폴링

커브폴링

리프트앤커브폴

리프트앤프리폴

바텀범핑

저크베이트 트위칭

움직임 폭이나 강도는
그날 물고기의 활성도 등을 체크해 맞춘다.

낚싯줄을 감으면서 로드를 살짝 움직여준다.

낚싯줄에 손을 대지 않는 방법
백래시 푸는 법 ❶

1 스풀 위로 엉켜 늘어진 낚싯줄을 엄지손가락으로 스풀에 닿지 않게 살짝 누른 상태에서 핸들을 두 바퀴 돌린다. 이렇게 하면 엉킨 낚싯줄 밑에 있는 속줄부터 겉줄까지 감기게 된다.

2 메커니컬 브레이크를 조여준다. 메커니컬 브레이크를 조여 주는 이유는 다음 동작에서 레벨와인더를 빠져나가는 낚싯줄보다 스풀이 먼저 돌지 않도록 하기 위해서다.

3 클러치를 누른 상태에서 스풀에 손이 닿지 않도록 주의하면서 레벨와인더에서 낚싯대 팁 쪽으로 낚싯줄을 빼낸다. 이때 스풀이 역회전하면 메커니컬 브레이크를 더 조여준다.

4 낚싯줄이 빠져나오다가 걸리면 낚싯줄이 풀릴 때까지 1~3 동작을 반복한다.

5 낚싯줄이 걸림 없이 다 풀리면 낚싯줄을 잡고 팽팽한 상태로 핸들을 돌려 감아 들인다.

립리스 크랭크베이트(바이브레이션)의 액션

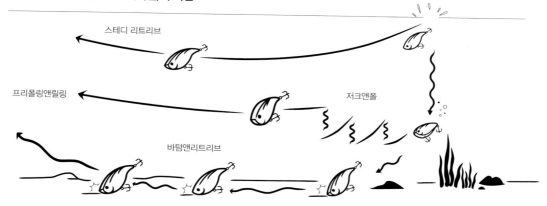

스테디 리트리브

프리폴링앤릴링

저크앤폴

바텀앤리트리브

크랭크베이트의 바텀범핑

툭!

툭!

툭!

립을 바닥에 부딪치게 하면서 지나오게 한다.

낚싯줄에 손을 대는 방법
백래시 푸는 법 ❷

1 메커니컬 브레이크를 조여 놓은 상태에서 스타드랙을 완전히 조인다.

2 엄지손가락으로 밀어내듯이 엉킨 낚싯줄을 스풀에 밀착시킨다.

3 핸들을 5~6회 돌린다.

4 레벨와인더에서 낚싯대 끝 쪽으로 낚싯줄을 빼낸 뒤 '백래시 푸는 법 ❶'
으로 낚싯줄을 풀어낸다.

※ '백래시 푸는 법 ❶'을 먼저 해본 뒤 그래도 백래시가 풀리지 않으면 '백래
시 푸는 법 ❷'를 시도한다.

저크베이트의 저킹앤스테이

저킹 방법은 낚싯줄을 감지 않고
로드만 잡아채면서 루어에 액션을 준다.
로드를 원위치시키는 것과 동시에 릴링을 한다.
중간 중간 멈추어 주는 스테이 액션을 준다.
입질은 스테이 동작에서 들어온다.

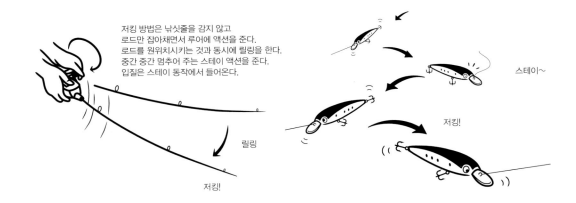

릴링

저킹!

스테이~

저킹!

스피너베이트의 액션

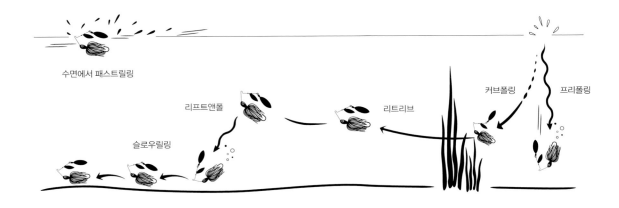

수면에서 패스트릴링

리프트앤폴

슬로우릴링

리트리브

커브폴링

프리폴링

스틱베이트의 워킹더독 액션

낚싯줄을 당기다가 여유를 주면
좌나 우로 미끄러지듯 움직인다.

낚싯줄을 다시 당기면
역방향으로 움직이기 시작하고
순간적으로 여윳줄을 주면
관성에 의해 머리가 다시 움직이는데
이를 반복한다.

수면에 물보라를 일으키며 질주하는 버즈베이트.

PART **5**
시즈널 패턴

1월
회유하는 녀석과 붙박이, 둘 다 잡아보자

살아있는 생물을 가지고 이렇다 저렇다 분류하는 것은 약간 도발적일 수 있겠다. 나는 우리나라 배스에 대해 크게 두 가지 습성을 가지는 것으로 파악하고 있다. 하나는 회유성, 또 하나는 붙박이라는 것이다. 이러한 가설을 토대로 하여 회유성 배스와 붙박이 배스를 이해하는 시간, 겨울에 조금이나마 나은 조황을 올리기 위해서는 어디로 출조하는 것이 좋을지 분석해보겠다.

한자리에서 계속해서 배스가 잡혀 나온다던지 입질 한 번 없던 곳에서 소나기 입질을 받은 경험이 한두 번은 있을 것이다. 우연의 일치라기에는 좀 이상하지 않은가? 그렇기에 몇 년 전부터 이러한 가설을 세워 이것 저것 분석하고 있지만 도통 입증하는 게 쉽지만은 않다. 계절마다 배스의 활성도가 제각기 다르고 잡혀 나온 환경, 사용한 루어가 제각각이기 때문이다.

겨울은 이러한 습성과 패턴을 파악하기에 참 좋은 계절이다. 봄, 여름, 가을은 배스의 활성도가 높아서 내 루어에 잡혀 나온 배스가 회유하는 배스인지 붙박이 배스인지 파악하기 힘들고 또 여러 루어에 대한 반응이 빠른 편이라 가설을 확정 짓기에는 여러 변수가 따르기 때문이다. 하지만 겨울이 되면 배스의 활성도가 뚝 떨어지고 반응하는 채비, 지역, 환경이 제한되기 때문에 이러한 가설을 가지고 낚시하기에 참 좋은 계절이다

회유 배스는 먹이를 쫓아다닌다

겨울에 낚시를 다니다 보면, 스쿨링 포인트를 찾아다니기 마련인데 이 스쿨링이란 것은 주로 유속이 있는 하천, 강계보다는 대부분 깊은 호수나 규모가 큰 저수지, 유속이 느린 대규모 강계에서 주로 볼 수 있다. 이

겨울철 급심 지역에서 끌어낸 배스. 수압 차로 인해 눈이 튀어나왔다.

렇게 스쿨링하여 무리 짓는 배스는 주로 깊은 수심에 있는 경우가 많으나 때로는 얕게, 때로는 중간수심에 걸쳐 있는 경우도 있다. 즉, 어떠한 정답이 없다는 것이다.

물속 수심 깊은 곳은 수온 변화가 크지 않다. 얕은 지역이 햇빛이나 바람에 의해 직접적 영향을 받아 수온이 오르내릴 때 깊은 수온은 크게 변함이 없다. 이러한 안정적인 수온은 여러 물고기들이 생활하는 데 좋은 여건을 마련해 주는데, 특히 대형호수나 간척지에서 배스의 주 먹이가 되는 빙어가 서식하기 아주 좋은 여건을 마련해준다.

이러한 빙어의 포지션에 따라 배스 역시 똑같이 무리지어 움직이는 경우가 대부분인데 이유는 단 한 가지. 가장 쉽게 먹이 섭취를 할 수 있기 때문이다. 빙어가 아니더라도 얕은 곳이나 중간수심에 주로 있는 작은 떡붕어 무리, 치리 무리들도 배스의 먹이가 주로 되는데 이러한 먹잇감의 이동에 따라 군집, 스쿨링을 이루어 움직이는 배스를 나는 회유성 배스라고 부른다.

이렇듯 회유하는 배스는 주로 큰 호수나 빙어가 서식하는 호수, 베이트 피시가 매우 많은 간척호 등에서 주로 많이 볼 수 있으며 경험상 비슷한 크기끼리 뭉쳐 다니는 경향을 보이는 것으로 판단된다. 먹잇감을 따라 다니는 만큼 계절의 영향을 많이 받지 않으며 사계절 어느 때도 볼 수 있고 루어에 활발히 반응을 하는 경향을 보이는 특징이 있다.

겨울낚시 중 나는 신기한 경험을 한 적이 있다. 목포 쪽의 금호호에 겨울 조행을 떠났을 때인데 연호수로에서 지역 앵글러들과 같이 낚시를 즐겼다. 수로변을 따라 10여 명이 줄줄이 서서 반대편으로 연신 채비를 날렸지만 아무도 배스를 낚지 못하고 있었다.

그런데 저녁 즈음에 가장 멀리 떨어져 있던 앵글러를 필두로 수로 안쪽에서부터 한 명씩 한 명씩 차례로 입질이 들어왔다. 한 마디로 폭풍입질이었다. 입질 한 번 없던 황무지 같던 곳에서 10여 명이 동시에 배스를 다 끌어내는 만화 같은 일이 벌어졌고 3연속, 4연속, 5연속 히트를 기록후 다시 입질은 거짓말 같이 사라진 적이 있었다. 수심이 깊고 스쿨링이 자주 일어나는 큰 호수에서는 이런 현상을 몇 번 목격했지만 수심이 얕은 지역에서는 처음 느껴보는 것이었다. 이 지역 앵글러들은 간간히 있는 일이라고 말했는데 수심이 깊지 않은 곳에서도 먹잇감을 따라 적극적으로 움직이는 회유성 배스의 존재를 더욱 믿게 되는 계기가 되었다.

회유 배스를 공략하는 방법

개인적인 판단으로는 군집을 이루며 회유하는 배스는 체력낭비가 심하지 않으면서도 효율적으로 먹이를 섭취하고 환경과 먹이에 따라 선호하

겨울 금호호 연호수로에서 배스를 낚은 필자.

는 특정수심이 있는 것으로 판단된다. 또 외관상 몸집이 비대하고 입은 상대적으로 작아 전형적으로 먹잇감을 잘 섭취한 배스의 모습을 띄는 것이 특징이다. 이러한 회유성 배스를 잡기 위해서는 낚시 장르별로 몇 가지 요령이 필요하다

① 보트낚시
어군탐지기가 필수장비다. 어군탐지기로 베이트피시 군집을 확인한 후 수직으로 내릴 수 있는 메탈지그, 다운샷리그 등을 이용해 먹잇감과 유사한 액션, 또는 베이트피시 군집에서 이탈된 개체를 흉내 내어 잡아낸다. 앨라배마리그가 이럴 때 매우 효과적인 루어로 각광받고 있다. 무거운 메탈지그나 앨라배마리그를 사용하기 위해서는 MH 이상의 로드가 유리하다. 겨울에는 PE라인이 얼어버리는 경우도 있기 때문에 20lb 이상의 카본라인을 추천한다.
보트에서 회유성 배스를 잡을 때 중요한 것은 보트의 포지션과 루어의 폴링각도다. 어군탐지기 화면에 보이는 베이트피시 군집의 움직임과 루어 폴링 속도와 수심을 적절히 고려해야 한다.

② 도보낚시
물고기가 주로 움직이는 길목을 노린다. 큰 호수의 경우 어군탐지기가 없기에 배스들이 주로 끼고 움직이는 콧부리나 물속 능선을 집중적으로 공략하고 피딩타임(겨울에는 주로 오후 4~5시)을 적극 공략한다. 무거운 텅스텐싱커를 매단 프리리그나 헤비 다운샷리그가 이 시기에 적당한 루어다. 콧부리나 물속 능선을 사선으로 공략할 때는 딥 크랭크베이트가 빠르면서도 효과적인 루어로서 회유하는 배스를 공략할 수 있는 키가 되기도 한다.

빙어와 빙어를 닮은 메탈지그.

간척호 가지수로를 찾은 낚시인들.

하수종말처리장에서 유입된 따뜻한 물이 흘러 나오고 있다.

전체적으로 보았을 때 규모가 작은 저수지나 호수의 경우 베이트피시가 주로 머물만한 지형, 수심이 깊은 샛수로 등이 배스를 잡기에 유리하다. 헤비 다운샷리그나 프리리그의 경우 허리가 튼튼하고 길이가 긴 로드가 유리하고 고기어비의 릴이 운용하기 편하다. 딥 크랭크베이트 경우 역시 길이가 긴 로드가 유리하나 릴 기어비는 낮은 것을 택한다.

은신에 특화된 녀석들, 붙박이

대부분의 배스가 여기에 속한다. 회유 배스와는 달리 멀리 움직이지 않으며 물이 완만하게 흐르는 곳의 바위, 나무, 인공구조물과 어울려 살아간다. 성체가 될 경우 단독생활을 많이 하는 이러한 붙박이 배스는 겨울이 되면 떨어지는 수온에 따라 활성도도 낮아지지만 본래 있던 곳 을 크게 벗어나지는 않는다. 즉 수 km를 옮겨 다닐 확률은 낮으며 수십, 수백 m 떨어진 곳의 깊은 물속으로 대부분 움직인다.

깊은 호수의 경우 얕은 곳에서 먹이를 취하고 여건이 좋지 않을 경우 깊은 지역에서 수직으로 오르락내리락 하는 경우가 많으며 얕은 지역에 사는 배스의 경우 그중에서 가장 깊은 지역, 또는 은신할만한 장애물에 기대어 움직인다. 즉, 회유 배스처럼 수평적인 움직임으로 먹잇감을 따라 왕성히 움직이지 않고 수심 차가 크지 않은 곳을 찾아 수직적으로 움직이거나 은신하는 것이다.

추운 겨울이 되면 이런 붙박이 배스를 그나마 쉽게 만날 수 있는 곳은 크고 수심이 깊은 호수보다는 수심이 얕고 폭이 좁은 수로가 유리하다. 수면적이 넓은 호수나 저수지는 물속 깊은 곳의 수온의 변화 폭이 적어 안

정적이기에 이곳으로 배스는 이동한다. 이런 급심 포인트는 워킹낚시로는 공략할 수 없는, 사람의 손이 잘 닿지 않는 곳에 있다.

하지만 폭이 좁은 수로라면 상황이 달라진다. 수로의 전역이 앵글러 캐스팅 범위에 들어온다면 배스보다는 앵글러가 유리한 상황으로 바뀌게 된다. 좁은 범위에서의 배스들은 그곳에서 생존하기 위해 적응하여 은신하고 있는 경우가 대부분이다. 또한 하수종말처리장 같은 따뜻한 물이 나오는 곳은 많은 배스들이 신진대사를 높이고 은신하며 먹잇감을 섭취하기 좋은 곳이라 앵글러들이 선호하는 포인트가 된다.

붙박이 배스를 공략하는 방법
① 보트낚시
철저하게 장애물과 드롭 지형 등 배스가 머물만한 지역을 적극적으로 공략한다. 이럴 때는 장애물을 빠져나오면서 리액션바이트를 일으켜 저활성 배스들의 반사적 입질을 유도할 수 있는 스피너베이트, 스푼류가 유리하며 소프트베이트의 경우 언밸런스 프리리그가 좋은 대안이 된다. 매우 천천히 움직이는 데드워밍이나 매우 빨리 움직여 리액션바이트를 이끌어 내는 것이 중요하다. 하드베이트를 원활하게 조작하기 위해선 모데라토나 슬로우 액션을 가진 로드가 유리하고 저기어비의 릴이 루어를 운용하기 수월하다.

② 도보낚시
폭이 좁고 반대편 연안까지 공략할 수 있는 수로가 유리하다. 배스가 머무는 곳이 모두 낚시인의 범위 안에 들어오는 곳이어야만 좋은 조과를 누릴 수 있다. 또한 하수종말처리장 같이 따뜻한 물이 흘러나오는 곳, 오히려 더 추운 계곡지 등을 찾아 빠르게 자리를 잡고 먹잇감을 취하는 겨울 배스를 공략한다. 채비는 롱캐스팅이 가능한 스푼이나 립리스 크랭크베이트(바이브레이션)등이 유리하고 작은 크기로 물속에서 오랫동안 서스펜딩 상태에 있는 소형 미노우도 좋은 선택이 된다. 장비는 롱캐스팅이 필요하기에 7ft 내외의 긴 로드와 기어비가 높은 릴이 유리하다.

또 다른 선택, 계곡지 배스
촬영 관계로 겨울 배스를 찾아다닌 적이 있었다. 겨울철에 좀 더 낚시하기 수월한 폭이 좁은 수로, 강계 주변으로 낚시를 했으나 겨울치고는 매우 많은 비가 전날 내리는 바람에 유속이 많이 발생하여 배스를 한 마리도 잡지 못하는 상황이 벌어지고 말았다. 다급해진 나는 오히려 강계와 수로권을 버리고 숲속에 있는 계곡지로 포인트를 옮겨 한 포인트에서 10여 마리가 넘는 배스를 잡은 기억이 있다.

분명히 겨울에는 폭이 좁고 수심이 얕은 수로나 강계가 훨씬 배스를 낚기 유리하지만 기대하던 조황이 이어지지 않을 경우 고집할 필요는 없다. 앞에서 설명했듯 출조권으로 두지 않았던 계곡지에서 뜻하지 않은 조황을 만날 수도 있다. 계곡지에서 왜 폭발조황이 이어졌을까 생각해보면 상대적으로 수로나 강계보다 계곡지가 더 낚시하기 유리한 환경이 조성됐기 때문으로 판단된다.

계곡지는 평지지보다 수온이 빨리 떨어지고 그곳에 있는 배스는 일찍부터 낮은 수온에 적응해 살고 있다. 즉, 다른 곳보다 먼저 수온이 떨어진 계곡지의 경우 얼지만 않는다면 오히려 더 차가워진 수온에 일찍 적응한 배스가 루어에 더 잘 반응할 수 있다는 것을 경험한 하루였다.

2월
스몰러버지그와 메탈베이트를 챙겨가자

지리과학 시간에 배운 대로 겨울이 되면 한반도는 시베리아 기단이 확장되면서 찬 공기의 영향을 받아 눈도 내리고 얼음도 어는 시기가 도래하지만 올해는 유난히 따뜻하다. 시베리아의 찬 공기는 일본 쪽으로 이동을 하고 중국 남부지역에 걸쳐 발달한 따뜻한 공기층이 시베리아 한기를 밀어내면서 차가운 공기의 남하를 막고 있다. 따뜻한 공기 탓에 초봄 같은 날씨가 유지되어 개나리는 때 이른 개화를 하고 있는 실정이다. 또한 엘니뇨 현상이 강하여 상당히 따뜻한 겨울로 반복되고 있다.

물속 역시 이러한 기후에 영향을 받지 않을 수 없다. 평년 대비 늘어난 일조량과 온화한 기후는 배스의 움직임을 재촉하고 신진대사에도 영향을 미치게 되는데, 얼지 않은 지역에서는 본 시즌처럼 활발히 배스낚시가 이루어지고 있다.

스쿨링이 절정을 이루다 흩어진다
통상 10월부터 1월 즈음, 수온이 급격히 내려가는 시기가 되면 물고기는 집단으로 수온 변화가 적은, 안정적인 지역에서 무리를 이루게 되는 것을 스쿨링이라고 한다. 이러한 스쿨링은 절정을 이루다 흩어지는 소강상태를 맞이하게 된다. 2월은 가장 수온이 낮은 시기로서 심층 수온과 표층 수온이 큰 차이가 없어지게 된다.

배스 입장에선 깊은 수심에만 머물 이유가 사라진다. 또한 그들의 먹잇감이 되는 작은 물고기와 미소 생물체는 점점 늘어나는 일조량에 적응하여 활성도를 띄게 되기 때문에 더 이상 물속 깊은 곳에서 머물지 않는다. 이러한 현상은 수심이 얕은 강계나 저수지에서 더욱 빠르게 일어나는 특징이 있다.

스쿨링이 소강상태를 맞게 되면 이때 움직이는 배스는 크게 세 가지로 나누어 살펴볼 수 있다. 이른 산란을 대비하여 움직이는 개체, 전 지역의 수온이 비슷해져 먹잇감의 이동에 따라 움직이는 개체, 차가운 수온에 완전히 적응하여 움직이는 개체다.

물론 예외는 있다. 주로 큰 강이나 큰 호수의 작은 치리 치어 무리나 빙어 무리를 쫓는 개체가 그렇다. 이 녀석들은 수온이나 환경변화보다는 안정적으로 먹이섭취를 할 수 있는 수심과 수온을 선호하여 2월이 되더라도 스쿨링을 유지하면서 먹잇감을 따라가기도 한다. 하지만 이것은 극히 예외적인 현상이라 할 수 있다.

빅배스가 움직인다
나에게 가장 큰 배스를 낚을 수 있는 시기를 꼽으라면 봄의 경우 남쪽지방은 2~3월, 중부지방은 3~4월, 그리고 가을의 경우 11월이다. 2월은

겨울의 끝자락이라고 생각하는 앵글러들이 대부분이지만 생물이 번식시기를 측정하는 본능은 매우 정확하다. 50cm를 훌쩍 넘겨 60cm가 넘어가는 배스는 2월에 움직인다는 것이 오랜 경험을 통해 확인한 사실이다. 빅배스는 다른 작은 배스보다 더 많은 양의 알을 낳는다. 체적 자체가 크기 때문이다. 이러한 큰 체적에 담겨진 큰 난소를 숙성시키기 위해서는 일조량이 필수다. 작은 배스보다 더 많은 일조량이 필요하고 더 오랜 기간의 숙성이 필요하기에 큰 배스가 먼저 움직이는 것이다. 빅배스는 동지 이후로 점점 늘어나는 일조량을 정확하게 알고 있다. 이러한 일조량의 변화는 호르몬 변화를 일으키고 본능에 따라 뱃속에 난소를 숙성시키기 시작한다. 이것은 생명체가 행하는 의식 중에 가장 중요한 의식이다.

위닝 루어1_스몰러버지그
스몰러버지그는 사시사철 사용하는 루어다. 하지만 겨울에 그 진가를 발휘하는데 특히 느린 폴링에서 나오는 자연스런 액션은 산란을 준비하는 배스에게는 영양가 높은 물속 생명체로 비쳐진다. 아직 저활성도에 있는

스몰러버지그(위)와 스푼

겨울철 다리 위에서 메탈베이트로 배스를 낚은 낚시인. 동료 낚시인이 대신 랜딩을 해주고 있다.

수면에 떠오른 빙어 사체. 빙어는 2월에 배스가 쫓는 주 먹이 중 하나다.

배스에게는 부담 없는 한입거리의 먹이로 보이는 것이다. 스몰러버지그는 전용 장비가 필요한데 주로 6lb 이하의 카본라인과 그것을 날릴 수 있는 스피닝릴 또는 베이트릴, 그리고 팁이 매우 섬세한 로드가 필요하다. 팁 부분을 튜블러 방식이 아닌 솔리드 방식을 채택한 로드는 까다로운 입질에도 대응할 수 있게 만들어 이물감 없이 훅셋까지 연결시키는 장점이 있다.

프리폴링과 호핑을 병행

스몰러버지그에서 가장 중요한 것이 바로 스커트다. 스커트의 재질이나 굵기에 따라 물속에서의 펼쳐짐, 폴링 속도 등을 조절할 수 있기 때문이다. 필자가 겨울철 추천하고자 하는 스커트는 플랫한 단면의 실리콘 스커트로 굵기는 0.4mm를 추천한다. 시중에는 이러한 실리콘 스커트만을 따로 판매하고 있으므로 직접 지그헤드와 스커트를 이용하여 타잉해보길 바란다.

효과적인 운용 방법은 크게 두 가지다. 첫 번째는 자연스러운 프리폴링, 두 번째는 아주 미세한 호핑이다. 프리폴링의 경우 자유낙하하면서 떨리는 미세한 스커트의 움직임이 장점으로 주로 인공 구조물이나 다리 기둥 쪽에 서스펜딩 상태에 있는 배스를 노리기에 적합하다. 별다른 액션은 필요 없으며 캐스팅 후 여유줄을 주어 스몰러버지그가 자유롭게 낙하하도록 내버려둔다.

호핑의 경우 프리폴링이 끝난 후에 행해지는 액션으로 스몰러버지그가 바닥에 내려앉은 후 가늘고 섬세한 로드의 팁을 이용해 잘게 호핑 액션을 주어 루어가 바닥을 콩콩거리며 기어오게 만든다. 이때 장애물에 걸릴 경우 강하게 쳐올려 빼낸 후 다시 프리폴링시키고 호핑을 병행한다. 즉, 프리폴링과 호핑을 별도로 행하는 것이 아니라 적절히 병행시키면서 운용하는 것이 효과적이다

스몰러버지그 운용 시 트레일러의 선택에 고민이 많은데 사용 목적에 따라 다르게 사용하는 것이 효과적이다. 캐스팅 거리를 늘리고 조금이라도 빨리 가라앉고 싶다면 소금의 비중이 높은 웜을 트레일러로 장착하는 것이 좋고 더욱 자연스런 액션이 필요하다면 가느다란 털이나 더듬이가 달린 웜을 장착하는 것이 좋다. 일반적으로 2~3인치의 호그 계열의 작은 웜이면 무난하다.

장비와 채비의 구성

스몰러버지그를 효과적으로 운용하기위해서는 작은 장비를 잘 날릴 수 있는 장비가 필수인데 최근에는 스피닝 채비는 물론 베이트 채비도 스몰

러버지그를 캐스팅하기 용이하게 만들어진 장비들이 출시되어 있다. 이것은 크게 두 가지로 나누어 볼 수 있다.

■ML 또는 L 파워의 베이트로드 + 베이트피네스 베이트릴

베이트 로드로는 작고 가벼운 스몰러버지그를 원활히 캐스팅하기 힘든 것이 사실이다. 브레이크 세팅을 달리하고 스풀을 극한으로 가볍게 하여 가벼운 채비에 대응해 만든 베이트릴이 시판되고 있다. 이러한 베이트릴은 대부분 4~8lb의 라인이 50m 정도 감기는 초셸로우 스풀이 대부분이다. 이 릴에 ML~L 파워를 가진 로드를 매칭하면 스몰러버지그 캐스팅이 가능해진다. 특히 솔리드 팁이 탑재된 로드의 경우 캐스팅 시 부드럽게 휘어져서 가벼운 채비를 탄력적으로 캐스팅할 수 있게 되고 흡입 역시 위화감이 없게 되어 스몰러버지그피싱에 제격이다. 여기에 베이트 로드 특유의 파워를 이용한 강제집행, 베이트릴 특유의 정교한 캐스팅이 더해져 스피닝 채비보다 유리한 점이 많다.

■L 또는 UL 파워의 스피닝로드 + 2000번 이하의 스피닝릴

스피닝릴과 로드는 기본적으로 베이트릴·로드보다 작고 가벼운 채비를 캐스팅하기 수월하다. 라인이 풀려나가는 구조가 다르기 때문이다. 스트레스 없는 캐스팅은 스피닝 채비가 유리한데 L 또는 UL 파워의 로드가 위화감 없이 훅셋이 되는 특성이 있다. 이때 라인이 중요하다. 6lb 카본라인이 한계치로 그 이상이 넘어가버리게 되면 비거리도 줄어들고 둔한 느낌을 받게 된다. 6lb를 기준으로 그 이하를 추천하며 합사의 경우 1호 이하를 권한다. 필자는 L 파워에 UL팁을 가진 스피닝 채비, 그리고 4lb 카본라인을 사용하고 있다.

위닝 루어2 – 메탈베이트

스몰러버지그가 느린 폴링과 섬세한 운용으로 겨울 배스를 노리는 루어라면, 메탈베이트는 정반대로 배스를 적극적으로 공략하는 루어이다. 번쩍이면서 화려한 액션을 통해 배스의 반사적인 입질을 유도한다. 배스는 배가 고플 때도 입을 이용해 먹이를 먹지만 기타 다른 행동에서도 입을 이용한다. 즉, 사람의 팔과 손과 같은 역할을 입으로 병행하는데 번쩍이는 메탈베이트가 눈앞을 지나가게 되면 반사적으로 입으로 공격하게 된다. 이러한 행동은 우리가 눈앞에 위험물체가 나타나면 반사적으로 손으로 쳐내려는 행동과 유사하다고 생각하면 이해하기 쉽겠다. 이러한 원리를 바탕으로 빠르게 움직이고 돌발적인 움직임을 보여주는 메탈베이트는 겨울철 필수 루어이다.

반사적인 입질을 유도한다

필자는 메탈로 만들어진 루어는 모두 메탈베이트의 범주로 분류하고 있다. 스푼, 메탈립리스 크랭크베이트(바이브레이션), 메탈지그 등이 모두 메탈베이트의 범주에 속하게 된다. 종류에 따라 운용방식은 모두 다르나 돌발적인 움직임을 노리는 액션을 가지고 있다는 것은 공통적이다.

스푼은 특유의 워블링 액션과 번쩍이는 폴링 액션, 메탈립리스 크랭크베이트는 피치에 따른 워블링 액션, 메탈지그는 변칙적인 폴링 액션을 통해 배스의 돌발적이고 반사적인 입질을 유도한다.

메탈베이트의 경우 느리게 운용하기보다는 빠르게 운용한다. 넓은 범위를 빠르게 체크한다는 생각으로 던지고 감는 행동을 반복하는데 이때 스

필자의 겨울 배스 태클. 언밸런스 프리리그를 세팅했다.

베이트피네스 베이트릴에 삽입되는 경량 스풀.

테디 리트리브 즉, 일정하게 감는 동작보다는 아래위로 변칙적인 액션을 준다. 캐스팅 후 폴링 시킨 다음 로드를 이용해 높이 쳐올리고 다시 프리폴링, 그런 다음 다시 위로 쳐올리는 액션을 통해 급격히 올라가면서 떨리는 액션, 그리고 나풀거리면서 떨어지는 폴링 액션 두 가지를 같이 병행하면 입질 빈도는 훨씬 높아진다.

장비와 채비의 구성

메탈베이트를 효과적으로 운용하기 위해서는 허리가 튼튼하고 팁은 적당히 휘어지는 베이트 장비가 유리하다. 이때 로드는 길면 좋다. 특히 도보낚시의 경우 롱캐스팅에 많은 도움을 받을 수 있다.

■7ft 내외의 ML 또는 M 파워의 베이트로드 + 저기어비 베이트릴

7ft 내외의 로드는 비거리가 매우 탁월하게 나오며 원거리 입질을 받았을 때 훅셋이 잘 되는 장점이 있어 도보낚시에서 매우 유용하다. 특히 메탈베이트의 특유의 반사적인 입질을 유도하기 위해서는 허리는 튼튼하고 팁 부분은 부드러운 로드가 좋다. 로드의 탄성 덕분에 메탈베이트의 반사적인 움직임을 이끌어내기에 유리하다. 이때 릴은 고기어비의 릴보다는 6점대 미만의 기어비를 가진 릴이 유리한데 보통 낚시하던 때와 비슷한 속도로 감아 들이다가 장애물이 있는 곳에서는 좀 더 속도를 높여서 빠르게 릴링한다. 즉, 상황에 맞춰 릴링 속도를 가감하는 것이 좋으며 이럴 때 저기어비의 릴이 고기어비의 릴보다 컨트롤하기 편하다.

3월
낚시터 유형별 공략법과 위닝루어

낚시터 유형은 대형 강계, 소형 강과 지류, 저수지·간척호·습지형 저수지, 대형호수와 다목적댐 등으로 나뉜다. 배스의 포지션에 영향을 미치는 것은 일조량과 먹잇감이다. 이 일조량은 수온에 직접적인 영향을 미치며 먹잇감 역시 일조량에 영향을 받은 수온에 따라 움직이는 것이 보편적이다. 일조량과 수온, 그리고 그것에 따라 움직이는 먹잇감에 따라 배스의 분포가 달라질 것으로 판단된다. 그렇기에 여러 가지 변수를 따져 봄낚시 패턴을 파악해야 한다.

대형 강계

대형 강계는 우리나라 4대강(한강, 낙동강, 영산강, 금강)에 비견되는 큰 유역을 가진 지역을 말한다. 4대강 공사 이후 한국의 대형 강계는 큰 변화를 맞이하게 됐는데 바로 용수확보를 위한 보 설치로 인해 유속이 느려졌다는 점이다. 4대강 본류권은 공통적으로 다 해당이 되며 특히 많은 보가 설치된 낙동강은 유속 저하 및 수위 상승을 체감하기 가장 쉬운 곳이라고 볼 수 있다. 이러한 유속 저하로 인해 대형 강계의 저서생물상, 어류생물상이 많이 바뀌었고 지금도 매우 천천히 바뀌고 있는 중이며 그에 따라 낚시 패턴도 많이 달라졌다.

패턴 분석

환경이 변화하는 지역(transition area)은 쉽게 말하면 수심이 얕다가 갑자기 깊어지는 지역, 바위지역이 나타나다 갑자기 모래지역으로 바뀌는 지역 등 환경이 급격히 변화하는 경계를 생각하면 되겠다. 확실한 포인트가 많이 없는 대형 강계는 물속에 이렇게 변화하는 지역을 집중적으로 공략하면 배스를 잡을 수 있는 확률이 높다. 통상적인 강낚시의 주 포인트가 되는 연안 석축이나 구조물도 포인트가 되겠지만 4대강 공사 이후

이른 봄 댐을 찾은 낚시인들. 사진은 합천호.

로 느려진 유속과 높아진 수위는 연안뿐만 아니라 물속 깊은 곳까지 많은 포인트를 만들어 놓았다. 그렇기에 보트낚시라면 어군탐지기에 표시되는 물속 변화를 감지하여 공략하면 되겠고 워킹낚시의 경우 4대강 공사 이전의 위성사진과 현재의 위성사진을 비교하여 공사 시 사용되었던 자재 운반로나 물속에 잠긴 둑, 담벼락 등을 찾아야 한다.

소형 강과 지류

소형 강과 지류의 경우 4대강 공사의 큰 영향을 받지 않은 지역이 많다. 금호강, 남강 지류, 광려천, 길산천, 평강천, 탑천 등이 이에 해당된다. 강 특유의 모습을 지니고 있는 경우가 많으며 정수식물 역시 물가에 많이 자라고 있는 지역이 대부분이다. 이러한 지역은 다른 지역보다 빠르게 수온이 오르고 배스의 신진대사 역시 약간 빠르게 오르는 특징이 있다. 또한 피딩타임이 대부분 밤에 이루어지는 곳이 많은 것도 특징이다. 낮에는 얕은 수심으로 인해 배스가 은신해 있다가 밤에 대부분 활동을 많이 하는 지역으로 저녁 또는 밤에 다른 지역보다 쉽게 배스를 잡아낼 수 있다.

패턴 분석

소형 강과 지류는 유속이 있는 경우가 많은데 유속이 있는 중앙 지역에도 배스가 있는 경우가 있으나 많은 개체는 유속이 완만해지는 지역에 분포하고 있다. 그렇기에 유속이 느려지는 와류 지역이나 연안 석축, 수심이 어느 정도 나오는 연안 정수식물, 고사목 근처를 적극 공략해본다. 이런 지역은 타 지역보다 시즌이 일찍 시작되고 밤에 조과가 더 좋은 특징이 있는 곳도 있으므로 저녁시간 이후에 공략하는 것도 좋은 방법이다.

저수지·간척호·습지형 저수지 등

인공적으로 만들어진 저수지나 둑을 세워 만들어진 간척호, 습지형 저수지의 경우에도 수심이 얕은 지역이 대부분이다. 고흥 해창만수로, 무안 유당호, 서천 부사호, 창녕 번개늪·장척지, 예당지 등이 이에 해당된다. 특히나 이런 지역은 타 지역보다 물이 탁한 경우가 많아 물이 맑은 지역에 비해 배스를 잡기 조금 수월한 경우가 많다. 또한 매우 깊거나 큰 지형 변화를 보이는 곳이 없고 대부분 평탄한 지역이어서 배스가 곳곳에 산재해있을 확률이 높기 때문에 시간을 두고 천천히 공략한다.

패턴 분석

연안을 따라 정수식물(갈대, 부들, 물억새 등)이 많으며 이러한 곳이 가장 좋은 포인트가 된다. 수심이 얕고 유속이 없으므로 물속에는 수생식물이 주로 자라나는데 그곳 역시 좋은 포인트가 된다. 또한 대부분 이탄층이나 펄로 이루어진 지역이 대부분인데 이러한 곳에 암반이나 바위지역이 존재할 경

우 그러한 곳을 적극 공략한다. 차가운 수온과는 달리 생각보다 입질이 강하게 들어오는 특징이 있으며 챔질 타이밍을 잘 포착하는 것이 중요하다.

대형호수와 다목적댐

용수확보, 전력수급 등을 위해 인공적으로 만들어진 다목적댐의 인공호수는 배스를 잡기 가장 어려운 곳 중 하나이다. 소양호, 충주호, 안동호, 대청호, 장성호, 합천호 등이 이에 속한다. 수심이 매우 깊어 겨울철 안정된 수온을 선호하는 물고기들이 깊은 수심으로 이동하여 앵글러들이 공략하기 어렵기도 하고, 수위의 오르내림이 심하여 수위의 변화에 따라 포인트가 수시로 변하는 곳이기 때문이다.

수심 얕은 소형 강을 찾은 낚시인.

단, 다목적댐은 지역별로 수위가 차고 빠짐이 다르기 때문에 전국적으로 비슷한 양상을 보이는 것은 아니다. 1년 새 큰 물 빠짐이 없어 물속 육상식물이 거의 없는 경우가 발생하고, 급격한 수위상승에 의해 얕은 지역에 육상식물들이 많이 존재하기도 하는 등 하나의 답만을 가지고 접근하는 것은 좋은 조과를 보장하기 어렵다.

패턴 분석

경사가 급한 지형이 좋은 포인트가 되며 직벽으로 이루어진 곳도 포함된다. 이러한 곳에서는 보트낚시의 경우 얕은 곳으로 던져 깊은 곳으로 떨어뜨리는 낚시가 유효하며 워킹낚시의 경우 깊은 곳으로 던져 얕은 곳으로 끌어오는 낚시가 유리하다. 특히 깊은 곳에서 얕은 곳으로 끌어올 경우, 커브폴링에 의해 원하는 지역을 벗어나는 경우가 많으므로 라인 텐션에 유의한다. 배스는 수중능선을 따라 오르내리고 콧부리의 경우 이를 끼고 이동하는 경우가 많으므로 시간차를 두고 무거운 채비를 이용해 천천히 공략하는 것이 좋다.

3월의 추천 루어

서스펜딩 미노우

예전부터 봄철에 가장 강력한 루어라고 불렸다. 물속 중층에서 유영하거나 구조물, 트랜지션 부분에 서스펜딩 상태에 있는 배스를 유혹하기 좋다. 캐스팅 후 끌어당겨 원하는 수심대에 안착시킨 후 오랫동안 스테이 액션을 주면 마법같이 입질이 들어오곤 한다. 3월 배스낚시에선 사용 순위 1순위 루어로서 대형호수, 강계, 저수지 등 장소를 가리지 않고 사용된다.

앨라배마리그

물속을 유영하는 소형 베이트피시의 군집을 흉내 냈다. 먹잇감을 따라 움직이는 배스에게 최고의 무기로 통하지만 앵글러 사이에서 호불호가 명확히 갈리는 채비이기도 하다. 강한 로드와 라인 등 전용 장비가 필요하고 빙어가 많이 서식하는 대형호수에서 특히 조과가 탁월하다.

러버지그

높은 영양가의 가재를 흉내 낸 러버지그는 가만히 두어도 저절로 움직이는 유일한 루어이다. 수류에 민감하게 반응하는 스커트로 인해 산란을 염두에 두고 많은 영양분을 섭취하고자 하는 암컷 배스에게 최고의 무기가 된다. 특유의 볼륨감은 씨알 선별에 탁월하여 계절을 막론하고 대표적인 빅배스 루어로 각광받고 있다.

딥 크랭크베이트

워킹낚시와 벨리피싱, 보트피싱에서 널리 쓰이는 딥 크랭크베이트는 3월 낚시의 비밀병기 중 하나이다. 리액션바이트 최고봉의 루어로서 공략하고자 하는 포인트가 이미 손때가 탔다고 하더라도 마법처럼 입질을 받게 해준다. 일조량이 조금씩 늘어나는 3월에는 대형호수의 암반지역이나 강계의 수중나무 근처에서 조과가 좋다. 사시사철 사용되는 루어이나 봄철만큼은 대물병기로 통한다.

간과할 수 없는 변수, 산란

인지하고 있지만 호수와 강계에 있는 모든 배스가 산란에 의해 이동하는 것은 아니며 시간차를 두고 서로 다르게 움직인다. 즉, 하나의 호수에 있는 모든 배스가 산란의 영향을 받긴 하지만 이른 산란을 위해 얕은 곳에 올라온 배스가 있기도 하고 뒤늦은 산란을 위해 여전히 깊은 곳에 머무르는 고기도 많다는 것이다. 그렇기에 3월의 배스낚시는 앞에 열거한 여러 변수를 기본으로 염두에 두고 공략하고 낚시가 잘 풀리지 않을 경우 다시 산란이라는 절대변수를 대입하여 실마리를 풀어나간다면 좋은 조과를 거둘 수 있을 것이라 예상한다.

4월
산란 전후 배스 공략법

낚시터 상황이 산란 전인지 아니면 산란 후인지 어떻게 판단을 내릴 수 있을까? 그것은 육안으로 확인되는 배스의 움직임, 체색 등을 보고 추측할 수 있다. 산란 전 배스는 암컷과 수컷의 차이가 확연히 난다. 우리 눈에도 보이는 얕은 수심에 머무는 배스는 대부분 수컷이라 봐도 무방하다.

산란 전인가 후인가 확인하는 방법

수컷은 산란이 다가오게 되면 얕은 곳을 어슬렁거린다. 한 마리일 수도 있지만 두세 마리가 무리를 이루는 경우도 있다. 이러한 수컷 배스는 주변을 계속해서 회유한다. 사람이 있어도 아랑곳 하지 않고 주변을 계속 배회하는 것을 볼 수 있다. 이때 배스 무리 뒤편을 자세히 보라. 물 맑은 댐이라면 더욱 잘 보이게 되는데 회유하는 무리를 따르는 배스가 있다. 그것이 바로 암컷 배스이다. 수컷 무리와는 시간 차를 두고 그 뒤를 따른다. 즉, 수컷 무리와 암컷 무리가 같이 회유하나 어느 정도 시간 차이를 두고 얕은 곳을 배회하는 것이다. 이것은 수컷이 산란장을 봐두고 암컷이 그 수컷을 선택하는 행위이다.

수컷과 암컷은 육안으로도 크기와 색깔이 확연히 다른 경우가 있다. 수컷이 주로 옅은 색을 띠며 암컷이 주로 짙은 색을 띤다. 서식 환경이 다르기 때문에 체색도 다른 것이라 볼 수 있다. 수심과 너울, 바람 등 환경에 따라 암컷이 보이지 않을 경우가 있으나 수컷 무리가 보인다면 그 뒤쪽에는 대부분 암컷이 있다고 봐야 한다.

산란 후 배스의 경우, 대부분 얕은 곳에 보이는 녀석은 거의 수컷이다. 산란장을 지키는 행위는 수컷만 하고 암컷은 산란 후 산란장에서 빠지기 때문이다. 다만, 강계의 경우 산란을 일찍 마친 암컷이 구조물에 서스펜딩 상태로 휴식을 취하고 있는 모습이 발견되기도 한다. 수몰나무나 구조물에 서스펜딩 상태의 배스가 있다면 그 녀석은 암컷이다. 하지만 댐이나 호수는 산란 후 암컷이 깊은 곳으로 빠지거나 눈에 잘 띄지 않는 곳으로 이동하기 때문에 발견하기 어렵다.

산란 전 배스 공략법

5월에 산란 전 배스를 공략하는 방법은 3~4월보다 유리한 측면이 있다. 이른 봄보다는 일조량이 많고 배스가 얕은 곳에 머무는 시간도 길기 때문이다. 콘택트 포인트(contact point, 깊은 수심의 쉼터에 머물던 배스가 얕은 수심의 사냥터로 나서기 전 제일 먼저 모이는 곳)를 중심으로 공략 시간과 방법을 택해야 한다.

얕은 곳, 굴곡진 지역을 공략

하루 종일 해가 많이 드는 물골이 있는 평평한 지형을 공략한다. 산란을 의식해 움직이는 배스는 얕은 지역으로 이동하기 위하여 물속에서 대기하고 있는 시간이 길다. 즉, 가장 쉽게 얕은 곳으로 움직일 수 있는 곳 주변의 굴곡진 곳에서 대기하다 오르락내리락 하는 것이다. 이때 배스들이 주로 움직이는 물골(채널)이 깊고 바닥에 자갈이나 고사목 등이 있으면 최고의 포인트가 된다.

바람 부는 오후를 노린다. 바람이 불거나 물색이 탁한 지역을 공략한다. 물골을 타고 올라오기 전 배스는 맑은 물색이나 너울이 없는 상황에서는 얕은 곳을 경계하면서 쉽사리 잘 올라오지 않는다. 봄에는 오후에 바람이 부는 날이 많기 때문에 바람이 불어오는 오후 시간을 집중 공략하는 것이다. 이 시기엔 오전에는 입질 한 번 없던 자리라도 오후가 되면 폭발적인 입질을 받게 되는 일이 많다. 또한 밤이 되면 연안 가장자리로도 배스가 올라붙으므로 야간낚시 조황도 기대해볼 만하다. 밤 시간을 노려 아예 자정 무렵에 출조해 새벽까지 낚시하는 것도 좋은 방법이다.

스피너베이트

스피너베이트는 봄철의 대표적인 루어 중 하나다. 바람이 불어 수면에 너울이 일게 되면 최강의 루어로 변신하게 된다. 워킹낚시에서는 3/8온스, 1/2온스가 좋고 보트나 벨리보팅에서는 5/8, 3/4온스까지 가능하다. 물이 맑은 지역이나 산란 전의 배스가 아직 적극적으로 얕은 곳으로 올라붙지 않았을 경우에는 3m 수심 이하까지 내려서 슬로우롤링으로 천천히 운용한다. 바람이 불고 너울이 이는 오후시간에는 1~2m 수심을 공략한다.

저크베이트

미노우라는 이름으로 더 자주 불리는 저크베이트는 봄 루어의 대명사로 불린다. 립의 길이에 따라 롱빌 저크베이트, 숏빌 저크베이트라고도 불린다. 수심 공략대에 따라 얕은 곳은 숏빌 저크베이트로 공략하고 2m 이상 수심은 롱빌 저크베이트로 공략한다. 둘 다 스테이 액션을 오래 주면서 공략한다. 숏빌 저크베이트 같은 경우 다팅 액션이 잘 나오며 밸런스가 좋은 제품이 좋다. 롱빌 저크베이트 같은 경우 스테이 포즈가 좋은 것이 조과에 유리하다.

크랭크베이트

크랭크베이트는 얕은 곳에 올라붙거나 2~3m 수심에서 주로 대기 중인 산란 전 배스에게 효과가 있다. 크랭크베이트는 감으면 감을수록 밑으로 파고들기 때문에 1m 수심 정도의 얕은 곳에 던져 2~3m 수심의 중간 수심까지 쉽게 공략할 수 있는 효과적인 루어이기 때문에 적극 권한다. 1m 수심 내외를 공략하는 샬로우 크랭크베이트보다는 2m 수심을 공략하는 크랭크베이트가 더 효과적이기 때문에 립 길이에 따라 적정수심을 잘 파

수풀 사이에 있는 배스를 발견하고 채비를 떨어뜨리고 있는 낚시인.

약해야 한다. 볼륨감이 크고 요란한 크랭크베이트보다는 래틀이 없는 작은 크기의 제품을 권한다

산란 후 배스 공략법

산란을 마친 배스의 공략은 대부분 중간 수심이나 깊은 곳, 그리고 은신하기 쉬운 곳을 중심으로 이루어진다. 산란을 마친 개체는 자신이 쉽게 휴식을 취할 수 있는 곳으로 이동하게 되는데, 대형호수의 경우 수심 깊은 직벽이 대표적이고 강계의 경우 백워터 지역이나 인적이 드문 얕은 곳, 장애물 등에 바짝 붙어 휴식을 취한다. 이렇게 휴식을 취하고 있는 배스는 일정기간 동안은 먹잇감에 큰 관심이 없다가 체력을 회복하면서 왕성한 식욕을 갖게 되는데, 때맞춰 오른 수온에 따라 신진대사도 높아져 수중과 수면 가리지 않고 먹이를 공격하게 된다. 여기에서는 배스가 산란 후 휴식을 취하면서 체력을 회복하는 상황을 기준삼아 설명한다.

깊은 수심과 장애물 지역이 1순위

대형호의 경우 직벽처럼 수심이 깊거나 계단식 급심 지역을 공략한다. 산란을 마친 배스는 자신이 가장 휴식을 취하기 쉬운 곳으로 이동하는데 대부분 수온이 안정되거나 인적이 드문 수심 깊은 지역이다. 그렇기에 수심 깊은 곳을 직공으로 공략하기 쉬운 직벽지대나 급심지역이 좋은 선택이 된다. 급심 지역의 경우 경사가 급한 사면이나 콧부리 경사면이 좋으며 평소보다는 조금 깊게 공략하는 것이 좋다.

강계의 경우 철저하게 장애물을 노린다. 강계에 사는 배스의 경우 물 깊은 곳은 유속이 있는 경우가 있어 휴식에 적합하지 않으므로 대부분 나무나 구조물 같은 곳에 은신하여 휴식을 취하게 된다. 분명히 산란이 대부분이 끝났다고 판단되는 지역인데 물가에 보이는 배스가 있다면 십중팔구 휴식을 취하고 있는 배스라고 판단하면 될 것이다. 이러한 배스들은 인기척을 최대한 줄여 접근한 후 사이트피싱으로 공략하는 것이 좋으며 밤이 되면 먹이활동을 할 때도 있으므로 야간낚시를 하는 것도 좋은 공략방법이 된다.

산란의 원리

배스는 사람처럼 아무 때나 생식활동을 할 수 있는 게 아니다. 연중 일정한 기간, 특히 봄이란 계절에 맞추어 산란을 하는 동물이다. 배스를 비롯한 동물의 몸속엔 언제쯤 교미를 해야 하는지 또 언제쯤 알을 성숙시켜야 하는지 알려주는 생체시계(생리기작)가 있다. 밤낮의 길이, 달의 차고 일그러짐, 그리고 지구의 공전으로 달라지는 광량과 광주기(photoperiod) 등으로 인해 변화하는 수온 등 다양한 요인들이 복합적으로 관여하여 생식본능을 발현시킨다. 일정한 시기가 되면 이러한 요인들이 배스의 뇌하수체를 자극하게 되고 배스의 몸체에 '산란 시기가 되었으니 준비하라'고 명령을 내리게 되는데 그에 따라 생식 호르몬이 분비되고 생식소가 발달하게 되어 산란을 준비하게 된다.

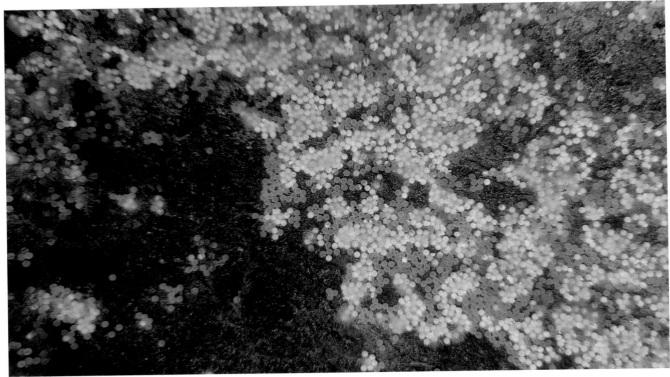
깊은 수심에서 발견된 배스의 알.

스몰러버지그

산란을 마치고 휴식을 취하는 배스를 잡을 수 있는 최고의 공략 무기다. 주로 수심이 얕은 강계에서 위력을 발휘한다. 사이트피싱에 가장 적합한 루어로 전용 장비를 활용하는 게 좋다. 폴링과 셰이킹 액션에 특화되어

있으며 무게는 1.8~3.5g까지 다양하다. 트레일러는 새우나 징거미를 닮은 웜을 사용한다.

네코리그

화려한 액션이 특징이다. 6인치 내외의 스트레이트 웜을 보통 쓰곤 하지만 7~9인치 크기를 사용해볼 것을 권한다. 파장이 크게 일어나면서 더 화려한 액션을 만들어준다. 특히 깊은 곳을 공략할 수 있게 기존의 싱커보다 조금 더 무겁게 사용해도 무방하다. 베이트 장비로도 자유자재로 가능한 헤비 네코리그도 산란 후 배스 공략에 유리하다.

암컷의 덩치가 더 크다

낚시 경력이 오래된 분들의 경우 배스 두 마리가 산란을 하는 행위를 목격하신 분들도 있을 것이라 생각된다. 그 중 덩치가 큰 녀석이 있는데 그 녀석이 암컷일 가능성이 높다. 왜 암컷이 큰 덩치를 가지게 됐을까?

배스뿐만 아니라 대부분 어류의 경우 암컷이 덩치가 큰 경우가 많다. 이것은 난생, 즉 알을 놓는 생물 대부분이 갖고 있는 특징인데 생존을 위한 진화의 전략이다. 수컷이 가진 정자의 경우 매우 작은 크기이지만 암컷이 가진 난자는 체내 세포 중에서 가장 크다 할 정도로 크다. 이러한 난세포를 많이 가지면 가질수록 수정이 잘 되고 더 많은 개체가 살아남는 것은 당연한 이치다. 그렇기에 암컷은 많은 난자를 갖기 위해서 큰 몸으로 진화했다. 그것이 바로 많은 후손을 남기는 유일한 방법이기 때문이다.

암컷이 깊은 물속에서 먼저 움직이게 되는데 그 이유는 산란기를 맞이하여 난자의 성숙이 필요하기 때문이다. 사람의 경우 한정된 난세포를 가지며 보통 4주에 한 번 월경으로 난자가 배출되기 때문에 배란기란 것이 있지만 배스는 일 년에 한 번, 봄 시기에 산란을 하기 때문에 이 시기에 난자를 성숙시키는 것이 매우 중요하다.

그렇기에 난자의 성숙을 돕는 것은 생식호르몬이고 그러한 생식호르몬을 많이 분비하기 위해서는 일조량이 많은 곳에서 뇌하수체를 지속적으로 자극하는 것이 제일 좋은 방법이기 때문에 얕은 곳으로 올라올 수밖에 없다.

부성애 강한 수컷 배스, 눈감아주는 아량도 필요

산란철이 되면 산란 전과 산란 후로 나눠 낚시를 하게 되는데 어쩔 수 없이 산란장낚시를 해야 하는 경우가 생긴다. 배스는 부성애가 강한 동물로 수컷이 산란장을 만들고 산란을 하게 되면 수컷 혼자 남아 산란장을 지키게 된다.

사실 산란장을 지키고 있는 배스는 100% 낚을 자신이 있다. 분명히 산란장을 지키는 배스라면 산란장에 들어온 물체는 공격을 하기 때문이다. 단지 얼마나 빨리 무는지, 늦게 무는지의 시간 차이일 뿐, 무조건 잡아낼 자신이 있을 정도로 산란장을 지키는 수컷 배스의 부성애는 대단하다.

하지만 산란장낚시는 거의 하지 않는다. 토너먼트 같은 특수한 상황의 경우에는 어쩔 수 없지만 명백히 낚시의 재미를 떨어뜨리는 행위라 생각하기에 산란장이 많이 보이는 경우에도 주로 산란 전의 배스를 노리는 낚시를 하곤 한다. 사람이나 배스나 수컷은 보금자리 마련, 가족 부양만으로도 너무 고달프지 않은가. 이 정도는 같은 남자끼리라면 양해해줘야 하지 않을까 하는 바람이다.

얕은 연안에 회유하고 있는 배스 무리.

산란 과정
수컷이 먼저 움직이고 그 뒤를 암컷이 따른다

봄이 되면 남쪽 지방부터 암컷 배스가 움직인다. 산란장이 잡힌다 등의 산란 소식이 들려온다. 인터넷이나 SNS를 통해 빠르게 전달되지만 그 정보가 정확한 것인지는 알 수 없다. 얕은 곳에 나와 육안으로 목격이 되는 배스 또는 채비에 반응하지 않고 주변을 맴도는 배스를 보고는 산란장을 만드는 배스라고 오해하는 경우가 많다. 산란장을 배회한다고 해서 배스가 산란을 하고 있는 것은 아니다. 정확한 산란 배스의 움직임을 알고 있어야 한다. 배스는 늦겨울부터 봄 산란을 준비한다.

■산란 준비(1월~2월)
겨울에 들어서 일조량이 조금씩 늘어나기 시작하면 1월 즈음에 수온이 안정된 곳에서 스쿨링하고 있던 배스들은 흩어지게 된다. 특히 체적이 큰 개체부터 먼저 움직이게 되는데 이에 따라 스쿨링은 사라지거나 소규모의 스쿨링만 남게 된다. 늘어난 일조량을 감지한 배스의 뇌하수체는 산란을 준비할 시기가 되었음을 알려주게 되고 이에 따라 생식 호르몬이 분비된다.
무리에서 떨어져 나온 개체들은 대부분 얕은 곳과 깊은 곳을 오르락내리락 하면서 산란을 준비한다. 이때 생식호르몬은 더 왕성하게 분비되며 점점 생식소가 빠르게 성숙되기 시작한다. 이때 모든 배스가 움직이는 것은 아니며 개체마다 일조량에 느리게 반응하고 빠르게 반응하는 배스가 있다. 먹이는 대부분 왕성하게 먹으며 점차 눈이 튀어나오게 되고 눈 주변에 흰 테두리가 나타나며 배가 점점 불러오게 되는 외형적 특징을 갖게 된다.

■산란 임박(2월 중순~3월 중순)
왕성한 먹이활동을 보이다 갑자기 거의 먹이활동을 하지 않거나 불규칙한 먹이습성을 보이는 단계가 오며 햇볕을 적극적으로 쐬기 시작한다. 큰 개체부터 이러한 단계를 거치는데 이때가 대부분 2월 중순~3월 중순쯤이며 낚시가 어려워진다. 며칠 전만해도 좋은 조과를 안겨주던 지역이 하루아침에 황폐화되는 이유가 바로 먹잇감에 대한 탐식성이 불규칙적으로 변하기 때문이다. 하지만 이러한 움직임은 분명히 산란을 의식하고 있기 때문에 나타나는 현상이다. 늦게 산란에 들어가는 개체들은 여전히 먹잇감에 반응을 보인다.

■산란장 탐색(3월 중순~4월 초)
수컷이 산란장을 보기 위해 움직이기 시작하고 암컷들이 그 뒤를 따라 움직인다. 얕은 곳에서 마치 서스펜딩 상태에 있는 것처럼 여러 무리가 목격된다. 코앞에 먹잇감이 있어도 잘 먹지 않는 개체가 바로 이런 녀석들이다. 주로 산란장이 될 만한 곳을 회유하면서 움직이는데 수컷 무리와 암컷 무리가 어느 정도 거리를 유지하고 회유한다. 대부분 몸체가 작은 무리가 수컷이고 몸체가 큰 무리는 암컷일 가능성이 높다. 역시 루어에 잘 반응하지 않는다. 산란장을 지키고 있는 배스라고 착각하는 녀석들은 산란 전 산란장을 배회하는 녀석들일 확률이 높다. 산란 전 상황으로 먹잇감에 거의 반응을 보이지 않는다.

■산란(4월 초~6월)
본격적으로 산란이 이뤄진다. 산란 시간은 길지 않으며 빨리 끝난다. 낮과 밤을 가리지 않고 산란이 이루어지며 이르게는 3월 말, 4월 초부터 늦게는 6월까지 순차적으로 진행된다. 수컷은 산란장을 만들기 위해 꼬리로 바닥을 쓸어서 꼬리지느러미가 해진다. 암컷은 산란을 마친 상태여서 배가 홀쭉해진다.

5월
성공적인 낚시를 위한 핵심 키워드 6

5월은 계절의 여왕이기도 하지만 배스낚시의 황금기이도 하다. 워킹낚시와 보트낚시 불문하고 모두 빅배스와 마릿수 배스를 만날 수 있는 최고의 시기이기도 하다. 이번호에서는 워킹낚시와 벨리보트와 같은 무동력 보트낚시(카약 등) 등 두 가지 낚시 방법으로 나눠 낚시 방법을 살펴보기로 한다.

배스는 얕은 곳으로 올라온다
달라진 해의 길이와 일조량은 배스의 눈을 거쳐 뇌하수체를 자극하고 비로소 난소와 정소에 변화가 생기면서 산란 시기가 도래하였음을 느끼게 된다. 이렇게 산란 징후를 느낀 배스는 봄철에 얕은 곳으로 올라붙게 된다. 물속에서 평생 먹잇감만을 쫓아 다니며 평화롭게 살던 배스도, 직벽한 귀퉁이 후미진 곳에서 숨어 지나가는 먹잇감만을 먹던 배스도, 봄철이 되면 얕은 곳으로 올라오게 된다. 배스 일생에서 산란은 가장 중요한 삶의 이유이기 때문이다.

그렇기에 봄철 낚시는 얼마 만큼 산란을 의식하고 얕은 곳으로 이동한 배스를 효과적으로 공략하느냐 하는 것이 성공의 관건이 된다. 봄철만큼은 수온, 물색, 스트럭처 등 어려운 공식은 버려도 좋다. 얕은 곳으로 올라온다는 사실에 대한 믿음만 있으면 충분하다.

키워드 1 | 바람

배스낚시에서 피딩타임은 매우 중요하다. 피딩타임은 말 그대로 밥 먹는 시간으로, 이른 아침과 저녁시간에 활발히 입질을 하는 시간을 말한다. 물론 봄철에도 피딩타임이 존재하지만 타 계절처럼 확연히 나타나는 것은 아니다. 그것은 앵글러의 공략범위인 얕은 곳에서 대부분의 시간을 보내는 봄이란 계절의 특수성 때문인데, 본격적인 산란 무드로 들어가기 전 몸집을 불릴 때 피딩타임과 상관없이 먹잇감에 관심을 나타낸다. 이

제방에서 루어를 캐스팅하고 있는 낚시인.

때 물이 맑거나 사람의 인기척이 느껴지기 시작하면 제아무리 봄철 특수라 하더라도 경계심을 가지기 마련이다.

이럴 때는 바람이 해답을 준다. 통상적으로 봄은 기압이 불안정하기 때문에 바람이 많이 불 수밖에 없다. 이러한 바람은 주로 오후시간에 집중된다. 살랑거리는 오후의 봄바람이야 말로 배스의 경계심을 낮추는 최고의 무기인 것이다. 바람이 없는 오전시간 얕은 곳에서 주로 시간을 보내던 배스들이 바람이 불고 너울이 치는 오후가 되면 수면 너머로 보이던 사람의 존재를 느끼지 못하게 되고 폭발적으로 반응하게 된다. 이와 더불어 복합적으로 바람을 타고 들어온 베이트피시를 쫓기 위해 들어온 배스까지 합쳐지게 되면 피딩타임, 바람, 베이트피시 등 삼박자가 맞으면서 그야말로 봄철의 대향연이 벌어지게 되는 것이다.

이와 유사한 호황 여건으로 밤낚시가 있다. 5월은 여름 못지않게 밤낚시가 잘 되는데 그 이유는 밤, 즉 어둠이 바람과 같은 역할을 하기 때문이다. 특히 수심이 얕은 강계는 낮낚시에는 전혀 반응이 없다가 인적이 드물어 지고 배스의 경계심이 낮아지는 밤에 소나기 입질이 들어오기도 한다.

키워드 2 | 산란

5월은 본격적으로 배스가 산란을 하는 시기이다. 배스가 본격적인 산란 무드에 들어가게 되면 먹잇감이나 루어에 큰 관심을 가지지 않는다. 물론 산란 시기가 되었다고 하여 저수지나 강계의 모든 배스들이 산란 무드에 들어가는 것은 아니다. 일찍 들어가는 개체, 그리고 늦게 들어가는 개체가 있다. 이것은 배스가 살고 있는 수면적, 그리고 그 수면적에 걸맞는 배스의 개체수에 따라 달라진다.

수면적이 넓고 개체수가 많은 환경일수록 본격적인 산란 무드에도 늦게 산란을 하면서 먹잇감에 관심이 있는 개체가 많다. 이것은 큰 호수나 큰 강계같이 개체수가 많은 곳이 확률적으로 산란 전 활성도가 높은 배스를 잡기 쉽다는 것을 뜻한다. 또한 지리적으로 위도상 높은 곳이나 고도가 높은 곳에 위치한 지역이 유리하다. 다른 곳보다 수온이 낮고 높은 고도의 계곡지, 위도상 북쪽인 강원도나 경기도가 산란이 한창인 남부 지역보다 오히려 더 유리하다는 것을 뜻한다.

키워드 3 | 런앤건

런앤건(run and gun)은 농구경기의 용어로 상대가 진영을 갖추기도 전에 속공으로 득점을 올리는 것을 말한다. 이것을 워킹낚시에 대입하자면 한자리에 오래 머물지 않고 빨리빨리 자리를 바꿔가며 속공의 방법으로 포인트를 공략하는 것을 말한다. 다른 계절에도 충분히 통할 수 있는 방법이긴 하나 특히 봄철에 이 런앤건이 가장 좋은 방법이자 최고의 방법이다. 그도 그럴 것이 산란과 먹이취식을 위해 얕은 곳을 어슬렁거리는

수초 줄기를 감고 바늘털이 하는 배스.

배스는 봄철에 가장 많으며 활성도 역시 높다. 그렇기에 평소에는 잘 쓰지 않았던 루어들을 꺼내어 사용해보기도 좋다.

런앤건에는 던지고 감는 무빙루어가 강세를 보인다. 어떠한 루어보다 빠르게 운용할 수 있는 장점이 있기 때문이다. 수많은 무빙루어가 있지만 특히 스피너베이트를 추천한다. 워킹낚시에선 캐스팅 비거리, 그리고 밑걸림에 강한 루어가 특히 유리한데 스피너베이트야 말로 이런 것에 특화되어 있기 때문이다. 사실 봄철 루어는 앨라배마리그와 미노우가 많이 알려져 있지만 초봄을 넘어 완연한 봄, 그리고 여름을 앞두고 있는 시즌에는 스피너베이트가 비로소 최고의 루어로 우뚝 선다.

그 이유는 먹이에 대한 탐식성과 자기 영역을 지키려는 영역성, 두 가지에서 배스의 반응을 이끌어내기 때문이다. 초봄보다는 높아진 신진대사로 인해 먹잇감에 대해 탐식성이 높아졌으며 산란을 위해 영역을 구축하면서 타 어종을 쫓기 위한 공격성이 증가하기 때문에 두 입질을 다 노릴 수 있다.

"이 포인트는 최고야. 언제나 배스가 있다니까. 기다리고 있으면 입질이 들어올 거야."

이런 친구의 포인트 강추는 봄만큼은 무시해도 좋다. 배스가 얕은 곳으로 올라붙는 5월의 경우 특정 포인트도 좋지만 드넓은 강계의 연안은 전부 다 포인트라 보아도 무방하다. 예전의 명포인트에서 입질이 없다면 미련을 가질 필요 없이 바로 옆으로 이동한다. 특히나 바람이 불고 물색이 약간 탁해진다면 더욱 말할 것도 없이 무빙루어로 던지고 감으면서 계속해서 이동한다. 틀림없이 입질을 받을 수 있을 것이다.

| 키워드 4 | 커버낚시 |

흔히 커버로 불리는 물속 고사목, 육상식물 고사체, 관목(브러시), 연밭 등은 연중 좋은 포인트가 되기도 하나 겨울에는 예외이다. 겨울에는 대부분의 배스들이 수온이 안정되거나 먹잇감이 풍부한 곳으로 이동하게 되는데 연안의 커버는 수온도 불안정하고 먹잇감도 없기에 겨울만큼은 커버낚시가 잘 되지 않는다. 그 여파는 초봄까지 이어지게 되는데 커버에 배스가 들어왔다는 것은 그만큼 배스들의 신진대사가 높아졌고 제대로 된 배스낚시 황금기가 시작되었다는 것과 같다. 이 배스가 커버 속에 들어오는 시기는 서식 환경에 따라 다르지만 주로 4~5월에 이뤄지며 지속 기간은 겨울이 올 때까지다.

커버낚시는 사시사철 우악스런 입질이 많이 들어오는데 막 커버로 들어온 배스들은 그 커버에 적응하기 전인 경우가 많다. 그렇기에 무겁고 직공할 수 있는 스타일보다는 자연스럽고 느린 폴링 액션으로 무장한 루어가 조과에 도움이 된다. 특히 웜의 비중을 달리하여 스스로 커버로 파고 들어가는 백슬라이딩 액션을 가진 루어가 좋은 조과를 보인다. 또한 빠르게 공략하기보다는 커버에 오래 머물 수 있게 하는 것이 유리하다. 별다른 액션 없이 폴링만 시킨다던가 바닥이나 나뭇가지에 걸쳐두고 그냥 놔두는 방법 역시 유효하다.

사실상 커버낚시는 사시사철 강한 라인과 강한 로드가 필요한 낚시이다. 봄철은 강도 면에서 한 단계 더 높아져야 한다. 이유는 단 한 가지. 봄은 1년 중 가장 큰 배스가 잡히는 계절이기 때문이다. 그렇기에 평소에는 보

카약을 타고 직벽 인근에서 루어를 캐스팅하고 있는 낚시인.

기 힘든 체구의 배스들이 커버 속으로 끌고 들어간다면 잡아낼 여지가 없다. 평생 몇 번 있을까 말까한 자신의 기록 경신의 기회를 놓치는 것이다. 그렇기에 평소 커버 공략 채비보다는 약간 더 강한 채비로, 그리고 반 박자 빠른 훅셋으로 커버에서 빨리 꺼내는 것이 커버 속 초대물을 잡아 올리는 유일한 방법이다.

| 키워드 5 | 채널 |

낚시방송이나 잡지 등을 보게 되면 채널(channel, 물골)이란 단어가 흔하게 나온다. 물속 채널은 물고기가 움직이는 통로라고 보면 쉽게 이해가 된다. 자동차가 도로를 따라 움직이고 사람들이 인도를 따라 움직이듯이 물속의 물고기 역시 정해진 길을 타고 움직인다는 것이다. 실제로 배스는 채널을 따라 움직이는 경우가 많다. 일년 중 가장 대규모로 움직이는 봄철의 경우 얕은 곳으로 올라오는 배스들이 채널을 따라 움직이는 경우가 많기 때문에 채널을 사수하는 것은 좋은 조과로 이어질 확률이 높다. 채널낚시는 워킹낚시에서도 가능할 수 있지만 보트낚시에서 거의 무조건적으로 유리한 면이 많다.

보트낚시의 경우 깊은 곳으로 던져 얕은 곳으로 끌어오는 워킹낚시와는 반대로, 얕은 곳으로 던져 깊은 곳으로 끌어오기 때문에 딥 크랭크베이트의 입사각과 물속을 파고드는 능력을 활용하면 좋다. 1미터 내외의 수심에 딥 크랭크베이트를 던져 보트가 떠있는 수심 4미터 내외로 끌어올 경우, 딥 크랭크베이트가 파고들어가는 각도와 깊어지는 수심이 정확하

게 일치되어 채널을 타고 내려오기 때문에 어떤 루어보다 효율적으로 공략할 수 있다. 특히 물속에 암반이나 고사목 등 딥 크랭크베이트가 부딪칠 수 있는 구조물 등이 있다면 더욱 좋으며 장애물이 있을 경우 한두 번이 아닌 같은 곳을 여러 번 캐스팅하는 것이, 한두 번의 캐스팅에 반응하지 않는 숨어있는 배스의 입질을 유도하는 방법이다.

보트낚시는 대부분 어군탐지기를 사용하게 된다. 어군탐지기의 활용과 판독 능력이 보트낚시 조과를 좌우한다고 생각하는 분들이 많지만, 봄배스의 경우 채널의 유무, 지형의 높낮이 정도만 파악한다면 낚시하는 데 아무런 문제가 없다. 어군탐지기로 채널을 찾는 방법은 골창 끝, 육상의 계곡물이 흘러내린 곳을 육안으로 찾은 후 가상으로 물속에 그 계곡이 골창으로 계속해서 흐른다고 가정하고 머릿속에 그림을 그려본다.

그 후 어탐기로 그 가상으로 물이 흘러내린 곳을 몇 번 가로질러 판독하다보면 지형이 꺼지는 지형이 있을 것인데 그곳이 바로 채널이며 그러한 채널이 물속 몇 미터 어디까지 뻗어있는지 찾기 위해서는 계속해서 골창의 뒤로 물러가면서 가로지르는 탐색을 이어가야 한다.

| 키워드 6 | 직벽 |

강 건너 멀리 보이는 직벽이야 말로 워킹낚시인에게는 그림의 떡 같은 존재이다. 정말 좋아 보이는 포인트인데 걸어서는 갈 수가 없기 때문이다.

그렇기에 절경과 같은 직벽은 보트낚시인만이 공략할 수 있는 포인트가 된다. 직벽은 배스가 가장 쉽게 얕은 곳으로 올라갈 수 있는 지형으로, 채널이 배스가 움직이는 도로라면 직벽은 배스가 오르내리는 계단이라 생각하면 이해하기 쉬울 것이다. 우리나라에는 물속 깊은 곳까지 완전 직선으로 깎아지른 직벽은 찾아보기 힘들며 대부분 층층으로 이루어진 직벽이 많고 배스는 단계적으로 은신하고 있는 경우가 많다.

보통의 직벽 포인트는 무겁고 직선으로 떨어지는 웜채비나 러버지그 등이 주 공략 채비다. 5월의 경우 미노우가 좋은 선택이 된다. 미노우가 좋은 선택이 되는 이유는 앞에서 설명한 대로 배스가 쉽게 오르내릴 수 있는 지형이 직벽이기 때문이다. 층층으로 이루어진 돌 직벽은 층층이 배스가 은신해있는 경우가 많은데 이때 무거운 지그류는 층마다 은신하고 있는 배스를 공격하기도 전에 바닥에 닿는 경우가 많다. 미노우 종류는 그 특유의 서스펜딩 능력, 슬로우 플로팅, 슬로우 싱킹 등 수평적으로 움직이면서 매우 느리게 수직적으로 움직이기 때문에 층층에 은신하는 배스가 오랫동안 쳐다볼 수 있는 여지가 많다. 사이즈는 크게 좌우하지 않으며 얼마만큼 배스의 눈에 오랫동안 노출시키냐가 조과의 관건이다.

대부분의 보트 유저들은 직벽을 바라보고 공략하게 된다. 이런 보트의 포지션은 직벽 끝에 루어를 바짝 붙여 루어를 커브폴링시킬 때 유용한 방법이다. 하지만 봄철만큼은 직벽을 바라보고 공략하기보다는 배를 직벽에 붙여 직벽의 방향과 같게 공략하는 것이 좋다. 전자의 경우 종 방향으로의 공략이라면 봄철만큼은 횡 방향으로의 공략이 더 유리하다는 얘기다.

그 이유는 배스가 위치하는 수심층이 대부분 비슷하기 때문이다. 배스가 어디 있는지 모르는 경우에는 종 방향이 유리할 경우도 있겠으나 봄철엔 층층이 배스가 비슷한 수심대에 걸쳐있는 경우가 많으므로 직벽과 같은 방향으로 미노우를 던지며 스테이 액션과 저킹 액션을 병행하면 좋은 결과를 얻을 수 있을 것이다.

6월
위닝 루어의 조건

6월은 1년 중 배스낚시가 가장 잘 되는 시기다. 배스의 산란은 이르면 4월에 남쪽지방부터 시작되어 보통 5월이 되면 전국적으로 이뤄지며 6월이 되면 북쪽지역과 대형호수에서 막바지 산란이 이루어지면서 대부분 마무리된다. 6월은 배스의 산란이 끝나가는 동시에 산란이 끝난 배스가 휴식과 체력을 보충하는 시기가 혼재하는 시기로, 낚시에 있어서는 산란 패턴과 여름 패턴이 공존하는 특징이 있다. 피딩타임, 주변환경, 수온과 기온에 따라 두 패턴이 수시로 나타난다. 그래서 때로는 쉽게 다가오기도 하지만 때로는 어렵기도 한 낚시가 6월의 낚시다. 어떻게 접근하는 것이 좋을지 알아보자.

산란, 휴식, 체력보충이 혼재하는 시기

6월의 패턴은 막바지 산란을 준비하는 배스와 산란을 마치고 휴식과 함께 체력보충을 하려는 배스 두 가지로 나눠 살펴보아야 한다. 먼저 막바지 산란을 준비하는 배스를 살펴보자. 6월은 4, 5월의 본격 산란과는 다른 양상을 띤다. 산란 배스지만 공격성이 강하고 활동적이다.

그 이유는 바로 수온 때문이다. 산란은 보통 수온 15도 즈음에서 시작하는 경우가 많은데, 6월은 표층수온이 15도를 넘어 20도를 웃도는 시기다. 또 수온 상승 폭도 커서 이로 인해 배스의 신진대사 역시 활발하다. 그렇기에 6월의 배스는 봄 배스보다 산란과 산란장을 지키는 데 있어 더 적극적으로 움직이는 경향을 띤다. 배스의 힘 역시 매우 강해 라인이 터지는 경우가 늘어나게 된다. 봄과는 다른 공략법이 필요한 것이다.

산란을 마친 배스는 사람들의 발길이 거의 닿지 않는 후미진 곳, 깊은 곳, 드롭라인, 장애물, 직벽 등으로 이동하여 휴식을 취하며 서스펜딩 상태로 있거나 장애물에 기댄 채 시간을 보낸다. 눈앞에 지나가는 먹이만을 취식하거나 피딩타임이나 밤에 주로 움직이는데, 본격적인 밤낚시가 시작되는 시기가 바로 6월이 되는 이유다. 산란을 마친 배스는 육안으로 배가 홀쭉하다는 것을 확인할 수 있으며 수컷은 꼬리지느러미의 상처가 아물어간다.

이렇듯 두 패턴은 다르게 접근해야 확실한 조과와 마릿수를 거둘 수 있긴 하지만 이를 상쇄할 수 있는 공통점이 하나 있다. 바로 화려한 루어에 반응한다는 것이다. 화려함이라는 단어 안에는 색깔이 화려하거나 생김새가 화려하거나 소리가 요란하거나 하는 등 여러 의미가 담겨 있다. 6월의 루어는 어느 때보다 눈에 잘 띄고 독특하게 생긴 루어들이 유리하다.

| 1조건 | 스커트로 유혹하라

스커트는 화려함으로 배스를 유혹하는 무기로 가장 강력하다. 스커트는 가만히 놔두어도 유속으로 인해 나풀거리며 미세하게 움직이게 되고 액션을 줄 경우 그 움직임은 물속의 어떤 생명체도 보여주기 어려운 강렬함을 띤다.

산란 전 배스는 너무 화려하거나 인위적인 움직임에는 반응하지 않거나 도망가는 경우가 많다. 하지만 수온이 많이 오른 시기에 늦은 산란을 하는 배스는 다르다. 스커트의 인위적인 움직임이나 화려함에도 공격을 할 만큼 신진대사는 충분히 올라간 상태다. 산란장 공략 때도 충분히 사용할 수 있다. 산란 후기의 배스에게는 한입 먹더라도 쉽게 에너지를 보충할 수 있는, 느리고 볼륨감이 커 보이는 먹잇감으로 보인다.

그렇기에 스커트가 생명인 스피너베이트나 러버지그가 훌륭한 선택이 된다. 프리리그, 텍사스리그도 스커트를 추가하여 사용할 것을 권한다. 스커트는 종류가 매우 많다. 예전에는 고무 재질로 만들어진 스커트가 많았으나 최근에는 실리콘 재질로 만들어진 스커트를 사용하는 추세다. 굴곡이 있는 등 형태에 있어서도 다양한 제품이 나오고 있다.

대형호수의 콧부리에서 배스를 노리고 있는 낚시인.
6월엔 깊은 수심에 배스가 머무는 경우가 많다.

수초대가 밀생한 커버 지형. 톱워터 계열 루어가 위력을 발휘한다.

스커트 대신 동물의 털이나 인공적으로 만들어진 틴셀, 플래시보우 같은 소재도 있으나 물속에서의 펴지는 정도가 실리콘 소재의 스커트보다 풍성하지 않다. 특정한 장소나 특정한 환경에서 사용하는 경우가 많다. 스피너베이트, 러버지그, 스커트를 세팅할 수 있는 프리지그, 텍사스리그, 드롭샷리그 등이 이 시기에 잘 통한다.

2조건　꼬리 또는 집게발로 승부하라

저수온기에는 볼륨감이 있는 크리처 계열이나 크로우 계열의 웜보다는 스트레이트웜이 유리한 면이 많다. 스트레이트웜이 텍사스리그나 프리리그에 리깅되어 운용되면 크리처 계열이나 크로우(craw) 계열이 가지는 꼬리의 움직임보다 리액션이 훨씬 더 잘 일어나기 때문이다. 하지만 6월처럼 수온이 오르고 신진대사가 활발해진 배스는 리액션에도 반응하지만 화려한 꼬리의 움직임이나 볼륨이 있는 집게발에 더 강한 자극을 받는다. 이는 배스가 스커트의 화려한 움직임에 반응을 하는 이유와 비슷하다. 컬리테일과 같은 웜이 배스의 호기심을 더 자극한다. 그래서 이때부터는 본격적으로 폴링바이트가 많이 들어온다. 몸통에 수염과 다리 등이 많이 달린 크리처 계열 웜과 흔히 가재웜이라 하는 크로우 계열 웜은 폴링바이트를 가장 많이 유발하는 루어다.

컬리테일웜은 꼬리가 'U' 모양으로 생겨 물의 저항을 받을 경우 나풀거리는 특징을 가지고 있으며 드롭샷리그에 많이 사용된다. 비슷한 계열로

그럽이 있으나 그럽보다는 좀 더 가늘고 섬세한 움직임을 나타낸다.

크리처 계열은 물속에서 사는 수서곤충을 주로 나타내는 것이 많으나 실상 생명체의 움직임과 모습과는 다른 형태로 만든다. 화려함에 특화되어 만들어지는 경우가 많으며 컬리테일, 더듬이, 가재발 등이 복합적으로 하나의 웜에 녹아들어가 있는 경우가 많다.

크로우 계열은 주로 미국에서 주 패턴이 되는 가재를 본뜬 소프트베이트로 큰 발을 기본으로 장착하고 있으며 그밖에 꼬리나 더듬이를 추가한

어디를 공략해야 할까

6월의 산란장은 깊은 곳에 만들어지는 경우가 많다. 이는 4, 5월보다 6월의 일조량이 많아 굳이 얕은 수심에 만들지 않아도 되기 때문이다. 직벽권이나 인공구조물 등 산란장을 만들기 어려운 곳에도 어렵게 산란장이 생긴다. 따라서 봄보다는 좀 더 깊은 곳, 드롭라인과 인접한 곳, 인공구조물 인근 등이 공략 포인트로 적합하다.

산란이 끝난 후 휴식을 취하는 배스를 찾기 위해서는 그늘이 지는 후미진 곳이 제일 좋다고 할 수 있다. 교각 아래 그늘진 곳이나 나무그늘 아래도 좋은 선택이 된다. 이러한 장애물이 없는 곳은 폐그물, 고사목, 펜스 등 인공적인 구조물을 찾는다. 완만한 경사의 직벽이나 계단식으로 이루어진 드롭라인, 물속 큰 바위 아래, 콧부리 끝과 같이 급격히 깊어지는 곳도 좋은 배스의 휴식처다.

형태다. 현재는 크리처 계열과 중복되거나 겹치는 형태가 많다
컬리테일웜을 세팅한 드롭샷리그, 크리처, 크로우, 그럽 계열 웜을 펜 노싱커리그 또는 가벼운 싱커가 추가된 웜리그가 효과적이다.

3조건 | 요란한 루어를 써라

화려함이란 단어 안에는 시각적으로 화려하다는 뜻도 있지만 청각적으로 화려하다는 뜻도 포함되어 있다. 물속에서 정신없이 움직이고 요란한 소리를 내는 루어가 빛을 발하는 시기가 6월이라 할 수 있는데, 선봉장은 바로 톱워터 계열과 크랭크베이트 계열이다. 이 두 루어는 딱딱한 몸체에 시끄럽게 소리를 낼 수 있는 챔버(chamber)나 금속류가 있어 요란함과 화려함으로 배스를 유혹한다.

산란 후기의 배스에게는 산란장을 위협하는 무서운 존재로 어필을 하고 산란을 마치고 휴식을 하는 배스에게는 휴식을 방해하는 성가신 존재로 어필을 한다. 사람처럼 손이 없는 배스는 대부분의 행동을 입으로 한다. 사람들이 신기한 물건을 손으로 만져보고 성가신 물체를 손으로 쫓아내듯, 입으로 호기심이 가는 물체를 물어보고 성가신 존재는 입으로 물어 옮기며 짜증나는 존재는 입으로 물어 쫓아내는 것이다.

톱워터 루어 중 제로크랭크(zero crank) 또는 서페이스루어(surface lure)라고 불리는 루어는 시끄러운 녀석들이 많다. 물위를 시끄럽고 재빠르게 이동하고 특유의 립과 내부의 챔버로 극히 시끄럽고 화려하게 움직이기 때문에 이 시기 톱워터 루어로 제격이다. 또한 버즈베이트 역시 시끄러운 루어에 속하는데 크래커가 포함되어 있는 버즈베이트가 더 시끄럽다. 특히 프롭이 더 요란한 소리를 내는 재질인 황동으로 만들어졌다면, 알루미늄으로 만들어진 것보다 더 요란한 소리를 낸다.

크랭크베이트는 내부에 이동 웨이트 외에 별도로 소리를 내는 작은 금속 볼이 포함된 것이 좋다. 또한 나무(발사목)로 만들어진 크랭크베이트보다는 플라스틱으로 만들어 내부가 비어있고 그 속에서 별도의 소리를 내는 제품을 추천하고 싶다.

요란한 루어로 채워진 필자의 태클박스.

6월 머스트 해브 루어
러버지그

러버지그는 고무 스커트가 달린 지그라는 뜻으로 일본에서 넘어온 용어다. 미국에서는 러버스커티드지그(Rubber skirted jig)가 정식명칭이다. 우리가 스피너베이트를 스베라고 부르듯 미국에서는 통상적으로 그냥 지그로 불린다. 미국의 배스 영상에서 지그로 고기를 잡았다고 말한다면 9할은 우리가 말하는 러버지그로 잡았다고 생각하면 될 것이다.

러버지그는 1년 내내 사용할 수 있는 루어지만 특히 산란 시즌이 끝나가는 6월 이후가 주 사용 시기다. 예로부터 강력한 대물병기로 통하고 있다. 지그헤드와 스커트가 결합한 형태로 헤드의 모양에 따라 뾰족한 형태를 가진 러버지그를 아키 타입 러버지그, 둥근 형태를 가진 러버지그를 미식축구의 풋볼과 닮았다고 하여 풋볼 타입 러버지그라 한다.

아키 타입은 주로 관목, 수초 등 커버가 많은 곳에서 운용하며 바늘이 노출된 만큼 바늘이 장애물에 걸리는 것을 방지하기 위해 솔(브러시)이 달려있다. 풋볼 타입은 걸림이 덜한 사면이나 직벽 등에 사용하기 위해 솔을 제거하고 사용하는 경우가 많다.

훅은 생크(축)의 길이에 따라 장단점이 있다. 생크가 짧은 훅은 배스가 이물감을 덜 느껴 작은 배스도 깊게 흡입하는 장점이 있으나 반대로 걸림 확률은 떨어진다. 생크가 긴 훅은 배스가 이물감을 바로 느끼긴 하지만 챔질 성공률은 상대적으로 높다.

러버지그는 대부분 3/8온스, 1/2온스를 기본 무게로 하고 그 이상, 그 이하로 무게를 가감하여 사용한다. 특유의 헤드 무게, 그리고 그것과 결합된 굵은 바늘로 인해 다른 루어들에 비해 털림이 빈번한 루어다. 강력한 챔질과 노련한 로드워크로 바늘털이를 방지하는 게 좋다.

러버지그를 단독으로 사용할 수도 있지만 대부분 크리처 계열, 크로우 계열 웜을 결합해 사용하여 더욱 화려하고 풍성하게 보일 수 있게끔 운용한다. 맑은 물에서는 자연스런 스커트 색상이 적합하고 탁한 물에서는 검은색 등 짙은 색상을 이용해 물속에서도 잘 보이게 한다.

최근에는 고무 재질의 스커트가 아닌 실리콘 재질의 스커트를 사용하는 추세다. 고무 스커트의 경우 열에 의해 변형이 잘되고 관리가 어려운 단점이 있다. 실리콘 재질의 스커트는 변형률이 낮고 관리가 쉬우며 물속에서 퍼지는 모습이 자연스러운 게 장점이다

7월
톱워터 루어, 버즈베이트의 모든 것

배스루어의 꽃은 무엇일까? 시장에는 수없이 많은 루어들이 출시되고 있다. 가장 많은 사랑을 받는 루어를 꼽으라면 톱워터 루어 계열일 것이다. 시간이 흘러도 그 인기는 변함이 없다. 톱워터 루어가 사랑받는 이유는 다이내믹한 입질에 있다. 그 과정이 여과 없이 낚시인에게 전달된다.

배스는 입으로 모든 걸 판단한다

최근 고양이를 키우는 사람들이 늘어났다. 고양이는 개보다 호기심이 강하고 개인적인 영역을 더 많이 갖고 있으며 활동적이다. 이상하게 들리겠지만 나는 고양이와 배스가 매우 닮았다고 본다. 행동방식이 상당히 비슷하다. 나만 이렇게 생각하는 것은 아니다. 미국과 일본의 프로선수들도 잡지나 영상을 통해 고양이와 배스가 닮았다고 언급하고 있다. 호기심도 많고 개인적인 영역을 중시하며 무심할 때는 완전히 관심을 끊는 고양이는 배스를 쏙 빼닮았다.

고양이를 장난감으로 유혹한다고 가정해보자. 좋아하는 장난감을 눈앞에 던져주면 고양이는 호기심 또는 친근함을 갖고 다가올 것이다. 그때 가장 먼저 내미는 것이 발이다. 그렇다면 배스는? 배스는 손과 발이 없다. 사람을 비롯해 고양이, 강아지 등은 만지고 싶은 대상, 호기심이 가는 물건이 있으면 친근함의 표현을 손이나 발로 한다. 거부감을 표현할 때도 마찬가지다. 하지만 배스는 손과 발이 없다. 배스에게 손과 발이 바로 입이다.

입으로 먹이를 먹고, 입으로 신기한 물건을 만져보고, 입으로 모든 것을 느끼고 판단한다. 따라서 배스가 입으로 루어를 공격하는 것을 모두 '먹이 취식'이라는 카테고리에서 판단하는 것은 잘못된 것이다. 배스가 내 루어를 무는 것은 배가 고파서가 아니라 신기해서 만져본 것일 수도 있다. 버즈베이트는 이러한 관점에서 설명해야 이해할 수 있는 루어다. 배고파서 무는 것이 아니다

버즈베이트는 물속의 어떤 생명체와도 닮지 않았다. 배스가 가끔씩 얼굴을 물 밖으로 내밀어 세상을 본다고 가정해보자. 그렇다고 해도 버즈베이트는 구경도 못했을 가능성이 크다. 그만큼 버즈베이트는 이질적으로 생겼다. 도저히 먹잇감이라고는 볼 수 없는 형태. 그래서 수많은 톱워터 루어 중에서도 가장 외면당하고 있다고 생각한다.

배스는 버즈베이트를 공격한다. 왜 공격하는 것일까? 앞서 설명한 대로 먹이 취식의 카테고리가 아닌, 배스가 가진 고유의 공격 본능, 또는 호기심에 의한 감정의 표출로 봐야 하는 것이다. 눈앞에 파리가 시끄럽게 날아다니거나 모기가 앵앵거리며 날아다닌다면, 우리는 어떤 행동을 취할까? 바로 파리와 모기를 쫓기 위해 손을 휘휘 허공에 내저을 것이다.

배스 역시 마찬가지다. 물속 배스는 본인의 영역에서 시끄럽게 표층을 훑고 가는 괴상한 물체를 보고 짜증을 느끼던가 아니면 호기심이 발동해 입으로 루어를 물어볼 것이다. 이것이 버즈베이트의 입질 패턴이다. 배고파서 무는 것이 아닌, 짜증과 불안감 등의 감정, 또는 호기심의 표출이다.

첫째도 소리, 둘째도 소리

버즈베이트에서 버즈(buzz)란 단어는 '윙윙거리다' '부산스럽다' 등의 뜻을 갖고 있다. 말 그대로 시끄럽게 윙윙거리며 표층을 자극하는 루어. 그렇기에 버즈베이트의 생명은 첫째도 소리, 둘째도 소리이다.

어떻게 하면 버즈베이트의 소리를 크게, 명확하게 낼 것인가는 루어를 만드는 회사의 공통적인 고민이다. 그 방법으로 버즈베이트의 블레이드 크기 또는 재질을 바꾸고 블레이드 부딪치게 해서 소리를 증폭시키는 크래커(cracker)를 단다.

블레이드

버즈베이트 블레이드는 크기가 크면 클수록 소리가 커진다. 하지만 크기가 커지면 가라앉는 속도가 빨라 재빨리 상승시키기 어려운 면도 있으며 비거리가 줄어드는 경향이 있어 루어 제조사들은 대부분 이 블레이드의

블레이드 아래 황동 소재의 크래커가 달린 버즈베이트.
사진의 크래커는 황동으로 제작된 것으로 날카롭고 큰 소리가 난다.

물보라를 일으키며 빠르게 수면을 가르는 버즈베이트.

크기는 통상적인 범위에서 크게 바꾸지 않는다. 다만 재질은 조금씩 다르게 사용한다. 플라스틱부터 금속 소재까지 다양하게 사용하고 있다.

크래커

더욱 자극적인 소리를 추가하기 위해 블레이드 아래쪽에 크래커를 단다. 이 크래커는 철사, 금속 볼, 금속판 등이 주로 사용된다. 제조사마다 조금씩 다르다. 다양한 재질로 만들어지고 있으며 최근에는 황동 소재의 크래커를 많이 사용한다.

스피너베이트와는 다르다

버즈베이트와 비슷하게 생긴 루어로 스피너베이트가 있다. 똑같이 와이어에 블레이드를 달았다. 언뜻 보면 비슷하지만 운용방법과 설계 초점에서 다르다.

스피너베이트가 표층과 중층 등 모든 수심층에서 다양하게 사용되는 루어라면, 버즈베이트는 오로지 표층에서만 사용할 수 있다. 물론 버즈베이트도 물속에 가라앉힌 후 사용할 수 있다. 하지만 파장이 스피너베이트와는 완전히 다르다. 버즈베이트의 블레이드는 수면 쪽으로 뜨려는 성질이 매우 강하다. 중층을 공략하기 위해 설계된 루어가 아니라는 것이다.

또 스커트의 경우 스피너베이트에서는 핵심 부품이지만 버즈베이트에서는 큰 비중을 차지하지 않으며 오히려 스커트가 없는 제품이 많이 출시되고 있다.

가장 큰 차이점은 와이어의 굵기다. 스피너베이트는 블레이드의 진동이 와이어를 타고 헤드에 연결되어 스커트와 헤드가 떨리게끔 하는 역할을 하기 때문에 이 와이어의 굵기가 매우 중요하다. 가늘면 가늘수록 진동을 잘 전달하지만 또한 잘 부러지기 때문에 이 와이어 굵기를 어떻게 선택하느냐에 따라 블레이드의 진동과 크기 등이 정해진다.

반면 버즈베이트는 와이어 굵기를 크게 따지지 않는다. 블레이드의 진동을 헤드와 스커트에 전달하는 목적이 아니기 때문이다. 배스와의 파이팅에서 밀리지 않도록 대부분 매우 굵은 와이어를 사용하고 있다.

톱워터 루어 중 가장 강력한 입질

버즈베이트를 운용하다 보면 다른 톱워터 루어와는 비교할 수 없는 강력한 입질을 받을 수 있다. 순간적으로 사라지는 입질이나 살그머니 끌고 들어가는 입질은 거의 없으며 대부분 수면을 강력하게 공격하는 입질이 들어온다. 버즈베이트 입질만의 특징이다. 그 이유는 루어가 빠르게 움직이기 때문이다.

다른 톱워터 루어는 운용할 때 스테이 액션을 주는 경우가 많다. 이때 배스는 톱워터 루어를 보고 멈추었다가 공격하게 된다. 하지만 버즈베이트는 가라앉지 않게 하기 위해 표층에서 빠르게 감는다. 이렇게 빠르게 움직이는 버즈베이트와 또 이것을 공격하려고 빠르게 움직이는 배스가 만나게 되면 어떻게 될까? 폭발하듯 매우 강렬한 포말이 일고 큰 소리가 난다. 버즈베이트에서만 볼 수 있는 입질이다.

하지만 이런 이유로 훅셋 미스도 많이 일어난다. 움직이는 물체와 움직이는 물체가 부딪히기 때문이다. 웬만한 활성도나 호기심이 아니면 설걸리는 경우도 많다.

트레일러훅 필수

그렇기 때문에 버즈베이트는 트레일러훅이 필수다. 스틱베이트나 폽퍼같이 톱워터 루어에 트레블훅이 달려 있어 배스가 입질할 때 자동으로 걸리게 하는 것과 같은 이유다. 훅셋 미스가 많이 나니 바늘을 하나 더 달아 더욱 잘 걸리게 하는 것이다. 이때 트레일러용 웜을 다는 것도 좋다. 트레일러는 길고 하늘거리는 컬리테일보다는 짧고 뭉툭하며 소금기가

초여름의 강낚시터. 사진과 같이 수심이 얕은 강계에서 버즈베이트가 잘 먹힌다.

많이 첨가된 것이 좋다.

짧고 뭉툭하며 소금기가 많이 첨가된 웜은 버즈베이트의 비거리를 늘려준다. 캐스팅 시 무게중심이 바늘 쪽으로 쏠리게 되어 있어 잘 날아가고 착수가 되면 느리게 가라앉아 수면에 띄우기 편하다. 짧고 뭉툭한 웜을 꿴 다음 트레일러훅까지 끼운다면 갑작스럽고 '와일드'해서 부정확할 수밖에 없는 입질에 확실히 대응할 수 있을 것이다.

7월은 버즈베이트 황금기

7월 초부터 7월 중순에 이르면 배스의 산란은 끝나게 된다. 휴식기를 마친 배스는 탐식성이 강하고 왕성한 호기심을 보이며 표층과 중층, 바닥층 할 것 없이 루어에 반응하게 된다. 수온 역시 적당히 올라 신진대사도 활발하다. 최고조에 이른 활성도로 인해 버즈베이트를 운용하기에 매우 좋은 시기다.

버즈베이트는 생각보다 사용할 수 있는 시기가 길다. 경험 많은 앵글러들은 버즈베이트를 이른 봄부터 사용하기도 한다. 물론 어느 정도 환경과 낚시 여건을 갖춰야 하는 조건이 붙지만 우리의 통념보다 버즈베이트의 운용기간은 훨씬 길다고 볼 수 있다.

배스가 가장 활성도가 좋다고 말하는 수온은 통상 20도 내외다. 여름으로 들어서는 6월부터 수온은 대부분 20도 이상으로 올라가게 되고 7월에 정점을 찍는다. 8월을 넘기면 표층수온마저 올라 가장 더운 오후에는 배스가 거의 가사상태에 빠진다. 9월로 넘어가면서 수온은 조금씩 내려가게 되는데 수온이 급하게 하락하기 시작하는 10월까지 버즈베이트가 많이 사용된다.

버즈베이트는 일단 얕은 수심에서 운용하는 것을 전제로 사용한다. 하지만 중층에 배스가 떠있을 경우는 예외다.

얕은 곳에 물속 장애물이 형성된 곳

수위가 올라 얕은 지역이 잠기면 그곳에 있는 장애물은 인위적으로 형성되었던 자연적으로 형성되었던 가리지 않고 배스가 머무는 경우가 많다.

물속 큰 장애물에 배스가 서스펜딩 상태에 있을 때

수위가 오르고 수량이 늘어나면 수온은 천천히 하락하게 된다. 이런 상황에서 배스는 적당한 활성도를 띄면서 직벽이나 고사목 등 물속 큰 장애물에 서스펜딩 상태에 있게 된다. 고수온기를 맞아 저활성도로 서스펜딩 상태에 있는 것과는 다르다. 이때는 수심 불문하고 버즈베이트에 활발히 반응하는 경우가 많다.

고수온기 저활성도로 서스펜딩 상태가 되어 있는 경우엔 버즈베이트는 좋은 선택이 되지 않는다. 이럴 때는 최대한의 그늘이나 배스가 숨을 수 있는 틈을 노려 공략한다.

얕은 곳에 먹잇감이 많을 때

얕은 곳에 장애물이 많이 있으면 배스의 먹잇감이 되는 작은 베이트피시들이 많이 모이고 오랫동안 머물게 된다. 이때 그 먹잇감을 노리려는 배스들이 늦봄이나 초겨울부터 표층을 활발히 공격한다.

물이 죽는 지역

소규모 수로나 강계에서 새물이 나오는 지역의 경우, 물이 흘러내리면서 죽는 지역, 즉 백워터(backwater) 지역에 배스가 몰리는 경우가 많다. 이때 버즈베이트는 매우 좋은 선택이 된다. 한두 번 던지는 것보다는 지속적으로 공략하는 것이 좋다.

장비 조합
베이트릴은 6점대가 황금 기어비

버즈베이트는 큰 블레이드로 인해 캐스팅할 때 공기저항이 많은 루어다. 따라서 그에 맞는 로드와 릴, 라인의 궁합이 필요하다.

■로드
허리는 강력하고 팁은 어느 정도 먹는 제품이 꼭 필요하다. 유연한 팁은 공기저항이 많은 버즈베이트를 원활하게 캐스팅할 때 필요하다. 튼튼한 허리는 챔질을 강력하게 할 때 필요하다. 버즈베이트는 트레블훅이 달린 하드베이트와는 달리 튼튼한 훅이 하나 달려 있는 루어다. 자동으로 걸려 유연한 챔질이 필요한 트레블훅의 하드베이트와는 달리 강한 챔질이 필요하다. 길이는 6.6ft 이상, 파워는 MH 이상, 1온스급 루어를 캐스팅할 수 있어야 한다.

■릴
베이트릴이 필수다. 스피닝릴로 운용하지 못하는 것은 아니나 베일 조작을 해야 하는 스피닝릴 특성상 착수와 동시에 루어를 감아야 하는 버즈베이트에서는 걸림돌이 된다. 그렇기 때문에 착수와 동시에 원활하게 감을 수 있는 베이트릴이 유리하다.

기어비는 6점대를 추천하고 싶다. 5점대는 천천히 운용하기에는 좋으나 버즈베이트가 주로 사용되는 수생식물, 커버 주변 등에서는 챔질 후 빠르게 제압하기 힘들다. 그리고 7점대 이상은 너무 빠르다. 6점대가 버즈베이트에 딱 어울리는 황금 기어비다.

■라인
카본라인이나 PE라인을 추천한다. 버즈베이트는 약간 강제성을 띤 집행이 유리하기 때문이다. 강력한 인장력을 가진 카본라인이나 PE라인이 유리하다. 카본라인은 14lb 이상을 추천하며 PE라인은 8합사 기준 30lb 이상을 추천한다

8월
SUMMER SIGHT FISHING

보이는 배스는 잡기 힘들다. 앵글러가 배스를 보기 전에 먼저 배스가 앵글러를 보고 느끼기 때문이다. 그렇기에 경계심이 높아진 배스는 내 채비가 떨어지자마자 도망가는 경우가 많다. 앵글러와 배스의 싸움은 감각적인 측면에서 우월한 배스가 훨씬 유리하다. 하지만 배스가 나를 느끼지 못하고 내가 먼저 보았을 때는 어떻게 될까? 보고 낚는 낚시, 사이트피싱에 대해 알아보도록 하자.

가장 중요한 것은 조용히 접근하는 것
물고기를 보고 잡는 피싱을 일컫는 사이트피싱은 물론 배스낚시의 종주국인 미국에서 먼저 시작하였다. 주로 초봄에 부유물이 많이 가라앉아 호수 자체의 물빛이 맑을 때, 얕은 곳으로 올라온 배스를 낚거나 산란철 알자리를 노리는 낚시에서 주로 시작하였으며, 기타 대형 도크(dock) 시설을 비롯한 구조물 아래 서스펜딩 상태의 배스를 잡기 위해 시작되었다.

이러한 사이트피싱은 바로 옆 나라 일본에서 꽃을 피우고 상당히 발전했다. 그도 그럴 것이 클리어워터를 넘어 수심 6~7m의 바닥까지 훤히 보이는 슈퍼 클리어워터가 산재한 일본 대형호수 특유의 물색이 그 이유로 꼽힌다. 맑은 물색으로 인해 잔뜩 경계심을 가진 배스를 잡기 위해 극히 가는 라인, 극사실적인 퀄리티의 루어, 매우 작은 싱커를 사용하는 일본식 피네스피싱이 탄생했고 그 낚시의 정점에 있는 것이 바로 사이트피싱이다.

산란기를 제외하고 지금 여름 시기에 사이트피싱을 성공으로 이끄는 전제조건은 단 한 가지, '배스가 앵글러를 보기 전에 앵글러가 먼저 배스를 보았는가'하는 것이다. 이 전제조건이 따라주지 않고 배스가 앵글러를 먼저 보았다면 십중팔구 도망가거나 잔뜩 경계심을 갖추고 있는 상황에서 낚시를 해야 한다. 한마디로 앵글러가 매우 불리해진다는 것이다. 그렇기에 사이트피싱에서 가장 중요한 것은 뭐니 뭐니 해도 어프로치(approach), 즉 포인트로의 접근이다.

배스의 눈 위치와 구조상 사람의 눈보다 훨씬 많은 곳을 빠르게 캐치하기 때문에 물 밖의 나무나 수중의 수생식물, 구조물 같은 장애물이 없다면 사람이 먼저 인지하기 전에 배스는 이미 사람을 보고 있다고 판단하면 된다. 또한 사람이 물가로 다가가는 발자국 소리, 소음은 진동을 통해 물속으로 전달이 되고 배스의 측선을 따라 감각기관에 전달되기에 물 밖의 진동은 배스가 경계심을 가지게 하는 요소가 된다. 포인트로의 조심스런 접근과 이동, 장애물의 적절한 이용은 사이트피싱에서 제일 중요한 요소이다.

편광안경에 대해 궁금한 것들
사이트피싱은 말 그대로 물고기를 보고 낚는 것이기 때문에 물고기를 잘 볼 수 있게 해주는 장비가 필요하다. 마치 군인들이 밤에 적외선 카메라나 야시경을 쓰고 작전을 수행하듯 사이트피셔라면 빼놓을 수 없는 것이 바로 편광안경이다.

편광렌즈란 무엇인가?
편광렌즈가 무엇인지 알기 위해서는 먼저 빛에 대해 알아야 하는데, 자연의 빛은 진행할 때 모든 방향으로 진동하면서 퍼진다. 즉 쉽게 말해 태양이 뜨면 태양빛은 사방으로 진동하면서 퍼진다는 것으로 이해하면 되겠다. 사방으로 진동하는 태양빛을 특정 방향으로만 진동하게 통과시키게 만드는 필터가 바로 편광필름이고 이러한 편광필름을 유리나 플라스틱에 붙여 렌즈로 만든 것이 바로 편광렌즈이다.

낚시에 사용되는 편광렌즈는?
자연광이 물이나 지표면의 반짝이는 물체에 반사되면 퍼지게 된다. 이게 바로 호수에 빛이 반사되어 나타나는 눈부심이다. 빛이 반사되어 나갈 때는 한 방향인 수평 방향, 즉 한쪽으로 편향되어 퍼지게 되는데, 물속을 보이지 않게 만드는 빛으로서 수평 방향으로 반사되는 자연광이다. 그렇기에 수평 방향으로 편향되어 퍼지는 빛을 차단시키면 눈부심이 줄어들고 물속을 볼 수 있다. 이렇게 편향되어 퍼지는 빛을 차단하기 위한 필름이 필요한데 이 필름에는 사람 눈에는 보이지 않는 아주 미세한 줄이 수직으로 그려져 있다. 이것이 바로 수평으로 반사되는 빛을 차단하는 역할을 한다. 이 필름이 부착된 렌즈로 안경을 만들면 편광선글라스가 되는 것이고 흔히 말하는 수평 방향의 난반사를 일으키는 자연광만 차단시켜주어 물속이 매우 잘 보이게 되는 원리이다.

편광선글라스.
수면의 난반사를 차단시켜 물속을 볼 수 있게 만들어준다.
사진의 제품은 제이에스컴퍼니의 사이트마스터.

물속을 유영하고 있는 배스.

좋은 편광렌즈란?

수평 방향으로 진동되어 퍼지는 빛을 막기 위해 필름에는 수직 모양의 줄이 아주 미세하게 그려져 있는데 그 줄이 얼마만큼 조밀한가, 또 그 수직 방향의 줄의 각도가 제대로 수직에 가까운가, 줄에 빈틈이 없는가에 따라 고난이도의 제작 능력이 요구된다. 그렇기에 편광필름이 어떻게 제작되고 부착되었느냐에 따라 빛을 차단하는 것이 달라지는데 좋은 편광렌즈란 수직 모양이 수직에 가까운 각도로 조밀할수록 편광을 차단하는 좋은 렌즈라 할 수 있다.

정확히 캐스팅하고 착수음은 작게

장애물이 많은 곳을 조용히 들어가 수면에서 노닐고 있던 배스 무리를 발견했다고 가정해보자. 배스는 아직 앵글러의 존재를 확인하지 못했다. 채비를 던져놓고 배스의 입질만 받으면 되는 상태다. 이때 가장 중요한 것은 캐스팅 능력이다. 사이트피싱은 캐스팅 능력이 매우 중요하다. 물론 무거운 채비를 사용한 초장타낚시는 그런 것이 필요하지 않지만 근거리 피칭이나 스키핑, 플리핑 같은 캐스팅 방법은 장애물이 산재한 곳에서 고도의 캐스팅 능력을 요구한다. 그렇기에 나무와 나무 사이를 지나 배스가 노니는 수면에 정확하게 던져 넣어야 하는데 조금이라도 벗어나거나 장애물에 루어가 걸려 수면 주위가 어수선해지면 배스는 바로 도망갈 확률이 높다.

정확한 캐스팅 못지않게 중요한 것이 채비의 착수음이다. 사실 완벽히 배스가 사람의 존재를 모른다면 어느 정도의 착수음은 용인된다. 하지만 아주 근접해있거나 무거운 채비를 사용한다면 그에 맞게 매우 절제된 착수음이 나도록 해야 한다. 채비의 볼륨이 크면 클수록 물위에 떨어지는 파장과 소음이 더 크게 유발되고 그로 인해 배스는 도망가 버리는 경우가 많다. 그렇기에 착수음을 적게 내기 위한 캐스팅 방법이 요구되는데 베이트캐스팅릴의 경우 서밍(thumbing)을 능숙하게 하여 착수 시 소리 없이 수면에 떨어뜨려야 하는 등 상당한 스킬이 요구된다.

이러한 착수음이 부담이 된다면 매우 작고 가벼운 루어를 사용하면 해결할 수 있다. 작고 가벼운 채비는 베이트캐스팅 장비로는 원활한 캐스팅이 어렵기에 스피닝릴 장비를 이용해 캐스팅하는 것이 좋다. 일본 최고의 배스프로 아오키 다이스케가 유행시킨 쵸친낚시(チョウチン釣り, 호롱낚시로 불리는 낚시법, 생미끼나 찌를 초리 가까이 대롱대롱 매달리게 해서 고기를 낚는 방법)가 바로 일본식 피네스 사이트피싱의 정점이라 할 수 있는 스킬이다

루어의 활용

사이트피싱에 대한 특별한 테크닉은 없다. 일단 완벽한 어프로치와 캐스팅 자체가 사이트피싱 테크닉이라 설명할 수 있겠다. 자연적인 상태에서 배스에게 위화감을 주지 않는 것 자체가 사이트피싱의 과정이고 제일 큰 목적 중 하나이기 때문이다.

아주 조심스럽게 포인트에 들어가 배스가 눈치 채지 못한 상태에서 완벽하게 캐스팅을 한다면 그 배스는 저활성도에 빠진 배스가 아니라면 대부분 루어에 반응을 하게 된다. 이때는 루어의 크기나 볼륨감은 크게 상관없다. 먹잇감, 침입, 호기심 등에 의하여 배스는 반응을 하는 것이 대부분이다. 사이트피싱의 완벽한 성공이라 할 수 있다. 다만 배스가 저활성도에 들어간다면 이야기가 조금 달라진다. 그때는 자동으로 먹는 것이 아니라 먹여야 한다. 루어로 지속적으로 자극을 주고 호기심을 갖게 하고 눈을 루어 쪽으로 돌리게끔 만들어야한다. 즉 배스를 속여야 한다.

배스가 사람을 인지하고 잔뜩 경계하거나 저활성도에 빠져 루어 자체에

편광선글라스를 끼고 포인트를 살펴보고 있는 필자.

관심이 없는 경우에는 어떻게 해야 할까? 이때는 최대한 생명체와 가까운 모습의 루어를 선택해서 움직임 역시 실제 생명체처럼 움직이게 만드는 것이 중요하다. 몇 년 전부터 유행하던 벌레 계열의 루어들과 내추럴 형태의 베이트피시를 완전히 빼닮은 루어들은 바로 이런 것을 겨냥해 만들어진 것이다. 자연에 존재하는 생명체의 모습과 움직임을 최대한 모방해 잡아내는 것으로, 어필력은 작지만 그 '내추럴함'으로 인해 거의 입질을 유도해낼 수 있다. 이러한 루어들은 몇가지 종류가 있으며 추천하고자 하는 제품과 채비는 다음과 같다.

지렁이를 닮은 루어

네코리그를 기본으로 사용한다. 바닥을 기는 지렁이와 같은 환형동물을 형상화하였다. 여름철 장마철에 떠내려 온 지렁이는 붉은색이나 고동색을 띄는 경우가 많은데 웜 색깔 역시 붉은색이나 짙은 색의 스트레이트 웜이 유리하다. 싱커는 무겁게 쓰지 않는다. 최대한 자연스럽게 보이도록 1~3g 내외의 소형 싱커를 사용하고 라인 역시 카본라인 기준 4lb, 또는 합사 1호 미만을 사용하는 것을 기본으로 한다.

벌레를 닮은 루어

나무에서 떨어지는 송충이나 애벌레, 그리고 물속을 기어 다니는 수서곤충을 닮은 루어로서 스몰러버지그가 여기에 해당된다. 요즘은 극사실적으로 거미나 곤충류를 이미테이션한 루어들도 많이 출시되고 있다. 스몰러버지그의 경우 싱킹이지만 매우 천천히 떨어져 폴링 시 어필 능력이 뛰어난 루어이다. 스몰러버지그를 이용한 사이트피싱에서 대부분의 입질은, 배스가 루어를 인지한 그 시점에 바로 들어온다. 폴링 시에 압도적으로 많이 들어오는 것이다. 플로팅 타입은 주로 거미, 물위에 떨어진 벌

레과 나비류를 흉내 낸 것으로 자체 부력으로 인해 수면에 뜨는 특징이 있다.

물고기를 닮은 루어

도망치는 물고기나 죽어가는 물고기를 흉내낸 리얼베이트로 사이트피싱에 특화된 루어라 할 수 있다. 매우 작은 지그헤드에 꿰어 미드스트롤링으로 사용할 수 있으며 노싱커리그로도 사용할 수 있다. 싱커를 끼울 경우 아주 작은 1g 미만의 싱커를 삽입하여 사용하는데 다른 리얼루어 계열보다 컨트롤이 상당히 어렵고 테크닉이 필요한 루어이다.

갑각류를 닮은 루어

갑각류 루어를 활용하는 사이트피싱은 주로 미국에서 이루어진다. 북미에 서식하는 붉은가재의 움직이는 모습을 이미테이션화한 것으로 러버지그가 대표적이다. 주로 도크나 고사목, 얕은 수초자락에 붙어있는 배스를 발견한다면 가재류를 닮은 트레일러를 덧단 후 빠르게 빠르게 호핑하여, 배스의 눈앞에 가져다 놓는 식이다. 북미산 가재는 뒷걸음질 치며 도망가는 속도가 상당히 빠르기 때문에 평소 운용하는 러버지그의 호핑앤드래깅보다 조금 빠르게 운용한다.

포인트

지금 이 시기 사이트피싱을 가장 쉽게 할수 있는 곳은 어디일까? 8월은 완연한 여름으로 덥고 습한 시기이며 배스 역시 햇살이 내리쬐는 곳에서 저활성도를 띄고 있는 곳이 많다. 그렇기에 그늘, 새물유입구, 구조물 등 그늘이 형성되고 배스가 의지하고 숨을 수 있는 장애물이 있는 곳이 좋다.

수면에서 파동을 일으키고 있는 벌레류의 톱워터.

나무 등이 그늘을 만들어주는 오버행 포인트.

저수지나 강과 연결되어 배스 자원이 지속적으로 유입되는 농수로 포인트.

새물유입구

두말할 것 없는 여름철 최고의 포인트다. 하지만 사이트피싱은 새물이 떨어지는 곳에서 이루어지지 않는다. 포말로 인해 물고기가 잘 보이지 않기 때문이다. 포말이 떨어지는 곳에서는 다른 루어로도 충분히 잡을 수 있으며 사이트피싱은 그보다 좀 더 떨어져 물흐름이 죽고 물이 돌아나가는 백워터 지역이 좋다. 새물의 종류에 따라 루어를 선택하는 기준은 달라진다. 맑은 물이 내려오는 곳이라면 물고기 계열의 루어를 중층에서 흘리듯 운용하는 것이 좋고 물이 약간 탁할 경우 벌레 계열을 이용하여 표층을 공략한다.

오버행

흔히 물 위로 나무 등이 드리워져 그늘이 지는 곳을 말한다. 이러한 곳은 캐스팅이 어려운 경우가 많으므로 캐스팅 시 로드 파손에 주의한다. 이 시기 오버행에 포진하는 대부분의 배스들은 그늘진 곳에 떠 있는 경우가 많으며 그러한 배스들은 나무 위에서 떨어지는 벌레 등을 먹는 데 익숙

하다. 그렇기에 벌레 계열을 이용하여 잡아내는 것이 좋다.

다리 또는 보 위

다리 위는 사시사철 좋은 사이트피싱 포인트가 된다. 높이가 20m가 넘어가는 다리의 경우 배스가 다리 위쪽까지 앵글러를 잘 인지할 수가 없는 반면, 앵글러는 다리 아래로 유유히 노니는 배스를 쉽게 목격할 수 있기 때문이다. 주로 교각 아래로 직공이 이루어지는데 배스가 앵글러를 전혀 인지 못하기 때문에 루어의 종류와 볼륨은 크게 신경 쓰지 않아도 된다. 다만 다리 위로 랜딩이 어렵기 때문에 튼튼한 채비가 필요하다

농수로

사방이 시멘트 구조물로 이루어진 농수로는 사람들이 거의 찾지 않는 곳인데 저수지나 강계와 연결된 농수로에는 배스가 서식하고 있다. 이러한 배스는 철저하게 구조물에 의지해서 살아가고 농수로와 연결된 배관 등에서 나오는 새물에 의지해서 살아간다. 배관 부근과 수문 근처는 배스의 경계심이 강하므로 접근할 때 주의가 필요하다. 배관 근처 등에서 주로 낚시가 이루어지며 모든 채비가 다 먹히곤 하지만 가장 좋은 것은 스트레이트웜을 세팅하는 네코리그의 폴링 기법이다. 농수로 주변에서 비로 인해 흘러나온 지렁이가 모티브다.

장비와 채비

앞에서 언급한 방법으로 사이트피싱을 하게 된다면 사실 루어의 크기와 볼륨, 라인 등은 상관없이 배스가 공격하게 된다. 하지만 배스가 어느 정도 경계를 하고 있다면 루어로 유혹하여 먹여야 되는 상황이 오게 되는데 이때는 루어가 작으면 작을수록 유리하다. 하지만 이 작은 루어는 캐스팅에 있어 매우 불리하다. 이러한 루어들은 대부분 어필력을 키우기 위해 스커트가 달려있고 물에 뜨게 하기 위해 속이 빈 구조이기 때문이다. 그렇기에 작고 가벼운 채비를 날릴 수 있는 스피닝 장비와 가는 라인이 가장 현실적인 선택이 되고 있다.

낚싯대와 릴

대부분 가벼운 채비를 캐스팅할 수 있는 L 또는 UL 액션의 로드를 기본으로 하고 있다. 하지만 사이트피싱이 장애물에 숨어 있는 배스를 노리거나 커버와 인근한 곳에서 이뤄지다 보니 송어나 계류로드 같은 UL 액션과는 천지차이이다. 계류로드가 허리까지 유연하게 휜다면 배스용 사이트피싱 전용 스피닝로드는 허리가 빳빳하고 팁은 유연한 특징을 지닌다. 또한 길이는 조작성을 중시하기 위해 많이 길지 않으며 대부분 1000번 스피닝릴 스풀 크기에 맞춰 가이드가 배열되어 있다.

낚싯줄

합사가 대세다. 매우 맑은 물에서 주로 물고기 모양의 루어로 사이트피싱을 하는 경우에는 합사를 쓰지 않고 투명한 카본라인 2~3lb를 사용해 낚시가 이루어지기도 한다. 하지만 대부분의 경우 1호 미만의 합사를 스피닝릴에 감아 사용하고 있다. 쇼크리더는 필요 없이 합사를 직결해 루어와 결속하면 되나 채비나 루어에 따라 쇼크리더를 사용하기도 하며 이때 쇼크리더는 카본라인 10lb 내외를 사용한다. 마킹이 되어 있는 바다용 합사보다는 단색으로 이루어진 합사를 추천한다.

9월
피딩타임과 베이트피시에 집중하라

입추가 지나고 계절이 좀 바뀌는가 싶지만 한낮의 따가운 햇살은 여전히 그대로다. 그래도 불볕더위를 보였던 얼마 전과 비교해보면 새벽과 저녁에는 선선한 바람이 분다. 9월은 연중 배스낚시가 가장 어려운 시기이다. 저녁과 새벽에는 초가을처럼 기온이 약간 내려가지만 한낮은 여름과 같이 매우 뜨거워서 수온변동의 폭이 꽤 크기 때문이다. 가장 난이도가 높은 9월의 배스낚시 방법을 알아본다.

꽁꽁 얼어있는 대지와 혹독한 수온으로 낚시 자체가 되지 않는 겨울과 초봄을 제외한다면, 나는 가장 낚시가 어려운 시기를 9월로 꼽고 싶다. 연중 수온의 변동 폭이 가장 큰 시기는 5월과 6월, 그리고 9월과 10월이다. 특히 9월은 여름에서 가을로 접어드는 시기로 여름의 기운이 여전히 남아 있으면서 가을의 기운도 느껴지는 정말 까다로운 시기라 할 수 있다.

매일매일 배스가 잘 잡히던 포인트가 하루아침에 황무지로 변하기도 하고 하루가 멀다 하고 빅배스들이 회유하던 곳은 겁 없는 10대 배스들의 놀이터가 되기도 한다. 9월의 낚시가 힘들어지는 이유는 여러 가지가 있는데 두 가지를 든다면 수온의 변화와 수위의 변화다.

9월에 낚시가 어려운 이유

배스가 가장 민감하게 받아들이는 외부환경이 바로 수온이다. 9월은 봄철의 5월과 더불어 수온이 급변하는 시기이다. 다른 점이 있다면 5월은 늘어나는 일조량에 따라 배스의 활성도가 점점 올라가는 시기인 데 반해, 9월은 그렇지 않다는 것이다. 하루에도 계속 바뀌는 수온에 맞춰 배스의 신진대사도 들쭉날쭉 변한다.

봄과 여름엔 수위가 많이 변한다. 봄의 농번기 때 대량으로 물을 빼는 경우, 그리고 초여름 장마 등을 꼽을 수 있다. 하지만 최근 들어서는 9월의 수위변동도 봄, 가을 못지 않다. 기상청의 통계자료를 보면 2010년 이후로 초가을마다 잦은 태풍의 상륙으로 강수량이 꾸준히 늘어나고 있다.

올해는 초여름 장마가 늦게 왔고 빨리 끝나버려 8월에는 대부분의 저수지와 호수가 내림수위였다. 큰비가 여름 내내 없었기 때문이다. 하지만 8월에 큰비가 사라지면 해상의 기온이 상승하면서 뒤늦게 태풍이 많이 오게 된다.

이러한 초가을 태풍은 강과 호수의 수위를 들쭉날쭉하게 만든다. 흙탕물이 유입

되고 포인트가 바뀌며 표층수온이 변화는 등 다양한 환경변화를 유발한다. 국지성 호우와 태풍 등이 반복되면서 수위는 더욱 불안정하게 되어 9월의 낚시를 어렵게 만든다.

수온의 변화와 수위의 변화

물고기가 먹이를 취식하는 시간을 피딩타임(feeding time)이라고 한다. 이른 새벽, 늦은 저녁을 말한 것으로 시간을 따지면 두 시간 정도인데 이때 입질이 가장 활발하다. 하지만 환경과 시기에 따라 이러한 피딩타임도 조금씩 달라진다. 9월부터 11월까지 시간이 흐를수록 이 피딩타임은 더 정확해지는 특징을 보인다.

일교차가 심한 시기이기에 수온은 새벽이 되면 어느 정도 내려가게 되고 배스의 활성도가 오르는 오전에 피딩타임을 맞게 된다. 9월의 햇볕은 따가워서 오후가 되면 표층수온이 금방 다시 오르게 되는데 이렇게 오른 표층수온은 저녁에 불기 시작하는 바람과 함께 내려가게 되어 배스의 활성도가 오르는 저녁 피딩에 이르게 된다.

피딩타임과 맞물려 9월을 대표하는 특징이 바로 보일(boil)일 것이다. 보일은 배스의 먹잇감이 되는 베이트피시의 이동이라 할 수 있다. 산란을 하지 못한 베이트피시는 불어난 수위로 인해 잠긴 육초 근처에서 늦은 산란을 하기 위해 모이고, 태어난 지 얼마 안 된 치어는 장마로 인해 산에서 내려오는 차가운 물을 쫓아 물속 깊은 곳에서 움직인다. 즉 베이트피시가 아주 활발하게 움직이는 시기라는 얘기다. 표층 근처에서 베이트피시의 들끓음, 보일이 흔히 일어나기 시작하는 시기가 바로 9월이다.

배스의 먹이사냥으로 나타난 보일(boil). 푸르스름한 실루엣이 배스로, 수면까지 쫓긴 베이트피시가 튀어 올라 물살이 일고 있다.

화려하고 과장된 움직임으로
입질을 유도하는 네코리그.

물의 대류, 턴오버에 의해 베이트피시가 물속 깊이 들어가기도 하는데 9월은 깊은 곳을 노리는 딥피싱 역시 병행해야 하는 시기이기도 하다. 그 어느 시즌보다 먹잇감이 되는 베이트피시 움직임을 간과하지 말아야 한다.
그렇다면 9월에는 어느 곳을 어떻게 공략하면 좋을까? 변화무쌍한 9월에 가장 효과적인 포인트 공략법을 살펴보도록 하자.

대형호 상류

대형호 상류는 대부분 하천이나 강을 막아 만든 형태가 대부분이다. 금강을 막은 대청호가 그렇고 황강을 막은 합천호, 낙동강을 막은 안동호 등이 그렇다. 이러한 댐호의 최상류에는 원래 흐르던 강의 본류가 이어져 있는데 이러한 지형을 따라 베이트피시가 많이 올라가는 경향이 있다.
대형호는 저수량이 많아 일교차에 의해 수온이 더디게 내려가는 데 반해 상류에 유입되는 하천과 강은 물 흐름과 낮은 수위로 인해 수온이 본댐보다 빠르게 내려간다. 상류에서 조금이나마 본댐보다 낮은 수온의 물이 내려오기 때문에 베이트피시가 몰린다. 대형호 최상류는 수심만 적정하게 유지된다면 아주 좋은 포인트가 된다.

러버지그

풍성한 볼륨감이 있는 루어로 앵글러가 움직이지 않아도 수류에 의해 스커트가 움직이는, 즉 저절로 입질을 유도하는 루어다. 어느 정도 활성이 있는 배스를 타깃으로 한다. 액션은 평소 호핑을 주로 많이 주었다면 가을에는 드래깅 위주로 느리게 공략하는 게 효과적이다. 폴링 액션도 좋기 때문에 보일 등 순간적으로 활성도가 올라간 배스에게도 잘 맞는다.

네코리그

러버지그가 풍성하고 볼륨감 있는 모습으로 배스를 유혹하였다면 네코리그는 화려하고 과장된 움직임으로 배스의 입질을 유도하는 루어다. 초여름과 초가을, 환절기 저활성도 배스에 매우 효과적이다. 싱커의 무게는 다소 가벼운 것을 선택하여 느리게 폴링시키고 물속에서 경쾌한 액션을 주기보다는 정지동작을 섞어주는 것이 평소와는 다른 9월만의 네코리그 운용법이다.

대형호 하류

대형호의 하류는 낚시하기 어렵다. 대부분의 하류가 넓은 수역을 지니고 있기 때문에 포인트를 정하는 것이 어렵기 때문이다. 대형호의 하류에서 효과적으로 낚시를 하기 위해서는 매우 깊은 곳을 노리는 딥피싱이나 아주 얕은 곳을 노리는 섈로우피싱과 같이 극과 극의 낚시를 병행하는 것

이 좋다.
딥피싱은 길게 이어진 능선 또는 콧부리의 수심 깊은 지역이나 수심이 깊어지는 드롭라인이 가장 좋은 포인트가 된다. 7m 이하 수심을 노린다. 섈로우피싱은 베이트피시의 보일을 확인하고 낚시를 진행해야 한다. 눈으로 베이트피시의 유무를 확인한 후 효과적인 루어가 무엇인지 따져서 공략하는 것이 필수다.

드롭샷리그

흔히 다운샷리그, 언더리그라고 부르는 루어로 섬세한 딥피싱에 이만큼 좋고 효과적인 채비는 없다. 대형호 하류는 수심이 매우 깊은 경우가 많으므로 싱커의 무게는 평소보다 약간 더 무겁게 사용하는 것이 좋다. 섬세하게 바닥을 읽는 경우가 많으므로 밑걸림이 많이 발생한다. 밑걸림이 덜한 텅스텐싱커가 유리하다.

빅스푼

대형호 딥피싱에서 각광을 받고 있는 루어다. 사실 빅스푼은 딥피싱뿐만 아니라 섈로우피싱에서도 먹히는데 폴링 액션이 매우 좋다. 폴링 액션을 오래 줄 수 있는 어느 정도 수심이 나오는 지역에서 사용하면 효과적이다. 워킹낚시에선 깊은 직벽권에서 사용할 수 있으나 보트낚시에서 더 유리한 루어다.

미노우, 크랭크베이트

표층에서 일어나는 짧고도 강렬한 보일에는 하드베이트가 제격이다. 특히 보일 자체가 작은 베이트피시를 먹으려고 하는 것이기 때문에 물고기를 닮은 미노우나 크랭크베이트가 매우 좋은 선택이 된다. 보일을 노리는 경우 루어 선택에 가장 신경 써야 할 것은 색상도 크기도 아닌 바로 훅의 견고함이다. 가을철 강렬한 보일은 매우 큰 배스로 인해 나타나는 경우가 대부분이므로 배스의 파워에 휘어지지 않는 견고한 트레블훅을 채용한 제품이 좋다.

저수지

저수지는 수생식물의 서식유무에 따라 공략방법이 조금 달라진다. 수심이 깊은 계곡지는 대형호 공략처럼 극과 극의 방법으로 표층과 깊은 수심을 번갈아가면서 노려야 하는데 저수지 내의 구조물 역시 꼼꼼하게 공략한다.
계곡지와는 반대로 수생식물이 밀생하는 수심 얕은 저수지는 수생식물이 키포인트다. 수생식물은 배스의 주요 은신처가 되므로 서식처의 가장자리, 안쪽 등이 배스의 은신처가 되기 때문에 그곳을 직공할 수 있는 채비를 사용해 공략하는 것이 좋은 조과를 올릴 수 있는 방법이다.

프로그 루어

수생식물이 밀생한 곳에서 탁월한 효과를 발휘한다. 걸림이 거의 없기 때문에 수생식물 위를 자유자재로 공략할 수 있으며 계곡지보다는 수심이 얕고 수생식물이 밀생한 지역에서 위력을 발휘한다.

채터베이트

채터베이트는 밑걸림에 매우 취약한 루어이다. 하지만 수생식물이 밀생

직벽 아래에서 보팅을 즐기고 있는 낚시인. 사진은 충북 괴산호.

한 곳에서는 예외다. 말즘, 붕어말, 검정말 등이 빽빽하게 자라 있는 곳에 채터베이트를 던져 감으면 거의 밑걸림이 일어나지 않는다. 얇고 좌우로 빠르게 움직이는 블레이드 때문에 대부분의 수생식물을 뚫고 오며 걸렸다 하더라도 로드를 뒤로 쓱 빼거나 릴의 힘만으로 감아 들이면 대부분 빠져나온다. 수생식물이 밀생한 지역의 중층 공략만큼은 채터베이트가 최고로 효과적인 루어다.

헤비 텍사스리그
수생식물이 밀집된 지역에서 위력을 발휘하는 루어다. 합사를 사용한다면 강제집행에 이르기까지 완벽하게 수행해낼 수 있는, 수초대 커버피싱의 최고봉이라 할 수 있다. 특히 검정말, 말즘 같은 침수식물 군락과 마름, 어리연 같은 부엽식물 군락을 모두 공략할 수 있어 다방면으로 사용할 수 있는 채비다.

하천
하천은 물이 흐른다. 수심이 얕아 하천의 양 연안, 주변부의 경우 수온에 의한 변화가 꽤 심하게 일어난다. 그렇기에 하천은 순간순간 배스가 움직이면서 회유하는 곳을 찾아내는 것이 관건이다. 이러한 곳은 매 시간마다 달라지는데 주로 흘러내려오던 물의 유속이 느려지는 백워터 지역, 작은 하천과 만나는 지류 입구, 장애물이나 구조물에 의해 물 흐름이 끊긴 지역, 수생식물이 밀생하여 유속이 느려지는 지역 등이 매우 좋은 포인트가 된다.

4대강으로 대변되는 대형 강계는 수심이 깊은 지역이 많으므로 대형호의 하류처럼 딥피싱을 병행해도 된다. 하지만 대형호보다는 물속 스트럭처가 적은 경우가 많으므로 다리 교각이나 큰 하천의 지류가 만나는 콧부리 지형, 직벽 지형, 양수장 등이 좋은 포인트라 할 수 있다.

스피너베이트
사시사철 사용되는 스피너베이트이지만 실상 최고의 시즌은 봄과 가을이다. 봄에는 산란을 위해 얕은 곳으로 올라붙은 배스를 노리고 가을에는 먹잇감을 따라 얕은 곳으로 올라온 배스를 노린다. 가을 시즌의 스피너베이트는 주로 리액션바이트에 중점을 두고 운용한다. 하천은 물가 근처의 수몰 버드나무나 장애물을 비껴 나오게 하여 만들어지는 행오프 액션에 반사적인 입질이 들어오는 경우가 많다.

블레이드리그
블레이드가 달린 훅에 물고기 모양을 닮은 셰드웜을 결합하여 사용한다. 강력한 테일 액션과 블레이드의 번쩍임이 추가되어 입질 유도 효과는 매우 강렬하다. 유속이 있는 하천의 최상류에 던진 뒤 물 흐름에 맡겨 자연스럽게 흘러 내려오게 하는 방법이 효과적이다.

10월
댐은 최상류, 하천은 유속 죽는 곳이 타깃

추석이 지나고 벼가 노랗게 익어가는 가을로 접어들었다. 배스낚시 황금기라고 불리는 가을이지만 실상은 그리 녹록치만은 않다. 낚시가 갈수록 어려워지는 느낌만 든다. 예상했던 것과 다른 결과도 자주 나온다. 왜일까?

늦장마와 늦태풍이라는 복병

이전 달로 돌아가 보자. 9월이야말로 배스낚시가 가장 힘들어지는 시기였다. 그도 그럴 것이 9월은 가장 수온의 변화가 큰 시기다. 산간 지방은 새벽에 15도 가까이 떨어질 정도로 기온이 널뛰기를 한다. 그에 맞춰 바뀌는 수온은 변온동물인 배스의 신진대사에도 큰 영향을 미친다. 조황은 큰 일교차처럼 들쑥날쑥 변할 수밖에 없다.

10월은 9월의 연장선상에 있다. 계속해서 기온과 수온은 떨어진다. 하지만 9월과는 무언가 조금 다르다. 9월은 아침과 저녁에는 선선하지만 낮에는 여름 더위 그대로여서 30도 가까이 기온이 오른다. 그와 비교해 10월은 기온의 오르내림이 9월보다는 심하지 않다. 이는 곧 표층수온, 그리고 수온과 연관된 배스의 활성도 역시 9월보다는 변화가 심하지 않다는 것을 뜻한다.

최근 들어 가을장마, 가을태풍이라는 말을 심심찮게 들을 수 있다. 기온이상으로 인해 여름에 집중되어야 할 장마와 태풍이 가을로 옮겨간 느낌이다. 늘어난 가을 강수량은 강과 호수의 수위를 들쑥날쑥하게 만들고 그에 따른 환경 변화도 일어난다. 흙탕물이 일고 포인트가 바뀌며 표층수온이 달라진다. 추석 전후로 내리는 많은 양의 비, 그리고 태풍은 가을낚시를 어렵게 만들고 있다. 전에는 없었던 복병이다. 이로 인해 베이트피시의 이동과 새물의 유입 등 낚시에 대한 상황 판단을 하기 더 어렵게 만들고 있다. 10월의 배스낚시를 풀어나가기 위해서는 다음 세 가지를 기억하고 있어야 한다.

| KEY 1 | 베이트피시 |

가장 주목해야 할 것은 베이트피시, 먹잇감이다. 사실 먹잇감은 1년 사시사철 배스낚시에서 키 역할을 하지만 가을, 특히 10월과 11월 초의 기간에서는 더욱 중요해진다. 가을이 무르익어갈수록 배스와 베이트피시 포지션은 바뀐다. 뜨거웠던 표층수온이 식게 되면 선선한 깊은 물에 있던 베이트피시들은 사람들이 상대하기 쉬운 표층으로 올라온다. 그리고 이 베이트피시를 따라 배스가 올라온다. 가을 배스낚시에서 베이트피시가 중요하다고 말하는 이유다.

이렇게 베이트피시가 표층으로 올라붙으면 표층에서 베이트피시의 들끓음, 즉 보일이 자주 일어난다. 그렇다고 베이트피시가 항상 표층에 몰려있다는 얘기는 아니다. 베이트피시는 대류에 따라 물속 깊이 들어가기도 하고 전 수심층에 넓게 퍼지기도 한다. 표층낚시와 딥피싱 역시 병행이 되기에 어느 시즌보다 먹잇감이 되는 베이트피시의 움직임을 잘 파악해야 한다.

| KEY 2 | 피딩타임 |

물고기가 먹이를 취식하는 시간을 피딩타임이라고 한다. 흔히 이른 새벽, 그리고 늦은 저녁 이 두 시간대가 가장 활발한 피딩타임으로 알려져 있다. 하지만 환경과 시기에 따라 이러한 피딩타임은 조금씩 달라지기도 한다.

9월을 기점으로 11월이 될 때까지 피딩타임은 매우 뚜렷해진다. 큰 일교차가 그렇게 만든다. 여름 내내 높은 수온으로 모호했던 피딩타임은 낚이는 시간대가 뚜렷해지기에 이러한 피딩타임을 적극적으로 활용하는 것이 좋은 조과를 이끌어 낼 수 있는 열쇠가 된다.

| KEY 3 | 보일 |

봄, 여름, 가을을 통틀어 가을에 가장 많이 볼 수 있는 것이 바로 배스들이 집단으로 베이트피시를 몰아넣고 폭발적으로 먹이섭취를 하는 장면, 바로 보일이다. 앞서 10월에는 피딩타임이 뚜렷하다고 설명했지만 이것은 일반적인 10월의 낚시에 관한 얘기이며 이러한 폭발적인 보일은 피딩타임과는 상관없다.

즉, 베이트피시가 많아 시간을 가리지 않고 피딩 무드가 조성되는 지역, 보, 고사목, 폐그물, 구조물, 흐르는 물이 정수되는 지역 등에서는 순간적으로 부글부글 수면이 끓으며 배스들이 참치처럼 먹이사냥을 단체로 하는 장관이 벌어지기도 한다.

이때 보일은 철저하게 베이트피시가 있는 곳에서만 일어나기 때문에 그 지역은 호수의 정중앙이 될 수도 있고 발 앞이 될 수도 있는 등 예측이 거의 불가하다. 그렇기에 10월엔 언제 어디든지 표층을 주시하면서 낚시를 해야 할 필요가 있다.

시끄럽게 혹은 자연스럽게

효과적인 낚시 방법은 크고 시끄럽게 리액션바이트를 유도하는 방법과

만수위의 대형 저수지 최상류에서 배스를 노리고 있는 낚시인.

베이트피시와 닮은 내추럴 타입의 루어를 사용하는 것이다. 리액션바이트는 평범한 루어의 움직임에는 반응하지 않는 배스를 타깃으로 만들어낸 기법으로 배스낚시가 까다로운 10월에 꼭 써봐야 한다. 특히 보일링이 일어나는 곳이나 물색이 매우 탁한 지역에서 사용하면 유용하다. 많은 수의 베이트피시를 공격하는 배스의 경우, 루어에는 반응하지 않는 경우가 많다. 이때는 베이트피시와는 완전히 다른 루어를 사용하면 리액션바이트를 유도할 수 있다. 하지만 인위적으로 리액션바이트를 유도하여 배스를 잡는다는 것은 상당히 어려운 일이다. 사용하는 루어와 공략하고자 하는 포인트에 대한 깊은 이해가 필요이다.

빅배스가 연안의 베이트피시를 사냥하거나 물 흐름이 있는 곳에서 중형급 베이트피시를 선호하는 경우, 리액션바이트보다는 베이트피시와 유사한 모습과 함께 액션이 나오는 내추럴 타입의 루어에 반응이 좋은 경우가 있다. 특히 물이 맑으면 맑을수록 이러한 현상은 도드라지기에 물이 맑은 곳에서는 내추럴 타입의 루어로 공략할 것을 추천한다. 앵글러의 모습을 철저히 숨기는 접근 방법이 배스가 보기 전에 내가 먼저 배스를 보고 공략하는 사이트피싱이 필요한 경우도 생긴다.

포인트1 대형호

우리나라는 대형 자연호수가 매우 드물며 대부분이 본래의 하천이나 강을 막아 만든, 흔히 다목적댐이라 부르는 인공호수가 많다. 이러한 다목적댐의 최상류에는 원래 흐르던 강의 본류가 이어져 있는 것이 대부분이다. 이러한 곳을 따라 베이트피시들이 이동하는 경향이 강하다.

본 댐의 경우 수심이 깊고 수량 역시 많아 일교차가 크게 벌어져도 수온이 더디게 내려가는데 반해 최상류에 유입되는 강의 경우, 물 흐름과 낮은 수위로 인해 본 댐보다 수온이 빠르게 내려간다. 즉 본 댐보다 조금이나마 낮은 수온의 물이 상류에서 내려오기 때문에 선선한 수온을 찾아 베이트피시가 몰리는 것이다.

따라서 10월의 대형호는 최상류권이 아주 좋은 포인트가 된다. 최상류권에 있는 구조물이나 커버 등에서 좋은 조황을 보이는 이유도 이 때문이다. 배스가 어느 정도 은신과 먹이를 취식할 만한 여건이 된다면 전역이 거의 다 포인트라 할 수 있다.

추천 포인트

추천루어1 러버지그

리액션바이트를 노릴 수 있는 루어다. 풍성한 볼륨감이 있는 루어로 앵글러가 움직이지 않아도 수류에 의해 러버 스커트가 움직이는, 즉 저절로 움직이는 유일한 루어 중 하나다. 어느 정도 활성도를 띤 배스를 타깃으로 하며 액션은 평소 호핑을 주로 많이 하였다면 가을에는 드래깅 위

하천변의 수몰나무 지대를 공략하고 있다.

주로 느리게 공략하는 것이 효과적이다. 폴링 액션도 좋기 때문에 보일 같이 순간적으로 활성도가 높아진 배스들에게도 효과적이며 특히 작은 사이즈들이 많이 덤비는 가을에 씨알 선별력도 높다

추천루어2 | 네코리그

내추럴 타입의 루어다. 러버지그가 풍성하고 볼륨감 있는 실루엣으로 배스를 유혹한다면 네코리그는 사실적인 외형과 다소 과장스런 움직임으로 배스를 유혹한다. 초여름과 가을 같은 환절기에 매우 효과적이다. 싱커의 무게는 다소 가볍게 하여 느리게 폴링시키는 것이 좋다. 물속에서 경쾌한 액션을 주기보다는 정지 동작을 섞어주는 것이 평소와는 다른 네코리그 운용법이다.

포인트1 | 하천

하천은 물이 항상 흐리기 때문에 일조량에 의한 표층수온의 변화가 대형호수나 큰 저수지처럼 크지는 않다. 수량과 흐름의 많고 적음에 따라 배스들의 포지션이 대형호와는 다르게, 수시로 달라진다는 특징이 있다. 그렇기에 하천은 상대적으로 물 흐름이 적으며 수량의 변화가 적은 곳을 찾는 것이 관건이다. 흘러내려오던 물의 유속이 느려지는 백워터 지역이나 하천의 지류 입구, 장애물이나 구조물에 의해 물 흐름이 끊긴 지역, 삭아 들어가는 수생식물이 쌓여 유속이 느려지는 지역 등이 매우 좋은 포

인트가 된다.

4대강으로 대변되는 대형 강계의 경우 수심이 깊은 지역이 많으므로 대형호의 하류처럼 딥피싱을 병행해도 되나 대형호보다는 물속 스트럭처가 크게 없는 경우가 많으므로 다리 교각이나 큰 하천과 지류가 만나는 콧부리 지형. 직벽 지형, 양수장 등이 좋은 포인트라 할 수 있다.

추천루어1 | 스피너베이트

리액션바이트용 루어. 사시사철 사용되는 스피너베이트이지만 사실상 최고의 시즌은 봄과 가을이다. 봄에는 산란을 위해 얕은 곳으로 올라온 배스를 노리고 가을에는 먹잇감을 따라 얕은 곳으로 올라온 배스를 노린다. 가을철 스피너베이트는 주로 리액션바이트에 중점을 두고 운용하는데 하천의 경우 물가 근처 수몰 버드나무류나 장애물을 비껴 나올 때 연출되는 행오프 액션에 반사적 입질이 들어오는 경우가 많다

추천루어2 | 섀드웜

내추럴 타입의 루어. 물고기 모양을 닮은 웜으로 테일 액션이 매우 강력하다. 노싱커리그로 활용하거나 매우 가벼운 웨이트를 추가하여 유속이 있는 하천의 최상류에 던져 자연스럽게 흘리는 방법이 효과적이다. 스피너베이트가 리액션바이트를 유도한다면 노싱커리그를 기반으로 한 섀드웜 운용은 극사실적인 모습이 무기라고 할 수 있다.

11월
'멀던슬감'의 계절

패딩을 슬슬 꺼내야 하는 계절이 돌아왔다. 강원 산간지역에는 첫눈 소식도 들린다. 겨울인가? 날씨는 차가워졌지만 아직 물속은 미지근하다. 물속 배스들 역시 이제야 좀 시원하다며 활개를 치고 다닌다. 불어오는 찬바람과 줄어드는 일조량으로 인해 물이 식으면서 반대로 배스의 활성도가 높아지는 계절이 11월이다.

배스는 생각보다 저수온에 강하다

배스는 통상 20~25도 사이의 수온에서 가장 컨디션과 활성도가 좋다고 알려져 있다. 여름엔 이 수온대를 넘어가 버리고 배스는 저활성도를 보인다. 여기서 알아야 하는 중요한 키포인트는 수온 변화에 따른 배스 활성도이다. 수온이 25도를 넘어가버리면 배스는 제한적으로 움직이는 정도가 되지만 15도로 내려가 버리면 활성도가 오르지는 않아도 25도를 넘어간 상태처럼 컨디션이 급격히 나빠지지 않는다.

가령 10도씩 큰 폭으로 수온의 변화가 생겼다고 가정해보자. 10도가 오른 30도 상태의 배스는 반 가사상태에 빠질 정도이지만 10도 아래로 내려가 10도를 이루는 수온에서는 가사상태보다 훨씬 좋은 컨디션을 유지한다는 것이다.

이것은 배스가 활성도가 정점을 찍는 수온에서 고수온으로 갈수록 컨디션에 치명타를 입는다는 이야기이고 고수온에는 매우 약하다는 뜻이다. 이것은 반대로 저수온에서는 꽤 잘 견딘다는 말과 같다. 이 개념을 가을에 도입하면 왜 가을이 황금기임을 알 수가 있다. 뜨거웠던 수온이 식어 20도 내외가 되기 때문이다. 가을의 수온 변화는 급격한 편이다. 한편으로론 그래서 가을 배스낚시는 까탈스럽고 어렵다고 느껴지지만 배스의 활성도는 여전히 높기 때문에 무빙루어를 적극적으로 활용할 필요가 있다.

경계심을 줄이고 루어를 공격하게 만드는 방법

'멀던슬감'이라는 말이 있다. '멀리 던지고 슬슬 감아라'의 줄임말로서 대부분의 루어낚시에 통용되는 낚시 방법이다. 가장 단순하지만 가장 강력한 운용방법이 아닐까 생각한다. 멀리 던진다는 것은 루어낚시의 기본이다. 물의 탁도와 환경에 따라 조금씩 달라지긴 하지만 배스는 사람의 존재를 빨리 알아차리고 경계를 하기 시작한다. 그러므로 발 앞에 보이는 배스는 낚기가 힘든 것이다.

하지만 배스가 사람을 알아차리지 못할 정도에서 자신의 루어가 지나간다면? 또는 물이 워낙 탁해 발 앞의 배스가 보이지도 않는 상황에서 내 루어가 있다면? 즉, 배스가 나의 상황을 알 수 없게 하는 가장 쉬운 방법이 바로 멀리 던지는 것이다. 30~40m 거리에서는 배스가 나를 알아차리기 힘들기 때문이다.

그럼 슬슬 감는다는 것은 무엇일까? 감는다는 것은 루어로 하여금 물의 저항을 갖게 만들어 루어가 생명체인 것처럼 움직이게 한다는 것이고 그 행위로 인해 배스는 루어를 먹잇감이나 공격 대상으로 여기게 만든다는 것이다. 루어는 가짜 미끼다. 움직이지 않는 가짜 미끼에 간혹 반응하는 배스도 있긴 하지만, 많은 경우 배스는 움직이는 루어에 반응을 한다. 그렇기에 루어는 움직여야 하고 배스의 눈에 보이지 않으려면 멀리 날려야 한다. 11월은 멀던슬감이 꼭 필요한 계절이다.

저수지
루어의 선택 기준

유독 대형호수나 강보다 자그마한 저수지를 선호하는 사람들이 많다. 이러한 저수지에서는 현재 어떤 걸 던지고 감아야 하나 고민할 때 키가 되는 것이 바로 수초의 유무와 상태. 11월이 되면 수초가 대부분 삭아가는 시기이기도 하지만 따뜻한 지역이나 일조량이 많은 곳은 사시사철 수초가 있기도 하기 때문에 이 수초의 유무로 공략할 범위와 사용할 루어를 선택할 수 있다.

섀드웜과 채터베이트로 수초 공략하기

일단 수초를 공략하려면 수초에 걸리지 않는 루어가 필요하다. 일반적인 웜리그나 하드베이트도 수초를 뚫고 나오긴 하지만 효율성 면에서 걸리지 않는 루어가 훨씬 유리하다. 이럴 때 바로 사용하는 것이 섀드웜, 그리고 채터베이트다.

섀드웜은 물고기를 닮은 웜으로 싱커 없이 노싱커리그로 사용해도 되지만 안정적으로 스위밍 액션과 폴링 액션을 유도하기 위해선, 훅에 싱커가

루어를 힘차게 캐스팅하고 있는 필자. 사진은 대청호.

무릎장화를 신고 댐호의 상류를 가로지르고 있는 낚시인. 사진은 안동호.

달린 웨이트훅을 사용하는 것이 좋다. 이렇게 하면 수초에 걸리지 않고 운용할 수 있으며 그 사이에 숨어 있는 배스에게 크게 어필시킬 수 있다.

반면 채터베이트는 수초에 걸리지 않게 운용하는 섀드웜과 정반대로, 일부러 수초를 찢고 나오는 액션과 그 액션에서 나오는 돌발적인 움직임이 배스에게 어필하는 루어다. 물속 수초의 경우 육상의 식물과는 다른 조직 성격을 띠고 있다. 채터베이트의 블레이드는 그러한 수초를 찢고 나오는데 특화되어 있어 걸리더라도 억지로 감게 되면 블레이드가 연약한 수초를 돌파하여 나오게 되고 그러한 액션에 배스는 입을 벌리게 되는 것이다.

적합한 낚싯대는 허리가 튼튼하고 팁은 약간 유연한 MH 이상 파워, 7ft 내외의 베이트로드다. 여기에 14lb 이상의 카본라인을 감은 6점대나 5점대 기어비를 갖춘 베이트릴을 세팅한다. 루어는 5인치 내외의 섀드웜이나 1/2온스 무게의 채터베이트가 좋다.

스피너베이트로 장애물 공략하기

수초와는 달리 물속 장애물, 구조물, 직벽, 바위 등을 공략하기 위해서는 스피너베이트가 최고의 루어다. 일단 스피너베이트가 수초 속으로 유영하다 보면 회전하는 블레이드에 수초가 감겨 나오는 경우가 많다. 공략 가능하지만 효율적이진 않다는 얘기다.

하지만 그 외의 물속 나무나 장애물에서는 이만큼 멋진 루어가 없다. 암 부분이 가드 역할을 하여 잘 걸리지도 않을 뿐 아니라 강력한 플래싱 효과와 진동 효과로 배스를 유혹한다.

추천 장비 조합으로는 허리가 튼튼하고 팁은 약간 유연한 MH 이상 파워, 7ft 내외의 베이트로드에 14lb 이상 카본라인을 감은 6점대나 5점대의 기어비를 갖춘 베이트릴이다. 스피너베이트는 1/2온스 내외의 무게가 좋다.

강과 수로
루어의 선택 기준

강과 수로에서 루어 운용에 가장 큰 영향을 미치는 것은 물의 흐름이다. 강은 흐르기 때문에 이 흐르는 물의 세기나 양에 따라 사용하고자 하는 루어도 달라진다. 물 흐름을 잘 이용한다면 강과 수로에서 분명히 좋은 조과를 올릴 수 있을 것이다.

물 흐름이 강할 때는 글라이드베이트

사실 11월이 되면 물 흐름이 강한 지역은 별로 없다고 해도 무방하다. 하지만 새물이 흘러나오거나 수문의 낙차로 인해 흐름이 생기는 곳도 많이 있는데, 이런 곳에서는 루어의 움직임이 매우 자연스러운 글라이드베이트가 유리하다.

글라이드베이트는 관절이 있어 자연스레 물에서 미끄러지듯 유영하는데 그 액션을 물 흐름을 이용해 극대화시키는 것이다. 마치 살아있는 것처럼. 이때 중요한 것은 바로 어프로치에 주의하는 것이다. 실제처럼 움직이는 액션에 반응하는 배스는 대부분 사람을 인지하지 못하고 공격하는 개체들로, 사람을 느끼지 못하도록 매우 조심해서 공략한다.

적합한 장비로는 허리와 팁이 모두 튼튼한 H 이상의 파워, 7ft 내외의 베이트로드다. 16lb 이상의 카본라인이나 20lb 이상의 나일론라인, 30lb 이상의 PE라인을 감은 6점대 또는 7점대 기어비의 베이트릴을 준비한다. 글라이드베이트는 1온스 이상.

물 흐름이 약할 때는 캐스팅용 메탈지그

캐스팅용 메탈지그는 쇼어 지깅이라고 하는 바다낚시 장르에서 사용하던 것을 내가 처음 배스낚시에 도입했다. 이 캐스팅용 메탈지그는 일반적인 버티컬 지깅용 메탈지그와는 달리 워킹낚시에서 매우 강력한 위력을 발휘한다. 특히 강에서 효과가 크다.

강의 경우 바닥이 저수지나 호수에 비해 매끄러운 돌들이 많다. 이 돌과 메탈지그의 조합이 의외로 좋다는 것이다. 돌 틈에 있던 배스들이 메탈지그의 움직임에 반응을 잘 보인다. 또 비거리가 매우 좋아 먼 거리에 있는 포인트를 노리기에 좋다. 물 흐름이 약한 곳을 찾아 인기척을 경계하는 배스에게 특효다. 캐스팅 메탈지그는 감는 액션도 좋지만 호핑 액션이 최고다. 그냥 감는 액션과 호핑 액션을 병행하는 것이 좋다.

추천 장비 조합은 허리가 튼튼하고 팁은 약간 유연한 MH 이상 파워, 7ft 내외의 베이트로드에 16lb 이상의 카본라인을 감은 7점대나 8점대의 기어비의 베이트릴을 세팅하는 것이다. 캐스팅용 메탈지그는 20g 이상의 싱글훅 타입을 쓴다.

대형 호수
루어 선택의 기준

대형호수는 워킹낚시뿐 아니라 벨리보트나 카약 같은 보트낚시도 많이 이뤄진다. 가장 중요하게 파악해야 할 것은 수심이다. 보트낚시의 경우 어군탐지기를 장착하면 대략적인 수심과 배스의 위치를 파악할 수 있다. 11월을 기점으로 스쿨링이 이루어지는 일이 많은데 워킹낚시에선 스쿨링 포인트를 공략하는 것이 매우 힘든 것이 사실이다. 워킹낚시는 만수 상태나 초만수 상태에서 물에 잠긴 육초대를 중심으로 낚시를 시작하는 게 좋다.

수심 얕은 곳은 버즈베이트와 프로그 루어

안동호, 합천호, 대청호 등 대형호가 만수, 초만수의 수위로 인해 수심 1~7m까지 육상식물이 잠겨있는 상황에선 톱워터 루어가 11월까지도 먹힌다. 이러한 육상식물은 떨어지는 수온으로 인해 여름보다 늦게 삭게 되며 이듬해 봄까지 남아있는 경우가 많다.

이 육상식물의 잔해에 배스가 붙어 있다. 배스의 은신처와 사냥터를 둘 다 충족시키고 있기 때문에 추운 날씨에도 톱워터 루어를 공략하게 만든다. 적합한 장비로는 허리와 팁이 모두 튼튼한 H 이상의 파워, 7ft 내외의 베이트로드와 30lb 이상의 PE라인을 감은 7점대 또는 8점대 베이트릴이다. 프로그 루어는 1/2온스 이상을 추천한다.

필자가 안동호 보팅 중 앨라배마리그로 낚은 배스를 들어 보이고 있다.

수심 깊은 곳은 앨라배마리그, 딥 크랭크베이트

앨라배마리그는 겨울부터 초봄까지 스쿨링되어 있거나 물속 구조물에 의지하지 않고 떠 있는 배스들과 그 무리에게 매우 효과적인 루어이다. 배스의 스쿨링은 10월부터 시작되기 시작하는데 대부분 초기에 스쿨링이 이루어질 때 가장 크고 가장 강력하게 루어에 반응을 보인다. 즉 10월~11월이 최고 시즌이라는 이야기다.

그렇기에 밸리보트나 카약을 타는 앵글러는 일단 어군탐지기를 십분 활용해 콧부리나 능선, 물속 장애물 위주로 스쿨링을 찾아가길 바란다. 스쿨링을 찾다 보면 몇 미터권 배스가 포진하고 있는지 확인할 수 있고 그 수심층으로 앨라배마리그를 던진다. 내가 운용하고자 하는 앨라배마리그의 떨어지는 속도를 파악해 대략 수심층을 파악하는 방법도 있고 어군탐지기로 자신의 앨라배마리그를 확인하면서 공략하는 방법도 있다.

배스가 장애물이나 콧부리 주변에 상하로 넓게 퍼져 있을 경우 딥 크랭크베이트도 좋은 선택이 된다. 원하는 수심층과 운용하려는 크랭크베이트의 한계수심을 파악한 후 적정수심에 유영시키는 방법으로 운용한다.

추천 장비로는 허리는 강하고 팁이 여유로운 H 이상의 파워, 7ft 이상의 베이트로드와 30lb 이상의 PE라인이나 20lb 이상의 카본라인이 감긴 5점대 또는 6점대의 기어비를 갖춘 베이트릴이다. 앨라배마리그는 2온스 내외를 쓴다.

눈 내리는 겨울 수로에서 배스를 낚은 필자. 사진은 서천 부사호.

12월
피딩타임에 연연하지 마라

12월은 계절상 겨울이 맞다. 강원도와 경기도 북부 지역에서 개장하는 스키장이 본격적으로 겨울이 시작되었음을 알려준다. 배스낚시에서 12월은 좀 다르다. 물은 우리가 생각하는 것보다 늦게 식고 배스의 체온 역시 생각보다 늦게 내려간다. 적재적소, 배스가 머물 포인트를 찾고 그에 맞는 루어를 사용한다면 겨울낚시도 화끈하게 즐길 수 있다.

얕은 수심의 커버는 피한다

가을을 거치면서 천천히 식어가던 수온은 겨울이 되면 더욱 내려간다. 심지어는 표면이 얼기까지 한다. 하지만 수온은 생각보다 그리 쉽게, 그리고 빨리 떨어지지 않는다. 그 수온에 체온을 맞춰 살아가는 배스 역시 마찬가지다. 수온은 수량이 많은 곳일수록 더 늦게 식는다. 그러기에 12

월의 배스낚시는 수량이 많아 수온이 더디게 내려가는 곳이 훨씬 유리하다.

물 흐름이 적은 곳을 노린다

폭이 작은 수로나 강의 경우 수량이 작고 저수지나 호수보다 훨씬 빨리 수온이 떨어진다. 햇빛을 많이 받아 수온이 더디게 떨어지는 곳을 찾아야 한다. 물이 정체되고 오랜 기간 햇빛을 받는 곳이 수온이 늦게 떨어진다. 그런 곳이 겨울에는 핫포인트가 된다.

수심 깊은 곳이 유리하다

수심이 얕다는 것은 햇빛에 의해 쉽게 수온이 오르기도 하지만 반대로

겨울에 강계 석축 연안에서 오후 무렵 입질을 받아낸 낚시인.

앨라배마리그. 빙어가 주 먹이가 되는 겨울 댐호에선 워킹낚시에서도 앨라배마리그가 통한다.

쉽게 내려간다는 것을 의미한다. 그렇기에 수심 얕은 곳에 드리워진 고사목이나 커버, 수초가 삭은 곳은 겨울에 그리 좋은 포인트가 되지 못한다. 수온이 오르락내리락하는 곳은 변온동물인 배스가 적응하기 어렵다. 피딩타임이나 회유활동을 제외하고는 배스가 오래 머물지 않는다는 것을 알아야 한다. 수온의 상승과 하강 폭이 작은 깊은 수심이 유리하다.

겨울엔 배스가 추워서 웅크리고 있다고?
천만의 말씀. 예전부터 아주 잘못 알려진 배스 생태 중 하나다. 겨울이 되면 배스가 바닥에 웅크리고 손 호호 불면서 움직이지도 않기 때문에 웜리그는 데드워밍 액션으로 운용해야 되고 웜의 끝부분만 살짝 물고 있기 때문에 숏바이트가 많이 발생한다는 것이다. 더 나아가서 겨울이 끝날 때까지 거의 먹지 않는다고까지 한다. 배스가 겨울을 나기 위해 겨울잠을 자는 곰인가? 이러한 이론은 바로잡아야 할 잘못된 정보이자 상상력에서 시작해 입에서 입으로 전해진 설화에 가깝다. 배스는 겨울에도 웅크리고 있지 않는다. 다만 변온동물인 배스에게 있어 급격하게 변하는 수온에 적응할 시간은 필요하다.

배스가 수온에 적응하게 되면 겨울에도 정상적으로 먹이활동을 한다. 다만 20도 이상의 수온에서 활동할 때보다 움직임이 느려지고 소화력은 약해지며 공격 범위가 좁아질 뿐이다. 배스는 겨울에도 확실히 먹고 확실히 움직인다. 겨울 배스를 구들장 위에서 덜덜 떨고 있는 모습으로 떠올려서는 절대 새로운 시각으로 낚시를 볼 수 없다. 틀을 깨는 순간 새로운 루어가 나오고 새로운 기법이 나온다.

12월에 나타나는 변화들
물고기가 먹이를 취식하는 시간을 피딩타임이라고 한다. 이른 새벽, 그리고 늦은 저녁 이 두 시간여가 가장 먹이활동이 활발한 피딩타임으로 알려져 있다. 하지만 서식 환경과 시기에 따라 피딩타임은 조금씩 달라진다. 겨울의 피딩타임은 짧고 강렬하지만 기존에 알고 있던 상식을 벗어나는 일도 생겨서 피딩타임을 구분하는 게 무의미해지기도 한다.

강계는 평소 알고 있던 피딩타임을 버리고 일조량이 가장 좋은 날을 골라 출조한다. 강계는 배스의 개체수가 적고 생활 반경이 좁은 섈로우 지역이 많다. 새벽과 저녁 피딩타임의 경계가 모호해지고 일조량이 가장 많이 늘어나기 시작하는 오전 10시경, 또는 오후 3시경부터 피딩이 시작되는 일이 많다.

겨울 대형호수와 저수지엔 스쿨링이 나타난다. 스쿨링이 제대로 이뤄진 곳은 피딩타임에 상관없이 입질을 하는 경우가 많다. 스쿨링은 같은 종의 물고기들이 집단을 이루어 생활하는 것을 말한다. 배스 역시 스쿨링을 이루고 살아가는데 가장 많은 스쿨링 형태를 보이는 시기가 바로 12월이다.

대형호수를 기준으로 배스의 스쿨링은 10월부터 생겨나기 시작한다. 즉, 절기상 추석이 지나고부터 이미 깊은 물속에서는 스쿨링 현상이 벌어지며 점차 커지던 스쿨링은 12월을 맞아 절정을 이루고 1월이 넘어가게 되면 다시 서서히 흩어지게 된다. 우리 생각보다는 한 박자 정도 빨리 이루어지고 빨리 사라진다.

공략 포인트 1
대형호수의 능선과 콧부리

말이 필요 없는 대형호수의 최고 포인트. 물속 깊은 곳에 있던 베이트피시가 먹잇감을 찾아 쉽게 이동할 수 있는 곳으로 배스 역시 베이트피시를 쫓아 사냥하기 쉬운 지형이다. 배스가 얕은 곳과 중층을 오르내리기 쉽다. 먹잇감을 가장 쉽게 사냥할 수 있는 엘리베이터와 같은 지형이라 할 수 있다. 특히 완만한 콧부리 지형이나 능선보다는 급격하게 수심 변화가 생기는 지형이 더 유리하며 바닥에 장애물이 있다면 금상첨화.

메탈지그
스쿨링되어 있는 배스를 가장 빠르고 효율적으로 잡아낼 수 있는 루어로서, 보팅의 경우 버티컬 지깅, 워킹낚시의 경우 캐스팅 후 호핑 액션으로 배스를 잡아낼 수 있다. 메탈지그는 번쩍이는 플래싱 효과로 인해 마치 베이트피시가 살아있는 것처럼 보이게 한다. 바닥부터 중층까지 다양하게 사용할 수 있다. 20~40g 무게를 주로 사용한다.

앨라배마리그
살아있는 베이트피시 어군처럼 보이는 루어다. 특히 빙어가 군집을 이루는 대형호수에서 최고의 루어로 통한다. 중층에 유영하는 배스를 낚을 수 있는 최고의 병기라 할 수 있다. 겨울철 중층에 떠 있는 배스가 어마어마하게 많다는 사실을 알려준 루어이기도 하다. 주로 콧부리와 능선 주변에 떠있는 배스를 타깃으로 한다. 사용자의 능력에 따라 바닥, 중층, 상층 모든 곳에서 유용하게 사용할 수 있다.

공략 포인트 2
수심 깊은 강계나 수로에서 일조량 많은 곳

강계나 수로는 생각보다 낚시가 어렵다. 물이 흐르고 저수지보다 수량이 적어서 수온이 들쑥날쑥하기 때문이다. 따라서 최대한 수심이 깊어 수온이 조금이나마 변화가 적은 곳이거나 일조량이 많은 지역을 찾아야 한다.

드롭샷리그
사시사철 쓰이지만 겨울에 특히 빛을 발한다. 싱커의 무게는 평소보다 약간 더 가볍고 경쾌하게 사용하는 것이 좋다. 섬세하게 바닥을 읽어나가며 입질을 기다려야 하는데 밑걸림이 많으면 밑걸림 빈도가 낮은 텅스텐싱커로 바꿔준다.

스몰러버지그
스몰러버지그가 빛을 발휘하는 시기가 바로 겨울이다. 스몰러버지그는 긴 시간의 폴링이 장점이다. 딥피싱뿐만 아니라 얕은 곳에서도 먹힌다.

어느 정도 수심이 있어 폴링 액션을 오래 유지할 수 있는 수 있는 곳에서 사용해보길 바란다.

캐스팅 메탈지그
바다 쇼어 지깅에서 사용하는 20~30g의 메탈지그를 캐스팅하여 호핑과 드래깅으로 바닥을 더듬어 오면 반사적인 입질을 이끌어낼 수 있다. 루어에 달려 있는 트레블훅을 떼어내고 싱글훅으로 튜닝해 쓴다. 엄청난 비거리가 나오기 때문에 기존에 공략하지 못했던 곳까지 노릴 수 있다. 좌우 비대칭 형태를 띠고 있어 폴링 시 너풀거리는 움직임을 보인다.

메탈립리스 크랭크베이트
일명 메탈바이브. 저수온기에 매우 탁월한 효과를 보이는 루어로 특유의 빛 반사와 떨림, 폴링 액션이 장점으로 반사적인 입질을 유도한다. 트레블훅을 더블훅으로 교체해 사용하면 밑걸림도 줄일 수 있다.

어탐기를 보며 포인트를 찾고 있는 보팅 낚시인.

PART 6

스페셜 레슨

강에서 연안 수초대를 공략하고 있는 필자.

수초와 배스낚시
배스가 좋아하는 수초와 싫어하는 수초가 따로 있다

수초, 흔히 물속에 사는 식물을 통칭하여 일컫는 말로 정확히 말하면 수생관속식물이라 부른다. 수생식물은 육상식물과 외형적, 내형적으로 큰 차이점을 보이는데 이것은 육상에 살던 식물들이 새로운 수중의 환경에 맞춰 지속적으로 변화해온 진화의 산물이다.

물속에서만 사는 수생식물은 물속에서만 사는 물고기와 떼래야 뗄 수 없는 존재다. 마치 육상생태계의 먹이 피라미드 중 식물이 가장 기본인 것과 같이 수중생태계에서도 이 수생식물이 바로 가장 기본이 되며, 물속 물고기들에게 서식장소, 산란장소, 먹이감, 은신처 등 다양한 역할을 한다. 사람으로 치면 의식주 중 식과 주를 수생식물이 담당하는 것이다.

이렇듯 물고기 삶의 기본이 되는 수생식물을 좀 더 자세히 알면 낚시가 쉬워지는 건 당연한 이치. 낚시할 때 매번 만나는 수생식물을 자세히 알아보도록 한다.

배스가 좋아하는 수생식물은?

대부분의 물고기는 수생식물에서 태어나 수생식물로 돌아간다. 과장이 조금 섞인 말이지만 대부분 그렇다. 배스의 먹잇감이 되는 여러 베이트 피시는 수생식물에 알을 부착하여 산란하는 경우가 많고 은신처의 개념으로 수생식물 근처에 숨어 산란장을 만드는 경우가 많다. 즉, 직간접적으로 수생식물의 도움을 받고 살아간다는 것으로서 물고기의 삶에 매우 중요한 역할을 하며 물고기가 죽어 잔해가 되면 그 잔해는 유기물이 되어 다시 수생식물에게 흡수된다. 수생식물은 물을 제외한 수환경 그 자체이며 물고기는 그곳에 의지해서 살아가는 생명체다.

나는 필드 경험을 통해 어식성 어종인 배스가 선호하는 수생식물이 무엇인지를 개략적으로 분석, 파악하였다. 배스가 서식하는 환경과 시기에 맞춰 선호하는 수생식물을 밝히고자 하며 향후 이렇게 축적된 데이터와 좀 더 과학적인 접근법을 추가하여 논문도 쓸 계획이다.

평지형 저수지에 서식하는 배스의 경우 산란기를 앞두고 매우 왕성한 식욕을 가지고 있다. 산란을 위한 체력을 축적하려 하기 때문인데 이때 물속에 잠긴 침수식물을 주로 이용한다. 침수식물에 주로 붙어 있는 유기물을 먹기 위해 지난해 태어난 치리, 붕어의 치어들이 침수식물에 모여들게 되고 그것을 따라 배스가 모여들게 되는 것이다. 드롭이나 채널 같은 두드러진 물속 지형 근처에 이런 수생식물군이 있다면 금상첨화이다. 간척호의 경우는 조금 다르다. 간척호 배스 역시 산란을 의식하여 움직이게 되는데 간척호의 특성상 매우 얕은 지역에만 침수식물들이 있어 산란과 먹이취식의 역할을 잘 하지 못하기 때문에, 전역에 넓게 퍼져있는 갈대를 주로 먹이취식의 용도로 이용한다. 간척호 대부분에 생육하는 갈대의 경우 특유의 땅속줄기로 인해 무성생식을 하는데, 이때 생긴 공간에 많은 생물이 서식한다. 특히 망둑 종류의 새끼들이나 게, 새우 종류들이 이런 공간에 주로 은신하며 배스에게 영양가 많은 좋은 먹잇감이 된다. 산란기 외에도 갈대 근처에서 낚시가 잘되는 이유는 바로 이 때문이다.

주 사용 루어와 공략 Tip

평지형 저수지의 경우 텍사스리그와 드롭샷리그를 주로 운용한다. 이때는 물속 침수식물을 직공하기보다는 침수식물 군락의 경계면을 주로 공략하는 것이 조과가 낫다. 롱캐스팅하여 침수식물 군락을 넘긴 후 호핑이나 드래깅으로 끌어와 경계면에서 주로 스테이 액션을 준다.

간척호의 경우 대형 정수식물인 갈대를 공략하되 느리고 타이트하게 갈대 주변을 공략한다. 색깔은 사시사철 흐리고 탁한 간척호의 특성상 황

> **봄 산란기(3월~5월)**
> **평지형지는 침수식물, 간척호는 갈대**
>
> - 시즌 특징_산란기
> - 선호 필드 형태_평지형 저수지와 간척호
> - 선호 수생식물_평지형지-검정말, 붕어마름, 말즘과 같은 침수식물/간척호-갈대와 같은 정수식물
> - 공략법_평지형지의 침수식물-텍사스리그, 드롭샷리그/간척호의 정수식물-스피너베이트, 아키 타입 러버지그

수초 무더기를 뒤집어쓰고 올라온 배스.

수면 가득 수초가 밀생한 저수지.

금색 블레이드가 효과적이며 차트루스 같은 형광색 계열이 조과에 탁월하다. 또한 갈대 주변을 위드가드가 붙은 아키 타입 러버지그로 피칭과 플리핑으로 공략한다. 흰색의 러버지그가 효과가 좋을 경우가 많다.

의 경계면이나 침수식물 군락 위를 채터베이트나 톱워터로 공략을 하면 좋은 효과가 있다. 특히 이 시기는 배스가 민감해져 있는 상황이 많기에 피딩타임을 적극적으로 활용해 공략하는 것이 좋다.

농번기(5월~6월)
침수식물 경계면을 노려라
- ●시즌 특징_농번기, 배수기
- ●선호 필드 형태_평지형지와 강계
- ●선호 수생물물_평지형지-마름과 같은 부엽식물, 검정말, 말즘 같은 침수식물/강계-검정말, 말즘 같은 침수식물
- ●공략법_ 평지형지의 부엽·침수식물-텍사스리그, 드롭샷리그/강계-스피너베이트, 아키 타입 러버지그

벼농사가 주가 되는 우리나라는 5월이 되면 대부분의 강이나 저수지에서 대규모로 물을 뽑아 논으로 대기 시작한다. 본격적인 농번기로서 대부분의 저수지와 대형호수, 강계가 영향을 받는다 해도 과언이 아니다. 이때는 철저하게 물속에 남아 있는 수생식물을 공략한다. 평지형 저수지의 경우 수위가 내려가면서 정수식물의 생육지는 대부분 드러나게 되어 포인트 구실을 하지 못하게 되고 수면에 남아있는 마름을 비롯한 부엽식물과 물속에서 드러난 침수식물이 포인트가 된다.
강계의 경우도 대부분 수위가 줄어들게 되어 정수식물 주변은 포인트가 되지 못하며 침수식물 주변과 경계면이 주 포인트가 된다.

주 사용 루어와 공략 Tip
평지형 저수지의 경우 수위가 많이 줄어들었지만 마름 등의 부엽식물 아래에 민감해진 배스들이 은신하는 경우가 많다. 그러므로 이러한 곳을 섀드웜을 이용한 버징이나 블레이드가 달린 훅을 이용한 블레이드리그로 공략하면 효과적이다.
강계의 경우 평지형 저수지보다는 수위의 하강 폭이 작아 물속 침수식물

장마기
수몰 수초와 육초대를 톱워터로 공략
- ●시즌 특징_장마, 태풍, 새물찬스, 탁한 물색
- ●선호 필드 형태_평지형지와 강계
- ●선호 수생물물_부들, 줄과 같은 정수식물 또는 육상식물
- ●공략법_톱워터, 섈로우 크랭크베이트

한국, 일본, 중국 등 동북아 지역의 6~9월은 장마와 태풍이 오는 시기다. 열대지역의 우기와는 다른 개념으로 장마전선과 태풍의 이동에 따라 국지적으로 비가 오는 것을 말하는데 농번기로 수위가 줄어든 저수지와 호수, 강계에 많은 물을 공급한다. 이른바 새물찬스가 시작되는 시기로서, 6월부터 장마기에 들어가며 9월까지 태풍이 상륙하게 된다.
이때 급격하게 불어난 수위와 유속으로 인해 대부분의 수생식물이 다 죽거나 쓸려 내려가 거의 다 볼 수 없게 된다. 부유식물과 침수식물은 엄청난 유속으로 인해 모두 떠내려가게 되며 부엽식물은 불어난 수위에 기공이 잠기게 되고 호흡을 할 수 없어 모두 죽게 된다. 이럴 때는 농번기 때 물이 빠져 포인트 구실을 할 수 없었던 정수식물이 다시 좋은 포인트가 된다. 강계와 저수지 할 것 없이 이때는 새물이 들어오는 지역이 가장 좋은 포인트가 된다. 수생식물 대신 물에 잠긴 육상식물이 그 구실을 대신해주는 것도 특징이다. 그 외 유속을 막아주는 만곡 부위에 주로 자라는 부들과 줄이 좋은 포인트가 된다.

주 사용 루어와 공략 Tip
물이 탁할 때가 많기에 이때는 자극적인 루어가 좋다. 톱워터도 시끄럽고 자극적인 크로울러 계열이 좋으며 버즈베이트도 효과적이다. 물에 한

수초의 분포

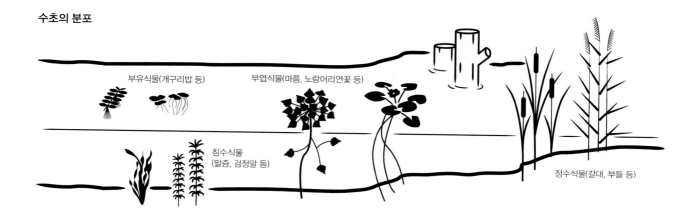

부유식물(개구리밥 등)

부엽식물(마름, 노랑어리연꽃 등)

침수식물
(말즘, 검정말 등)

정수식물(갈대, 부들 등)

껏 잠긴 정수식물의 주변으로 자극적인 톱워터를 던진다. 반복적으로 계속해서 던지는 것이 효과적인 방법이다.

여름(7월~8월)
마름을 집중공략하라
● 시즌 특징_고수온
● 선호 필드 형태_평지형지와 강계
● 선호 수생식물_평지형지-마름과 같은 부엽식물과 개구리밥과 같은 부유식물/강계-부들, 줄과 같은 정수식물
● 공략법_평지형지의 부엽식물-언밸런스 프리리그, 프로그/평지형지의 부유식물-펀칭리그, 사스테키리그/강계의 정수식물-톱워터

날씨가 더워지기 시작하는 고수온기의 경우 수온마저 올라가 수생식물의 생육 또한 왕성해지면서 수변은 초록색으로 뒤덮이게 된다. 이럴 때 가장 배스가 많이 몰리는 수생식물은 바로 마름이다. 마름의 경우 배스의 먹잇감, 은신, 체온 유지 등을 쉽게 해결해줄 수 있는 지역이다. 그것은 마름 특유의 줄기 잎자루에 난 미세한 털 때문이다. 이 미세한 털에 각종 유기물이 붙게 되고 그것을 이용하려는 물벼룩, 베이트피시 등이 모이게 되며 또 그것을 취식하는 배스가 최종적으로 모이게 된다. 그렇게하여 먹이를 해결하게 되고 물에 떠있는 마름의 잎 때문에 그늘이 생기게 되어 은신과 체온 유지까지 할 수 있다.

개구리밥 군락의 경우 더운 여름에 은신과 체온 유지를 할 수 있는 장점이 있다. 고정된 뿌리가 없어 주로 바람에 의해 한곳에 모여 있는 경우가 많으며 수초 아래에 배스가 은신하고 있는 경우가 많다.

강계는 강의 중간을 제외하곤 특별히 깊은 곳이 많이 없는데 강의 중간은 유속이 있어 배스가 선호하지 않으며, 유속을 줄여주고 은신까지 할 수 있는 정수식물인 줄이나 부들 주변을 선호한다. 정수식물 주변에서는 곤충류 등의 먹잇감을 쉽게 얻을 수 있기 때문이며 밤에는 주로 이런 정수식물 주변이 회유로가 된다.

주 사용 루어와 공략 Tip

마름 지역을 적극적으로 공략하기 위하여 크기가 작고 밑걸림 방지에 탁월한 언밸런스 프리리그를 추천한다. 공략하고자 하는 마름 주변을 빠르게 버징으로 긁은 후 구멍 사이사이에 프리폴링시키는 드래그앤드롭 방법이 매우 효과적이다. 또한 마름 표층 위를 공략하는 프로그도 좋은 공략 루어다.

개구리밥은 무거운 펀칭리그나 사스테키리그(Sasuteki Rig/Backward Texas Rig)로 개구리밥 아래를 직공하는 방법이 유효하다. 1온스가 넘는 텅스텐싱커로 개구리밥을 뚫어 그 아래를 직공하는 것으로서 수초 밑에 은신하고 있는 배스를 공략하는 데 효과적이다.

강계의 경우 고수온기로 다가설수록 배스가 표층을 의식하므로 정수식물의 경계면에 톱워터를 사용한다. 이때 크고 물을 밀어내는 동작이 큰 빅베이트를 사용하면 사이즈 좋은 빅배스를 잡을 확률이 높다.

가을(9월~11월)
삭은 침수수초의 잔해, 갈대밭 주변 공략
● 시즌 특징_큰 일교차
● 선호 필드 형태_평지형지, 강계, 간척호
● 선호 수생식물_평지형지-마름과 같은 부엽식물/강계-검정말, 말즘과 같은 침수식물/간척호-갈대 같은 정수식물
● 공략법_평지형지의 부엽식물-톱워터, 텍사스리그/강계의 침수식물-톱워터/간척호의 정수식물-러버지그, 스피너베이트

일교차가 크고 찬바람이 불기 시작하는 가을이 오면 대다수의 수생식물은 삭아 없어지게 된다. 특히 정수식물을 제외한 부엽식물, 부유식물, 침수식물은 1년생 식물이 대부분이며 수온이 떨어지는 가을 즈음에 많이 사라진다. 하지만 배스들은 아직도 수심이 얕은 곳에 수생식물을 의지하여 은신하고 있는 경우가 많다. 이때는 배스가 본격적으로 몸집을 불리는 시기로서 피딩타임과 상관없이 수면에서 간헐적인 먹이사냥하는 모

수몰 고사목이 포인트를 형성한 안동호.

강계에 주로 서식하는 나사말.

습을 수면에 자주 보이며 빅배스들이 자주 출현한다. 평지형 저수지의 경우 마름이 생을 마감하면서 사라지는 경우가 많으나 물속에는 아직 그 잔해가 남아있는 경우가 많아서 여전히 훌륭한 포인트가 된다. 강계의 경우 수량과 유속에 따라 수온의 하락 양상이 각기 다른데, 주로 물속에 잠겨있는 침수식물이 좋은 포인트가 된다. 특히 여름에 부화한 치리 등의 치어들이 많아서 배스가 자주 먹이사냥을 한다.

간척호 역시 배스가 본격적으로 몸 불리기를 하는 시기로서 망둑 또는 상류나 얕은 곳으로 올라오기 시작한 빙어 무리가 주로 머무는 갈대 주변에서 왕성하게 먹이활동을 한다. 배스와 베이트피시의 이동이 많은 시기이고 하루하루 조황의 기복이 다른 경우가 많아 빠른 포인트 탐색이 필수이다.

주 사용 루어와 공략 Tip

평지형 저수지의 경우 마름의 잔해 사이를 빅사이즈의 톱워터나 텍사스리그로 공략하면 좋다. 빅사이즈의 톱워터나 빅베이트는 그 자체만으로도 어필이 되며 먹성이 한껏 오른 빅배스를 강력히 유혹한다. 힘 안 들이고 쉽게 잡아먹을 수 있는 바닥층의 먹이도 선호하기에 텍사스리그를 추천한다.

강계의 경우 침수식물의 경계면이나 그 속에서 은신하는 배스를 공략하기 위하여 자극적인 톱워터가 효과적이다. 사이즈가 큰 톱워터나 시끄러운 톱워터가 좋다. 간척호의 경우에 하루하루 조황 기복이 다르게 나타난다. '점의 낚시'인 러버지그로 갈대밭 핀포인트 공략을 촘촘하게 하거나 '선의 낚시'인 스피너베이트로 빠르게 체크하는 낚시를 병행하는 것이 좋다.

배스가 싫어하는 수생식물은?

물속 생물의 기반이 되는 수생식물이긴 하지만 배스가 기피하는 식물도 있다. 이것은 물고기들이 완전히 이 식물을 배제한다는 뜻이 아니라 선호하지 않는다는 것으로 확률상 다른 식물에 비해 은신하고 머무르는 시간이 짧다는 것을 의미한다.

나사말

나사말이 생육하는 곳은 명확하다. 물이 흐르는 곳을 선호한다. 즉, 나사말의 생육 유무를 보면 그곳이 물이 흐르는 강계인지, 물이 흐르지 않는 곳인 저수지나 호수인지를 명확하게 알 수 있다. 나사말이 유속이 있는 지역을 선호하는 이유는 단 한 가지로서, 산소를 선호하기 때문이다. 즉, 흐르는 물은 고여 있는 물보다 산소가 풍부하고 호흡 시 그 산소를 소비한다.

다른 식물보다는 호흡 시 사용되는 산소의 양이 많기 때문에 스스로 산소가 풍부한 흐르는 물 주변에 생육하는 것이며 그것은 나사말 주변에서 서식하는 동물에도 영향을 미치게 된다. 배스 역시 마찬가지로서 나사말 주변에 오랫동안 머물지 않게 된다. 배스의 호흡에도 영향을 미치기 때문이다.

예를들면 한강수계인 청평호는 이름만 호수이지 전체적으로는 강계와 가깝다. 왜냐하면 강계에서만 볼 수 있는 나사말이 얕은 곳에 그득하기 때문이다. 나는 청평호에서 열린 토너먼트에서 좋은 성적을 거둔 기억이 있는데 철저히 마름 군락을 공략하고 나사말 군락을 배제했던 결과였다. 나사말 군락에 아예 고기가 머물지 않는 것은 아니지만 머무를 확률이 매우 낮은 곳이다. 특히 식물들이 광합성이 끝나고 호흡을 주로 하게 되는 저녁과 밤에는 배스가 나사말 군락에는 머물거나 은신한 확률이 더욱 낮다.

생이가래

바닥에 지지된 뿌리가 없는 생이가래는 진화가 덜 된 식물로서 꽃이 피는 현화식물이 아닌 포자로 번식하는 식물이다. 생이가래가 주로 많이 번식하는 곳은 습지형의 저수지나 수심이 얕은 저수지인데, 이 포자가 바로 배스에게 큰 영향을 주게 된다. 아주 미세한 알갱이 같은 포자는 배스의 호흡에 영향을 준다. 유기물들과는 달리 딱딱한 포자는 호흡 시 아가미에 끼게 되고 호흡에 곤란을 주게 되기 때문에 선호하지 않는 경우가 많다. 완전히 생이가래 군락을 배제하거나 은신하지 않는 건 아니지만 주변의 다른 곳에 은신할만한 곳이 있다면 호흡에 영향을 주는 생이가래 군락에는 머물 확률이 매우 낮다.

대형호수, 육상식물이 대체하다

안동호, 충주호, 합천호 같은 대형호수에는 수생식물이 자라지 않는다. 그 이유는 크게 두 가지인데 하나는 수심이 깊기 때문이고, 두 번째는 물의 빠짐이 흔하기 때문이다. 수심이 깊으면 수생식물이 광합성할 수 있는 햇빛이 물 아래까지 도달하지 못하기 때문에 수생식물은 자라지 못하는 경우가 많다. 그리고 이보다 더 큰 영향을 미치는 게 잦은 물 빠짐이다. 한국의 대형호수는 대부분 다목적댐 건설로 이루어진 댐형이며 이러한 호수는 전기생산이나 치수관리에 의해 물을 자주 방류하게 된다. 그리하여 수위가 짧은 시간 내에 급격히 오르거나 내려가게 되는데 이러한 현상이 자주 발생하게 되면 수생식물이 자랄 수 없다. 수위의 안정화가 되어야 물속의 유기물이 물 아래 쌓이게 되고 이러한 유기물 축적은 결국 수생식물이 뿌리를 뻗을 수 있는 기질이 되는데, 이 유기물들이 쌓일 시간도 없이 물이 차고 빠지게 되니 수생식물이 안착할 수 없는 것이다. 대형호수 대부분 마사토로 이루어진 이유가 바로 이 때문이다. 이러한 지역은 바로 육상식물들이 수생식물을 대신하게 된다. 대형호수의 나지에 주로 자라던 1년생 외래식물 등이 홍수나 태풍에 의해 물에 잠기게 되

면 비로소 그곳이 저수지나 강계의 수생식물 역할을 하게 된다. 이것이 바로 여름의 오름수위이다. 원래 수생식물에 알을 낳던 자그마한 어류들은 수생식물이 없는 대형호수에서는 산란할 곳이 사라지게 되는데 이러한 오름수위에 맞춰 육상식물에 알을 낳게 되며, 배스들에게도 은신처와 먹잇감 공급처 역할을 하게 된다. 즉, 물속에 잠기는 육상식물이 많으면 많을수록, 그 기간이 길수록 물고기와 배스들에게는 안정되고 풍족한 환경을 제공하게 되는 것이다.

배스낚시 중 만나는 수생식물들

수생식물은 종류별로 크게 네 가지로 나눌 수 있다. 이것은 수생식물을 생육상태와 생육장소에 따라 나눈 것으로 수생식물 구분법의 기초가 된다. 정수식물(淨水植物)은 식물체의 줄기 밑 부분은 수면 아래쪽에 있고, 줄기 위쪽은 대기 중에 나와 있는 식물을 말하며 부엽식물(浮葉植物)은 물 밑에 뿌리를 내리고 잎은 수면에 떠 있는 종류를 말한다. 부유식물(浮遊植物)은 잎이나 식물체의 대부분이 수면에 떠 있는 식물이며 침수식물(沈水植物)은 식물체의 대부분이 물속에 잠겨 서식하는 식물을 말한다. 가장 대표적인 수생식물은 아래 여덟 가지다.

갈대

정수식물. 하구언, 간척호에 많이 자란다. 갈대는 우리나라 대부분의 강 하류 쪽에 밀식하여 생육하는 대형정수식물로서 학자에 따라서는 염생식물(바닷가 근처에 생육하는 식물)로 분류하기도 한다. 그도 그럴 것이 염분이 있는 지역을 선호하여 하구언이나 간척지에서 주로 생육이 확인된다. 내륙에서도 생육한다.

부들

정수식물. 강계와 평지형 저수지에서 자란다. 부들은 평지형 저수지와 습지에서 주로 볼 수 있는 수생식물로서 애기부들과 부들 두 종류가 대부분이며 흔히 낚시할 때 물가에서 볼 수 있는 부들은 애기부들이다. 잎이 매우 부드러워 부들이란 이름이 붙게 되었다.

마름

부엽식물. 우리나라 대부분의 평지형 저수지, 배후습지성 저수지에서 주로 생육이 확인되는 대표적인 수생식물이다. 마름모꼴의 잎 때문에 마름이라 불리며 줄기 잎자루에는 가는 털이 매우 많다. 독특하게 생긴 씨앗이 특징인데 한계생육수심은 대부분 2~3m를 넘지 않는다.

노랑어리연꽃

부엽식물. 유속이 느린 곳이나 강계에서 자란다. 우리나라 남쪽의 배후습지나 유속이 느린 강계, 습지 주변에 주로 서식한다. 국소적으로 밀생하는 특징을 지니고 있다. 어리연꽃은 흰꽃이 피는데 노랑어리연꽃은 노란꽃이 피며 어리연꽃보다는 분포 면적과 분포 개체수가 훨씬 많이 발견되고 있다.

검정말

침수식물. 우리나라 대부분의 평지형 저수지의 물속에서 생육한다. 붕어마름, 말즘과 함께 가장 흔히 볼 수 있는 침수식물이다. 환경에 따라 빛이 투과되는 수심까지 자라며 듬성 듬성 자라기보다는 밀식하여 자라는 특징을 지닌다.

나사말

침수식물. 유속이 있는 곳, 강계에서 자란다. 어느 정도 유속이 있는 강계와 계곡의 하류부에 서식하는 식물로서 꽃대가 나사 모양으로 꼬인 모습을 띠고 있어, 나사말이라는 이름이 붙게 되었다. 독특한 모습 때문에 어항의 관상 재료로 쓰이기도 한다.

개구리밥

부유식물. 습지, 논, 평지형 저수지에서 자란다. 뿌리가 고정되어 있지 않아 바람에 이리저리 쏠려 다니는 식물로서 부평초로 불리기도 한다. 질소를 특히 좋아하여 질소 성분의 비료를 많이 쓰는 논에서 많이 발견되며 수심이 얕은 늪지형 저수지에서 주로 발견된다. 바람 때문에 한곳에 뭉쳐있는 경우가 많다.

생이가래

침수식물. 습지, 논, 평지형 저수지에서 자란다. 꽃이 아닌 포자로 번식하는 원시적인 식물이다. 최근에는 독특한 모양 때문에 관상용으로 많이 이용되며 포자로 번식하는 식물의 특성상 생육여건이 적절하면 대량 번식하는 특징이 있다.

SPRING CRANKING
봄 크랭크베이트의 조건과 운용술

크랭크베이트 하면 리액션바이트의 귀재라는 말이 먼저 떠오른다. 간단히 설명하자면, 던지고 감아 들이는 단순한 액션과 통통한 보디 형태, 그리고 길쭉한 립이 복합적으로 작용하여 리액션바이트를 유도하는 것이다. 놓아두면 떠오르려는 부력과 감아 들이면 가라앉으려 하는 침력, 그리고 립이 바닥에 의해 부딪치면서 발생하는 불규칙적인 액션의 복합 작용이 크랭크베이트를 리액션바이트의 귀재로 만들었다.

조금 과장해서 말하면, 크랭크베이트는 리액션바이트를 일으키기 위해서 만들어진 루어다. 지구상에 생존하는 어떠한 물고기도 크랭크베이트처럼 유영하고 움직이는 물고기는 없다. 크랭크베이트는 작은 물고기를 모방한 저크베이트나 지렁이, 가재를 모방한 웜 종류, 큰 물고기를 본떠 만든 빅베이트와는 완전 다른 개념의 루어다.

저크베이트는 물고기가 움직이거나 포식자를 피해 도망가면서 급하게 몸을 뒤틀 때 발생하는 비늘의 번쩍거림을 흉내 낸 루어이고, 웜의 경우 말 그대로 물속의 지렁이, 호그웜은 영양분이 많은 가재를 흉내낸 이미테이션 루어이다. 즉, 대부분의 루어는 배스의 먹이 대상이 되는 생물의 모습이나 움직임을 흉내 낸 루어이지만 크랭크베이트는 배스의 먹잇감이 되는 어떠한 생물과도 닮지 않았다.

크랭크베이트만의 독특한 액션의 원천은 저크베이트에 비하여 유독 둥글거나 뚱뚱해 보이는 몸체에 있다. 물의 저항에 의해 독특하게 떨린다. 길거나 넓적한 립이 바닥에 닿으면서 일어나는 불규칙적인 움직임이 바로 수많은 루어 중 크랭크베이트가 독보적인 위치를 가지게끔 하는 원동력이라고 볼 수 있다.

봄 루어의 조건

봄에 주로 사용되는 루어는 몇 가지 특징과 사용법이 있다. 그것은 배스의 신진대사와 산란이라는 것에 초점을 맞추면 쉽게 선택할 수 있다. 겨

크랭크베이트에 낚은 빅배스.

치도리 액션의 크랭크베이트

울이 지나면서 급격히 내려간 수온에 의해 변온동물인 배스의 체온마저 급격히 내려가 신진대사가 많이 떨어진 상태이지만 산란시기가 도래함에 따라 배스는 천천히 움직이기 시작한다. 이때 배스는 산란을 위해 겨우내 떨어진 체력을 비축하기 위하여 먹이를 취식한다. 떨어진 신진대사를 고려하여 눈앞에 오래 노출되는, 아니면 매우 돌발적인 액션을 유도하여 반사적 입질을 노릴 수 있는 루어가 유리하다.

즉, 매우 느린 액션과 서스펜딩, 그리고 리액션바이트를 이끌어내기 쉬운 루어가 봄 루어의 조건이라 할 수 있다. 따라서 소프트베이트보다는 하드베이트가 유리하다. 서스펜딩이 잘되는 하드베이트로는 저크베이트와 크랭크베이트를 꼽을 수 있으며 크랭크베이트가 유리한 점이 더 많은데 대략 네 가지로 추려볼 수 있다.

1. 다양한 수심을 공략하는 데 유리하다
2. 운용방법이 쉽다
3. 비거리가 좀 더 탁월하여 공략 범위가 넓다
4. 리액션바이트를 유도하기 쉽다

즉, 크랭크베이트는 저크베이트보다 좀 더 깊이 들어갈 수 있는 구조적 장점이 있으며 단순감기 등 운용방법이 쉽고 통통하고 짧은 생김새로 비거리도 좋고 리액션바이트를 이끌어내기 쉬운 것이다.

2~4m 잠행수심의 딥 타입이 좋다

봄에는 서스펜딩 타입의 딥 크랭크베이트가 유리하다. 아무래도 아직까지는 얕은 곳으로 진출하지 않은 배스가 많기 때문에 상대적으로 2~3m를 공략하기 위해 만든 딥 크랭크베이트가 봄철에 유리하다. 이때 편납을 이용해 튜닝을 한다면 매우 효과적으로 사용할 수 있다.

저수온기에는 몸체가 얇은 플랫 타입의 크랭크베이트가 효과적이지만 봄이 되면서 얇은 크랭크베이트보다는 일반적인 통통한 보디의 크랭크베이트가 유리하다. 잠행수심은 배스가 산란을 의식하고 오르내리는 주 수심인 2~4m의 잠행수심을 추천한다. 일단 바닥을 찍거나 구조물에 부닥치게 해야 하므로 공략수심보다 더 들어가는 제품을 선택하는 것이 좋다.

색상의 경우 크게 상관없지만 물색과 환경에 따라 다르게 하는 것이 유리하다. 즉, 주변이 산에서 떨어진 낙엽의 탄닌(tannin, 식물의 잎이나 줄기에 있는 성분 중 하나)이나 이탄층(부패되지 않은 식물의 유해가 진흙과 함께 퇴적한 지층)에 의해 물이 검고 투명한 지역의 경우 내추럴한 은

봄 크랭크베이트 튜닝하기

봄에는 사용하던 크랭크베이트를 조금 손볼 필요가 있다. 기존의 크랭크베이트는 대부분 고부력이다. 즉 부력이 높아 물에 뜨려고 하는 성질이 강한데 봄에는 이러한 특성을 줄여줘야 된다. 즉, 느리게 떠오르거나 물속에 스테이 액션을 줄 수 있도록 부력을 조절해줘야 한다는 것이다. 이러한 조건을 충족시키는 봄철 전용 크랭크베이트는 시중에 거의 없기 때문에 기존의 크랭크베이트에 약간의 튜닝을 거치는 게 좋다.

① 보디 뒤쪽에 편납 달기

앞에서 말했듯이 배스에게 조금이라도 오랫동안 노출시키기 위해서는 크랭크베이트의 부력을 낮춰서 서스펜딩 타입으로 사용하는 게 좋다. 부력을 떨어뜨리는 방법은 편납만한 게 없다. 편납을 크랭크베이트의 뒷부분, 즉 꼬리 부분에 붙여 사용한다. 크랭크베이트의 부력은 대부분 뒤쪽으로 몰려있어 대부분 꼬리부터 뜨는데, 이때 꼬리 부분에 편납이나 편동을 붙이거나 실납을 이용해 뒤쪽 트레블훅에 약간 감으면 서스펜딩 타입의 크랭크베이트로 변신한다. 이러한 튜닝 과정을 거친 크랭크베이트는 직진성을 더 높여주는데 보통 크랭크베이트는 던지고 감을 때 낚시인에게 가까워질수록 떠올라 스트라이크가 되는 주 수심과는 한참 떨어지는 데 반해 서스펜딩, 또는 슬로우 싱킹으로 튜닝된 크랭크베이트는 부력이 많이 상쇄된다. 느리게 운용할 경우 사람에 가까워져도 많이 떠오르지 않고 직진성을 유지한 채 리트리브되는 특징이 있어 좀 더 오래 공략하고자 하는 수심을 커버할 수 있다.

주의할 것은 집안의 욕조나 싱크대, 수조에서 튜닝하지 말고 현장에서 해야 한다는 것이다. 대부분의 서스펜딩 하드베이트의 경우 수온에 따라 매우 민감하게 반응한다. 심지어는 하드베이트를 만든 시간과 계절, 장소에 따라 아주 미세하게 제 각각 달라지기도 한다(하드베이트 내 공기의 밀도가 계절과 장소마다 다르기 때문). 그렇기 때문에 내가 운용하고자 하는 지역의 수온과 집안 내 욕조, 수조 등의 수온은 확실히 다르기 때문에 욕조나 수조에서 서스펜딩 타입으로 맞추고 나왔다 하더라도 현장에서 사용해보면 결국 싱킹이나 플로팅이 돼버리는 경우가 허다하다. 그렇기에 서스펜딩 상태를 정확히 확인할 수 있도록 꼭 현장에서 튜닝하길 권한다.

② 더블훅으로 교체

봄에는 육초 또는 스트럭처가 지역을 느리게 또는 빠르게 공략해야 하기 때문에 밑걸림이 빈번하게 일어난다. 이때 프론트훅, 즉 앞부분의 트레블훅을 더블훅으로 튜닝하면 밑걸림이 현저하게 줄어든다. 또한 봄철의 약한 입질에 대응하기 위해 꼬리 쪽의 바늘을 큰 트레블훅으로 바꿔주는 것도 좋은 방법이다. 시중에 판매하고 있는 트레블훅 중 이런 훅이 있으며 교체하여 사용하면 입걸림 성공률이 높아진다.

한 쪽 바늘을 크게 해 입걸림 확률을 높인 바늘.

색, 또는 금색이 유리하고 흙탕물이 일거나 간척지, 물에 잠긴 육초 지역 등 탁한 물색을 띠는 곳은 형광색 같은 노란색이나 흰색이 유리하다.

예전에 3~4월 즈음, 당시에 보트낚시가 허용됐던 장성호에서 봄 크랭크베이트의 위력을 확인한 적 있었다. 어군탐지기에 약 3m 수심의 배스가

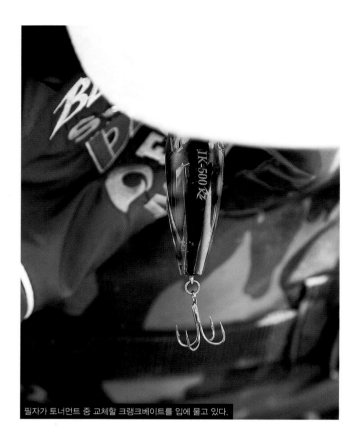
필자가 토너먼트 중 교체할 크랭크베이트를 입에 물고 있다.

확인되었고 메탈지그를 내려 보았으나 무반응, 저크베이트로 2m 수심을 공략해서 3m 수심에 머물러 있는 배스가 올라와 공격하길 기대했으나 역시 무 입질, 그리하여 딥 크랭크베이트로 공략했는데 간간이 반응은 했지만 숏바이트로 끝나는 경우가 많았다. 그래서 부력이 좋은 딥 크랭크베이트에 편납을 붙여 슬로우플로팅으로 변화를 주자 마치 거짓말처럼 많은 배스를 잡아낼 수 있었다.

운용 방법은 일단 롱캐스팅해서 공략하고자 하는 지점으로 릴링한 후 바닥을 찍고 배스가 있을 만한 곳에서 매우 천천히 운용하거나 스테이 액션을 주는 것이었다. 바닥을 감지하면서 조금씩 움직이자 어떤 루어에도 반응이 없던 녀석들이 달려드는 것을 보면서 봄에 맞는 크랭크베이트가 필요하다는 것을 느낄 수 있었다.

좀 더 느리게, 아님 완전 빠르게

3월 말~4월 즈음에는 본격적으로 배스가 산란을 의식하고 얕은 곳으로 많이 움직이게 되는 시기인데 이때는 얕은 곳에서 배스가 육안으로 많이 목격되기도 하지만 생각보다 루어에 활발히 반응을 하지 않는다. 배스는 겨우내 깊은 곳에 있다가 올라와 신진대사가 떨어져 있거나 산란 준비로 인해 루어에 딱히 관심이 없는 경우가 대부분인데, 필자의 경험상 이런 배스를 공략하는 데 있어 크랭크베이트가 가장 효과적이었다. 특히 아주 느리고 평범한 단순 릴링 또는 릴에 불이 나도록 완전 빠르게 감아 들이는 극과 극의 방법이 봄에 특히 잘 먹히는 걸 경험했었다.

① 슬로우 릴링

봄이 되면 신진대사가 느린 배스들에게 최대한 오랫동안 크랭크베이트

를 노출시키기 위하여 느리게 운용하는 것이다. 적절히 스테이 액션(머무르게)을 병행하여 사용하면 좋다. 캐스팅 후 처음부터 느리게 감는 것이 아니라 캐스팅 후 빠르게 감아 들인 후 크랭크베이트가 원하는 수심에 들어갔다고 판단되면 그때부터 천천히 감아 들이면 된다. 딥 크랭크베이트는 착수와 동시에 로드워크를 이용해 릴을 빨리 감아 들여 원하는 수심에 안착시킨 후 천천히 운용하고, 샐로우 크랭크베이트는 착수와 동시에 서너 바퀴 빠르게 감아 들인 후 천천히 감아 들일 것을 권한다. 이 '천천히'라는 의미는 릴의 기어비에 따라 천차만별이니 부력이 좋은 크랭크베이트가 떠오르지 않을 속도로 천천히 그냥 감는 것이라고 이해하면 되겠다.

이러한 운용법은 봄철 미노우로 대변되는 저크베이트와도 비슷한 운용법으로서 요즘에는 이러한 저크베이트와 크랭크베이트의 장점을 섞어 만든 날씬한 미노우형 크랭크베이트도 판매되고 있다.

저크베이트도 오랫동안 물속에 원하는 수심에 스테이 액션을 주면서 느리게 움직이는 배스를 유혹할 수도 있으나 이런 면에서는 크랭크베이트가 좀 더 낫다고 말할 수 있다. 대부분 부력이 좋은 크랭크베이트에 편납을 붙여 서스펜딩, 또는 슬로우플로팅 타입으로 튜닝하게 되면 서스펜딩형 저크베이트보다 더 비거리가 좋으며 더 깊은 곳을 공략할 수 있기 때문에 다양하게 사용할 수 있는 장점이 있다.

② 패스트 무빙

반대로, 매우 빠르게 운용하는 방법도 있는데 이것은 주로 큰 바위나 스트럭쳐 같은 곳을 끼고 있는 배스에게 매우 강력한 입질을 유도할 수 있다. 빠른 릴링과 로드워크에 물속 크랭크베이트는 바닥을 강력하게 찍고 질주하게 되는데 이때 물속의 돌, 바위나 스트럭쳐에 립이 부딪혀 크랭크베이트가 튀어 오르거나 예상치 못한 방향으로 움직일 때 바위나 스트럭쳐에 은신하던 배스가 반사적으로 입질하는 경우가 많다. 느리게 운용하는 방법이 잘 먹히지 않는다면 장애물을 의식하고 오히려 매우 빠르게 감아 들이는 방법을 추천한다.

수몰육초대에선 치도리 액션 추천

3~4월이 되면 남쪽 지방의 얕은 늪지형 저수지나 강계에는 이미 말즘, 검정말 같은 수초가 자라나 물고기들의 은신처가 되기도 하고 대형호수의 경우 지난 장마나 오름수위에 육초가 물에 잠겨 있는 곳이 많다. 이런 곳에서는 물속에 그득히 잠겨있는 수초나 육초 위를 크랭크베이트로 감아 들이게 되면 수초 속이나 육초의 가장자리에 있던 배스가 반응하는 경우가 많다.

이때는 일반적인 크랭크베이트보다는 몇 년 전 유행했었던 치도리(千鳥, 작은 물새를 말하는데 그 새의 발자국 모양을 빗대어 불규칙한 모습을 뜻하기도 한다) 액션의 크랭크베이트가 매우 유용하다. 나는 4월에 열린 토너먼트에서 물속에 잠긴 육초를 오로지 치도리 액션의 크랭크베이트 하나로 공략하여 매우 좋은 성적을 낸 적이 있다. 색상은 사용하고자 하는 물색에 맞추면 되는데 육초가 잠긴 지역은 대부분 탁하기 때문에 흰색, 노란색, 형광색 계열이 좋으며 수초가 잠긴 지역은 물색이 투명하거나 대부분의 바닥이 이탄층으로 이루어져서 물색이 검게 보인다. 이런 곳에서는 반짝이는 내추럴 컬러를 사용하면 좋은 효과를 볼 수 있다.

빅백스 킬러
딥크랭킹의 세계

딥 크랭크베이트는 이름값과는 달리 워킹낚시와 보팅을 가리지 않고 가장 사용 빈도가 낮은, 매니아의 루어가 아닐까 생각된다. 워킹낚시에서는 거대한 립에 의한 밑걸림이 두려워서일 것이고 보팅에서는 다른 루어와 비교해 조과가 떨어지는 비효율적이란 루어라는 인식이 강해서일 것이다. 흔히 딥다이버로 불리는 딥 크랭크베이트는 이름 그대로 물속 깊은 곳을 공략하기 위해 만들어진 루어다. 그렇기에 운용 목적은 매우 단순하다. 오로지 깊은 물속을 공략하기 위함이다.

딥 크랭크베이트는 운용하기 까다로운 루어에 속한다. 구조적으로 물속 깊이 내려 보내기 위하여 큰 립이 필수로 달려있는데 이 립이 물속 장애물과 만나 수많은 변수를 야기하기 때문이다. 그러면 왜 이렇게 크고 무거우며 운용 역시 까다로운 딥크랭크베이트를 사용하는 것일까. 그 이유는 오로지 큰 배스를 잡을 수 있기 때문이다. 크기가 커서 작은 배스는 엄두도 못 낸다. 어둡고 깊은 물속에 웅크리고 있는 빅배스를 유혹해내는 자극적이며 파동이 큰 루어다.

좋은 딥 크랭크베이트를 사용하라

딥 크랭크베이트는 크랭크베이트를 물속 깊이 집어넣어 사용한다고 되는 것이 아니다. 구조상 리트리브 시 루어 자체가 물속을 파고들어 깊이 들어가게끔 만들어져야 한다. 그 기능을 하는 것이 바로 '립(lip)'으로서 딥크랭크베이트의 생명과도 같다고 볼 수 있다. 다른 크랭크베이트는 워블링과 위글링 등 여러 요소를 감안해 설계되지만 딥크랭크베이트는 어떻게 하면 깊은 수심으로 잘 파고들게 하느냐가 중요하다. 그렇기에 다른 어떠한 크랭크베이트보다 립이 크고 넓으며 또 길게 뻗어 있다.

그래서 루어를 설계할 때 좀 더 쉽고 빠르게 물속 깊이 들어갈 수 있도록 립의 각도를 조절하고 보디를 작게 만들기도 하며 립의 얇기와 소재를 다르게 하기도 하는 등 제조사마다 고유의 노하우를 적용시켜 제작하고 있다.

좋은 딥 크랭크베이트는 여러 특징을 갖고 있다. 루어를 공격하는 것은 물고기 마음이라지만 분명히, 다시 한 번 설명하지만 분명히 좋은 딥 크랭크베이트는 따로 있다. 그 특징을 정리하면 아래와 같다.

> 비거리가 좋다 → 조과 차이가 확연히 난다
> 립이 얇다 → 물을 잘 파고 들어간다
> 보디가 작다 → 입질 빈도수가 높다
> 워블링이 적당하다 → 너무 과하지도 덜하지도 않은 액션

비거리 · 가는 립 · 작은 보디 · 적당한 워블링

좋은 딥크랭크베이트가 갖춰야 할 조건 중 1순위는 비거리다. 비거리만 좋다면 다른 특징은 크게 필요 없을 정도다. 비거리는 절대적이라 할 정도로 중요하다. 비거리가 길어야 조과가 좋다. 비거리가 길면 길수록 공략하고자 하는 물속 스트라이크존에 루어를 오랫동안 머물게 할 수 있기 때문이다.

또 립 구조상 물을 잘 가르고 잘 파고들어가는 제품이 좋다. 캐스팅 후 수면에 떨어진 딥크랭크베이트를 감아 들일 때 물속으로 들어가는 각도가 수직에 가까울수록 좋은 딥크랭크베이트이다. 수직과 가까울수록 원하는 지역에 빨리 입수시킬 수 있다.

딥크랭크베이트. 깊은 수심을 공략하기 위해 만들어진 루어다.

딥크랭크베이트 운용법

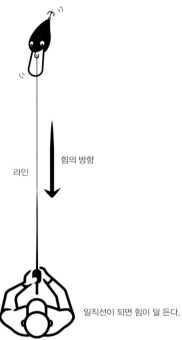

라인

힘의 방향

일직선이 되면 힘이 덜 든다.

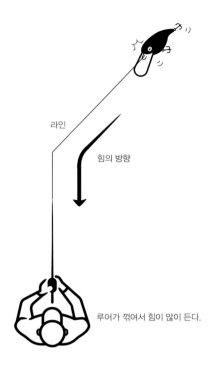

라인

힘의 방향

루어가 꺾여서 힘이 많이 든다.

보디가 작은 딥크랭크베이트는 큰 것에 비해 입질 빈도수가 높다. 이것은 실루엣에 의한 차이라고 볼 수 있다. 작은 보디에 큰 립을 부착해 만드는 것은 밸런스를 잡기가 매우 어려운 작업이다. 대부분의 딥 크랭크베이트의 크기는 대동소이하지만 그중에서 작은 것을 고르면 되겠다.

크랭크베이트에서 워블링은 매우 중요한 기능이다. 워블링을 통해 덜덜거리는 느낌이 난다. 워블링으로 바닥 느낌과 입질 정보를 파악할 수 있다. 하지만 이 액션이 너무 과하면 낚시할 때 피로도가 높아진다. 과하게 덜덜거릴 경우 이 느낌이 워블링인지 입질인지 파악이 되지 않는 경우도 있다. 이렇게 과한 워블링 액션은 숏바이트에 대응하기도 어려우며 전용 장비를 사용하지 않을 경우 낚시가 어려워진다.

저기어비 릴, 부드러운 소재의 로드와 찰떡궁합

루어 소재의 진보와 기술의 발전에 의해 70년대나 80년대 원서에 적혀 있던 릴과 루어, 로드의 적절한 매치는 수없이 수정되었고 또 발전하고 있다. 가령 나일론라인은 플로로카본라인의 등장으로 혁신을 맞이하였으며 카본과 레진의 진보는 수많은 로드에 전문성을 띄게 만들었다. 릴 역시 기어비의 등장과 소재의 혁신으로 가벼워졌다. 루어에 따라 다르게 릴을 사용하는 것이 보편화됐는데 이 모든 것이 20년 사이에 일어났다. 이 기간에 루어낚시는 많은 변화를 맞았다.

하지만 그중에서 발전이 더뎌서 거의 변화가 없는 분야가 있다. 바로 딥 크랭킹이다. 그만큼 딥 크랭크베이트는 이 낚시에 필요한 장비의 궁합이나 매치의 정석이 정해져 있으며 혁신적인 기술이 등장하지 않는 이상 불변으로 남아있을 가능성이 높다. 그 궁합은 아래와 같다.

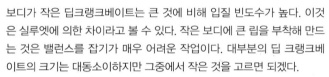

저기어비의 베이트릴 + 부드러운 소재의 로드 + 강하고 감도 좋은 라인

저기어비 릴을 사용해야 하는 이유

기어비는 베이트릴을 한 바퀴 돌렸을 때 스풀이 몇 바퀴 돌아가느냐를 수치로 나타낸 것이다. 가장 많이 쓰는 6.3:1 기어비의 경우, 핸들을 한 바퀴 돌릴 때 스풀은 여섯 바퀴와 0.3 바퀴가 돌아가는 것을 의미한다. 이러한 개념은 낚시 특성에 맞는 장비를 활용하려 할 때 적용되는데 특히 딥크랭크베이트낚시에서 가장 많이 언급되고 있다.

딥 크랭크베이트는 큰 립으로 인해 저항감이 매우 크다. 처음 사용하는 사람은 깜짝 놀랄 정도로 리트리브 시 덜덜거리는 느낌이 선명하게 로드를 타고 전해진다. 딥 크랭크베이트를 장시간 사용하게 되면 이 강한 진동감은 느낌을 넘어 고통스럽기까지 한데 이게 바로 저기어비 릴을 쓰는 이유이다.

기어비는 자동차 기어와 유사하다. 5점대 이하는 자동차 기어의 1~2단, 6점대는 3~4단, 7~8점대는 5~6단에 해당한다고 생각하면 이해가 쉽겠다. 즉 같은 속도로 릴의 핸들을 돌려 회수한다고 가정할 경우, 기어비가 낮을수록 회수속도는 느리지만 힘이 많이 실리고 릴을 파지한 손과 로드를 받치고 있는 팔에는 힘이 덜 들어간다. 그 반대로 기어비가 높을수록 회수속도는 빠르지만 채비를 회수하는 데 드는 힘은 더 많이 필요하다.

딥 크랭크베이트는 스트라이크존이 좁다. 공략하고자 하는 지역을 오랫동안 천천히 꼼꼼하게 공략하기 위해서는 원하는 수심층에 빨리 안착시킨 후 오랫동안 머무르게 해야 한다. 6~8점대 베이트릴을 사용할 경우 핸들을 천천히 감아야 하는데 이 천천히 감는다는 것이 말이 쉽지 여간 어려운 것이 아니다. 기존의 스피너베이트나 미노우 등을 운용할 때처럼 감다보면 어느새 스트라이크존을 비껴나 위로 상승하고 만다.

강한 입질 충격을 완화해줄 부드러운 로드 필요

연한 소재를 사용해 부드러운 로드는 딥 크랭크베이트가 아니더라도 크

느리게 감으면 탐색 범위가
얕아 입질 받을 확률이 떨어진다.

빨리 감으면 탐색 범위가
깊어 입질 받을 확률이 높아진다.

스트라이크존

랭크베이트를 운용한다면 공통적으로 필요한 조건이다. 크랭크베이트가 강하게 흔들리며 움직이게 되면 돌이나 구조물 등에 부딪쳐 액션이 깨질 때 입질이 들어오는 경우(리액션바이트)도 있지만 일정하게 움직일 때 강하게 입질이 들어오는 경우도 많다. 부드러운 로드를 사용해 이러한 입질을 무리 없이 받아들일 수 있다.

빠르게 움직이는 루어를 또한 빠르게 움직이는 배스가 공격하는 것이기에 상상 외로 강한 물리적 충격이 동반되는데 이때 반발력이 강한 로드를 쓴다면 그 운동성 때문에 빠져버리는 일이 빈번하다. 그렇기에 그 물리적 충격을 어느 정도 흡수하기 위해서는 부드러운 소재로 만든 로드가 필수다.

이 부드러운 소재의 로드라는 것은 시간이 지나면서 개념이 많이 바뀌었다. 예전에는 글라스라는 소재로 딥 크랭크베이트 전용 로드를 만들었는데 휘청휘청 하는 특징을 가지고 있어 딥크랭킹에 적합하였으나 무게가 무겁고 감도가 나빠 최근에는 잘 쓰지 않는다. 최근에는 카본 소재를 다루는 기술이 발전하여 허리 부분은 빳빳하고 반발력이 좋은 카본의 성질을 가지고 있으면서도 전체적인 액션은 무른 액션(모데라토와 슬로우)을 가진 로드를 만드는 데까지 기술력이 발전하면서 다양한 카본 계열의 딥 크랭크베이트 전용 로드들이 출시되고 있다.

또한 부분마다 톤수가 다른 카본 프리프레그(prepreg, 수지 합성 기술의 하나)의 합성, 카본과 글라스의 콤포짓(composite, 합성), 카본과 보론의 콤포짓, 카본 로드에 직물, 금속 등을 덧대어 만드는 기술 등 제조사마다 다양한 기술력과 노하우가 더해져 딥크랭크베이트낚시의 대중화에 기여하고 있다.

떨어지는 감도는 라인으로 보완

감도는 루어 자체로는 그 느낌을 거의 구현해 낼 수는 없으며 라인을 통해 강화시킬 수 있다. 감도는 웜낚시에나 어울리는 얘기 같지만 그렇지

않다. 딥 크랭크베이트에도 감도는 매우 중요하다. 부드러운 소재를 사용하고 모데라토, 슬로우 테이퍼를 가지고 있는 로드를 사용하는 딥크랭킹은 감도에 취약할 수밖에 없다. 이때 감도가 좋은 카본라인이나 카본이 코팅된 루어를 쓰면 취약한 감도를 높일 수 있다.

깊은 수심은 얕은 수심보다 입질감이 선명하지 않다. 천차만별로 입질이 들어오므로 루어를 따라오면서 빨아들이는 약은 입질은 파악되지 않는 경우도 있다. 이런 입질을 잡아내기 위해서는 감도와 강도가 좋은 카본라인이 유리하다. 최근에는 나일론라인에 카본 코팅을 하여 나일론라인의 성질과 카본라인의 감도를 동시에 구현한 하이브리드라인도 생산되고 있다. PE라인의 사용하지 않는다. 물속에서 PE라인이 물을 가르는 소리는 상상 외로 크다. 그렇기에 PE라인보다는 카본, 카본하이브리드라인을 추천한다.

루어-로드-낚시인이 일직선이 되게 하라

리트리브 시 루어의 회수 각도와 속도 운용이 중요하다. 루어를 감아 들일 때는 루어-로드-낚시인이 일직선상에 놓도록 한다. 이렇게 해야 입질을 받아들일 때 완벽하게 챔질로 이어지게 할 수 있으며 장시간 딥크랭크베이트를 운용해도 피로감이 덜하다. 로드와 딥 크랭크베이트가 일직선이 안 되면 파지하는 손과 로드를 받쳐주는 팔의 각도를 유지하기 위해 힘이 들어갈 수밖에 없고 이게 지속되면 힘이 든다.

릴링 속도는 처음에는 빨리, 나중에는 천천히 감는다. 캐스팅 후 루어가 물에 떨어지면 로드, 릴, 라인, 루어를 일직선으로 만든 후 감아 들인다. 이때 조금 빨리 감아 들여 딥 크랭크베이트가 원하는 수심층에 조금이라도 빨리 들어가게끔 감아 들인다. 그런 후 공략 지역의 바닥, 장애물이 느껴지는 곳, 즉 스트라이크존에 도착하였을 경우에는 평소와 같게끔 하거나 약간 느리게 감아 들인다. 좀 더 오랫동안 루어를 보여주기 위해서인데 입질 빈도를 높이는 효과가 있다.

빅베이트 대세
GLIDE BAIT A to Z

빅베이트피싱에서 글라이드베이트의 인기가 무서울 정도다. 무거운 무게, 큰 크기로 쉽게 사용할 엄두를 내지 못했던 글라이드베이트. 과연 어떻게 하면 효과적으로 사용할 수 있는지, 글라이드베이트에 대해 알아보자.

어떤 루어이고 왜 열광하나?

글라이드베이트를 두고 대부분 빅베이트라고 부른다. 빅베이트는 말 그대로 큰 루어를 말하는데, 여기서 말하는 '크다'라는 개념은 매우 주관적인 것으로 어떤 이에게는 작게 보일 수도 있지만 어떤 이에게는 사용하는 데 엄두도 내지 못할 큰 루어가 될 수도 있다. 즉, 주관적인 차이가 있을 수 있다는 얘기다.

사실 빅베이트에 대해 정형화된 범주는 없다고 볼 수 있다. 그렇기에 사실상 본인이 '크다'라고 느끼면 빅베이트라 할 수 있다. 루어 제조업체에서도 이 빅베이트에 대한 기준은 따로 없다. 통상적으로 무게 1온스 이상, 크기 10cm 이상의 루어를 지금까지 빅베이트라고 불러왔다.

하지만 시대가 바뀌고 조구업체의 기술이 발전해 전용 장비가 등장하면서 이러한 통상적인 기준도 바뀌고 있다. 이제 1온스의 루어는 누구나 쉽게 던지는 시대가 되었기 때문이다. 현 시대에 맞게 빅베이트에 대한 개념을 설명해야 한다면, 무게에 있어 2온스 내외의 루어가 빅베이트라고 폭넓게 정의 내리고 싶다.

2온스 내외의 루어

2온스 내외의 루어에는 정말 수많은 루어들이 포함된다. 즉, 빅베이트의 범주가 매우 넓어진 것이다. 하지만 그 수많은 빅베이트 중에서 단연코 한국의 앵글러들에게 가장 사랑받는 루어를 꼽는다면 바로 글라이드베이트일 것이다.

글라이드베이트란 이름은 미국에서 생겨났다. 어릴 적 친구들과 삼삼오오 모여 만들던 행글라이더를 기억하는지? 다른 친구들의 글라이더보다

글라이드베이트 원조로 꼽히는 조인티드크로우 178.
개발자인 간크래프트 CEO 다카노리 히라이와의 사인이 새겨져 있다.

좀 더 오래 날고 좀 더 멋지게 날리기 위해 밤새 만들던 행글라이더는 말 그대로 공중에서 미끄러지듯 활공했다. 글라이드베이트 역시 물속에서 미끄러지듯 유영하는 루어를 말한다.

무라타 하지메가 말하던 어필과 내추럴 관련 이야기에 비춰보면, 이 글라이드베이트는 어필보다는 내추럴에 가까운 액션을 가지고 있다. 마치 물고기가 물속에서 유유히 유영하는 움직임과 매우 유사하기 때문이다. 외형이 내추럴에 가까운 저크베이트(미노우)는 물고기가 물속에서 순간적으로 도망가는 모습을 흉내 내도록 만들고 베이트피시와 비슷하게 생긴 웜리그가 물속에서 죽어가는 물고기의 모습을 연출하도록 만들었다면, 글라이드베이트는 포식자를 의식하지 않고 물속에서 유유히 유영하는 물고기의 모습을 본 떠 만들었다. 본질적으로 가장 내추럴한 루어 중 하나라고 말하고 싶다.

원조는 일본

배스낚시의 원조인 미국에서는 이미 글라이드베이트와 유사한 액션을 지닌 수제 루어들이 판매되고 있었다. 하지만 지금 우리가 머릿속으로 기억하고 있는 글라이드베이트의 외형, 액션은 모두 일본에서 만든 글라이드베이트의 이미지다. 사실 일본에선 글라이드베이트라는 개념이 없었다고 봐도무방하다. 그냥 일본 말로 '비크베이토(빅베이트)'라는 개념으로 만들어 사용하였는데 이 일본산 1관절 빅베이트에게 글라이드베이트라는 이름을 붙여준 나라가 바로 미국이다.

미국의 경우 글라이드베이트보다는 다관절 빅베이트나 송어 모양을 본 떠 만든 소프트 빅베이트가 대세였다. 하지만 지금 미국 앵글러들은 일본산 글라이드베이트에 열광하고 있다. 그 열풍을 불러일으킨 것이 바로 간크래프트의 조인티드크로우 178(Jointed claw 178)이라 해도 무방하다.

사실 이 조인티드크로우 178이 글라이드베이트의 원조는 아니다. 하지만 현재 나오는 1관절 글라이드베이트는 대부분 이 조인티드크로우의 유전자를 가지고 있다. 액션부터 크기, 파동, 외형 등 대부분이 이 조인티드크로우 178의 영향을 받았으며 이 조인티드크로우 178을 빼놓고는 글라이드베이트를 설명할 수 없게 됐다.

원초적인 재미의 최고봉

이렇게 큰 루어를 배스가 물 수 있을까? 하는 의구심이 들 정도로 요즘 루어들의 외형은 커지고 있는 추세다. 사실 무조건 배스를 잡아야 하는

토너먼트에서는 큰 사이즈의 루어는 대부분 사용하지 않는다. 작은 루어보다 분명히 조과가 떨어지기 때문이다.

하지만 조과를 떠나 루어 자체는 분명 매력이 넘친다. 우선 가짜 미끼로 대상어를 속여 잡아내는 루어낚시의 본성에 가장 가깝다. 가짜미끼 중 가장 안 물게 생긴 글라이드베이트를 가지고 배스를 잡아내는 과정은 또 다른 즐거움을 안겨주며 짜릿함을 전해준다. 낚시 과정 자체가 재미있는 것이다.

또 하나 들어야 할 매력은 씨알 선별력이다. 큰 보디로 인해 낚이는 배스 사이즈가 크다. 작은 배스들은 공격도 하지 못하는 큰 보디는 그 자체로 빅배스를 부르는 무기가 된다. '어떤 걸로 얼마만큼 많이 잡아내느냐'보다는 '한 마리를 잡아도 빅배스'라는 미션을 가장 충실히 수행한다.

조과는 작은 루어나 웜에 비해 분명히 떨어지지만 루어가 주는 원초적 재미와 더불어 트렌디함, 그리고 씨알 선별력까지 겸비한 글라이드베이트의 유행은 쉽사리 가라앉지 않을 것이다.

부력, 조인트, 꼬리

글라이드베이트의 액션의 특징은 넓게 활강하듯 유연히 S자를 그리며 물속을 미끄러지는 것이다. 이 독특한 S자 액션은 1관절 글라이드베이트가 가지는 고유의 액션이다. 이러한 액션은 글라이드베이트가 가지는 부력과 조인트, 꼬리에서 나온다.

글라이드베이트는 매우 크고 무겁다. 이렇게 크고 무거운 루어는 부력역시 매우 커서 작은 루어들에 비해 작은 액션에도 매우 민감하게 반응한다. 미노우 저킹처럼 로드에 저크 액션을 가하면 높은 부력으로 인해 제대로 움직이지 않는다. 또한 크랭크베이트처럼 감아버리면 물 밖으로 튀어나와 버린다. 큰 몸체를 뜨게 하려는 부력과 가라앉게 만드려는 침력 사이의 미묘한 무게중심, 그 무게중심에서 나오는 불안정한 액션이야말로 글라이드베이트 액션의 생명이다.

조인트는 연결 부위를 말한다. 이 연결 부위는 루어가 얼마만큼 크게 S자를 그리는지, 뒷 꼬리부분이 얼마만큼 원활하게 움직이게 해주는지를 결정짓는다. S자 액션을 크고 와이드하게 하려면 연결 부위의 폭을 좁게 설정하고, 좁고 타이트하게 하려면 폭을 넓게 설정하여 꼬리 부위가 많이 움직이게 만들면 된다. 부력으로 글라이드베이트를 아슬아슬하게 뜨게 하거나 매우 느리게 가라앉게 만들었다면 이 조인트로 액션을 잡는 것이다.

꼬리는 전체적으로 S자 액션을 그릴 때 미끄러지는 물을 잡아주거나 리드미컬하게 흘려보내서 보디를 잡아주는, 방향 키와 같은 역할을 한다. 일례로 미국에서 인기 있는 루어인 허들스톤 빅베이트의 경우 특허를 받은 꼬리 형태를 가지고 있다. 흔히 허들테일이라 불리는 꼬리엔 웨이트가 들어가 있다. 이렇게 꼬리 부위에 웨이트를 주면 와이드하게 S자로 움직이는 루어를 일직선으로 움직이게끔 만들어준다.

머리부터 꼬리까지 부드럽게 이어지던 물의 수류가 웨이트가 있는 꼬리에서 멈춰서 보디를 잡아준다고 이해하면 쉬울 것이다. 물속에서 미끄러지는 정도를 잡아주는 꼬리는 글라이드베이트의 액션에서 매우 중요한 요소다.

어떻게 운용하나?

글라이드베이트는 큰 부력으로 생기는 민감한 액션을 컨트롤할 줄 알아야 쉽게 운용할 수 있다. 대부분의 글라이드베이트는 슬로우싱킹이 많다.

글라이드베이트에 낚인 배스. 물속에서 미끄러지 듯이 유영하는 것이 글라이드베이트의 특징이다.

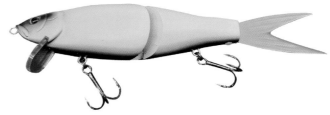

제비꼬리 형태의 글라이드베이트. 꼬리가 가늘면 물속에서 움직임이 부드럽다.

글라이드베이트는 표층을 공략하는 톱워터 루어나 물속을 공략하는 지깅스푼과는 달리 일정한 공략 수심층이란 게 없다. 말 그대로 표층에서도 글라이드 액션을 구사할 수 있고 물속 깊은 곳에서도 글라이드 액션을 구사할 수 있다.

핵심은 부력에 있다

이렇게 다양한 수심층에서 액션을 구사하기 위해서는 플로팅보다는 싱킹이 훨씬 유리하다. 그렇기에 대부분 슬로우싱킹 타입인 것인데 생각보다 운용하기가 어렵다. 특히 워킹낚시가 주를 이루는 우리나라에서는 밑걸림에 매우 취약하다. 본인이 사용하기 편한 대로 슈퍼슬로우싱킹(슬로우싱킹보다 더 느리게 가라앉는다)이나 서스펜딩으로 바꾸는 것이 운용하기에 편리하다.

필자의 글라이드베이트 태클. Rod BIXOD B1 742H + Reel DOYO All-terrain 5.6:1 + Line G7 Gene Carbon line 20lb + Lure River2Sea S Waver 168s

부력은 수온에 따라 조금씩 달라져서 현장에서 부력 튜닝을 할 때가 많다. 싱킹을 플로팅으로 바꾸는 것보다는 플로팅을 싱킹으로 바꾸는 게 훨씬 쉽고 간단하다. 나는 슬로우싱킹을 대부분 플로팅이나 슈퍼슬로우 싱킹으로 튜닝해서 사용한다. 싱킹헬퍼(sinking helper, 글라이드베이트 전용 편납)를 사용하면 무게를 추가하기 쉽다.

첫 캐스팅이 가장 중요하다

이해하기 힘든 말일 수도 있지만 글라이드베이트는 처음 물에 들어갈 때가 제일 중요하다. 피칭이든 오버헤드캐스팅이든 루어가 물에 들어가는 순간, 글라이드베이트의 운용 수심과 액션이 정해진다. 앞서 설명한대로 글라이드베이트는 불안정한 부력과 민감함으로 인해 다른 톱워터 루어나 미노우처럼 물에 떨어졌을 때 떠있지 않는다. 즉, 던져서 물에 떨어지는 그 힘으로 인해 어느 정도 물속에 들어가게 되는데, 그때 떠오르지도 가라앉지도 않는 찰나의 순간이 생긴다는 것이다. 이때 로드워크로 과하게 끌어올리면 올라오긴 하지만 그것보다는 한 바퀴 릴링을 세 번에 나눠 끊어서 하는 삼각릴링을 하는 게 더 낫다.

삼각릴링을 하면 루어가 그 수심에서 자리를 잡게 되고 일정한 수심층을 유지시키며 운용할 수 있다. 톱워터 루어는 던지면 수면에 착수한 후 살짝 가라앉았다가 다시 떠올라 표층에 자리를 잡지만 글라이드베이트는 물에 착수하면 그 무게로 인해 가라앉아 떠오르지 않는다는 것으로, 그 수심에서 바로 운용한다는 것이다.

아무것도 아닌 것 같지만 앵글러가 운용하고자 하는 수심층을 첫 착수와 함께 바로 시작할 수 있다는 것은 매우 큰 장점이다. 예를 들어 서스펜딩으로 튜닝한 글라이드베이트라면, 낚시 시작과 동시에 릴링없이 첫 착수에 바로 서스펜딩시킬수도 있다.

운용은 로드워크보다는 릴링으로

글라이드베이트는 앞서 설명한대로 큰 보디로 인해 불안정안 부력, 그리고 민감한 액션을 가지고 있다. 그렇기에 미노우 저킹하듯 로드의 탄력으로 탕탕 쳐서 운용하면 특유의 리드미컬한 액션을 낼 수 없다. 그렇기에 로드보다는 릴링으로 운용할 것을 추천한다. 예를 들어 6점대 베이트릴을 사용한다고 치자. 이 릴은 핸들을 한 바퀴 돌릴 때 라인이 약 60cm 정도 감긴다. 이 한 바퀴를 두 바퀴, 세 바퀴로 나눠 돌리는 것이다. 즉 20cm, 30cm만 감기게 1/2, 1/3만 감는다. 이러한 릴링 방법은 일본에서는 삼각릴링, 최근에는 디지털릴링이라는 말로 통용되고 있다. 매우 작은 루어나 부력이 큰 루어처럼 민감한 루어들을 컨트롤할 때 주로 쓰이는 방법이다.

반복적으로 같은 곳에 던진다

글라이드베이트는 매우 내추럴한 루어다. 큰 보디에서 특유의 물 파장과 물을 밀어내는 파동이 나오지만 소리나 진동은 다른 어필형 루어보다 매우 약한 편이다. 그러기에 배스가 글라이드베이트의 존재를 모르는 경우도 많으며 배스의 시야에 들어올 수 있게 같은 곳을 두 번, 세 번 반복해서 던지는 것이 중요하다. 만약 배스가 앵글러의 시야에 들어오는 사이트피싱이라면, 배스가 도망가지 않는 범위 내에서 관심을 가지게끔 지속적으로 던져 배스의 시야에 글라이드베이트를 보이게 해야 한다.

턴과 트위칭 액션을 섞는다

디지털릴링, 삼각릴링으로 리드미컬하게 글라이드베이트를 배스의 시야에 가져다 놓았다면 배스는 곧바로 루어에 반응을 보인다. 따라오던가 아니면 관심 있게 처다보던가 할 것이다. 그때 자연스러운 액션 뒤 갑자기 격한 액션을 한 번씩 넣어준다. 자연스러운 액션에 졸졸 따라오기만 하고 입질까지 이어지지 않던 상황이 극적으로 바뀔 수도 있다. 이때는 릴링 액션보다는 아주 살짝 로드워크를 이용해 트위칭 액션을 주는 것이 유리하다. 릴링보다 액션이 더 즉각적이고 과하기 때문이다.

피칭이 기본, 원거리는 최대한 밀어 던진다

글라이드베이트는 기본적으로 1온스가 넘어가는 제품들이 많아 착수할 때 매우 시끄럽게 풍덩풍덩 하고 소리를 내며 떨어지기 때문에 근거리를 가장 조용히 캐스팅할 수 있는 피칭 캐스팅이 기본이라 할 수 있다. 하지만 원하는 포인트가 멀리 있다면 캐스팅 방법을 달리 해야 한다. 로드의 탄성을 이용해 글라이드베이트 무게를 실어 밀어 던지듯 던진다.

힘을 실어 강하게 던질 경우 글라이드베이트가 헬리콥터처럼 뱅글뱅글 돌면서 날아가는 경우가 많은데 이때는 착수음을 컨트롤하기 어려우니 슬쩍 힘을 빼고 밀어 던지는 것이 좋다.

언제 어디서 써야 하나?

광범위하게 S자로 운용하는 글라이드베이트지만 앞에서 설명한대로 어필력은 약하다. 넓은 지역을 탐색하는 서치베이트로는 효과가 떨어진다. 특유의 S자 액션은 필연적으로 느리게 운용해야 제대로 나오는 만큼 빠르게 탐색하기도 어렵다. 따라서 핀포인트 공략에 적합한 루어라 할 수 있다.

나무아래

흔히 오버행이라 부르는, 나무가 수면으로 드리워져 그늘을 만들어내는 곳은 일급 글라이드베이트 포인트가 된다. 물속에 장애물까지 있으면 금상첨화. 그늘 속에서 길게 스테이 액션을 준다면 물 밑에서 슬그머니 올라오는 빅배스의 환상적인 입질을 목격할 수 있다.

각종 구조물

초여름엔 산란 후 휴식을 취하려는 배스들이 구조물 등에 은신하면서 휴식을 취하는 경우가 많은데 이때 글라이드베이트는 좋은 선택이 된다. 특히 폐그물이라든지 수초군락의 엣지, 그늘이 생긴 직벽은 배스가 매우 좋아하는 곳으로, 글라이드베이트의 무게를 가감하여 수심층을 정한 후 공략하면 좋다.

새물찬스

새물이 흘러나오는 곳에서 매우 강력한 씨알 선별력을 지니고 있다. 장마 기간이나 큰 비가 온 뒤에 흘러나오는 새물에는 다양한 물고기와 다양한 씨알의 배스가 섞여 있다. 그런 곳에서 큰 배스만을 골라 잡아내기 가장 좋은 루어가 바로 글라이드베이트다. 새물의 수류에 자연스럽게 흘려보내거나 수류를 약간 거슬러 올라오게 운용하면 효과가 좋다.

필자의 글라이드베이트. 부력듀닝을 준비 중이다.

허들테일을 달아 튜닝한 글라이드베이트.

전용 장비는 필수
2온스 이상 다룰 수 있 는 XH 로드 + 6점대 기어비 베이트릴 + 20lb 라인

크기가 큰 빅베이트는 일반 로드나 라인으로는 운용하기 힘든 경우가 많다. 빅베이트피싱은 전용 장비가 꼭 필요한 장르다. 2온스 내외의 루어를 던지기 위해서는 루어 허용 범위가 큰 튼튼한 로드가 필요하며 굵은 라인을 사용해야 한다.

2온스가 넘어가는 루어를 다룰 수 있는 로드들이 거의 없었지만 최근에는 로드 제작 기술의 발전해 4온스를 넘어 6온스까지 다룰 수 있는 제품이 개발되어 판매 중이다.

글라이드베이트는 넓은 범위를 탐색하기에는 불리하고 좁은 곳에서 다이내믹하게 운용하는 경우가 많기에, 원투보다는 정투에 유리해야 한다. 일반 XH 파워 제품 중에서 길이 짧은 로드가 유리하다. 즉, 짧으면서도 튼튼하며 캐스팅이 잘되는 로드가 바로 글라이드베이트 전용인 것이다. 그립은 로드의 무게와 빅배스와의 파이팅에 밀리지 않게 긴 것이 유리하다.

글라이드베이트는 릴링으로 액션을 주는 경우가 많다. 릴링으로 즉각적인 액션을 구사하려면 저기어비의 릴은 불리하다. 경험상 6점대가 가장 무난했다.

라인은 20lb 이상의 카본, 나일론(모노), 합사 모두 사용 가능하나 나의 경우 카본라인을 선호한다. 나일론라인의 경우 20lb 이상 되면 연신율이 거의 없다. 앞에서 설명한대로 첫 캐스팅 시 포즈가 글라이드베이트에서 매우 중요한 만큼 살짝 물속으로 내려간 그 위치에서 서스펜딩을 걸어주기 위해서는 나일론라인에 비해 잘 가라앉는 카본라인이 더 유리하다. 하지만 상층에서 톱워터 루어처럼 사용하려면 나일론라인이 나은 면도 있으므로 상황에 맞춰 바꿔 사용하면 좋을 것이다.

겨울에도 배스는 잠들지 않는다
WINTER BASS
WINNING SOLUTION

겨울이 다가오면 SNS상이나 인터넷카페에서 이 시기에 가장 많이 볼 수 있는 단어가 바로 '졸업'이다. 즉, 한해의 배스낚시를 마무리한다는 것이다. 나는 이런 의견에 동의할 수 없다. 배스는 사시사철 루어에 반응을 한다. 겨울 역시 발상의 전환과 적절한 루어만 활용한다면 잡아낼 수 있다. 가을낚시의 마무리와 더불어 겨울낚시 준비까지 철저히 한다면 성공적인 윈터피싱을 할 수 있을 것이다. 수면이 꽁꽁 얼어 도저히 낚시를 할 수 없을 때까지. 그때까지도 배스낚시는 계속된다.

배스는 겨울잠을 자는가?

이 시기에 가장 쉽게 볼 수 있던 단어는 '겨울 준비'였다.
"배스는 겨울을 나기 위해 가을에 많이 먹는다"
이런 문구를 누가 먼저 사용했는지 모르지만, 꽤나 신빙성 있게 들렸는지 잡지, 방송, 개인 블로그 할 것 없이 늦가을만 되면 전부 이런 얘기로 도배를 했었다. 하지만 이러한 생태는 겨울잠을 자는 동물에게만 해당된다. 그렇다면 배스도 겨울잠을 자는가? 전혀 그렇지 않다. 배스는 겨울잠을 자지 않는다. 가을은 배스가 가장 좋아하는 수온을 보여서 왕성히 먹이활동을 할 뿐 혹독한 겨울을 나기 위해 먹는 것이 아니다.

1년 중 산란을 위해 살을 찌우는 시기를 제외하고 배스가 가장 피둥피둥 살이 찐 시기가 언제인지 아는가? 그게 바로 겨울이다. 물론 환경에 따라 조금씩 다르긴 하지만 겨울에도 배스는 오들오들 떨면서 느릿느릿 움직이는 게 아니라 활발히 먹이활동을 한다.

최근 겨울잠에 빠져 있을 것만 같던 배스의 실체가 라이브스코프 등 최첨단 장비를 활용한 여러 사람들에 의해 밝혀졌다. 배스는 춥다고 웅크리지도 않으며 또 눈앞에 루어가 있어도 느리게 움직이면서 먹지도 않는다. 평소와 비슷한 움직임을 보이며 먹이사냥을 하는 것이다. 다만 그 반경이 좁은 건 사실이지만 완전히 낚시가 안 될 정도로 혹독하지는 않다는 것이다.

그렇다면 겨울낚시는 쉬운 낚시인가. 아니다. 배스가 겨울에도 활발히 움직인다면 낚시가 쉬워야 하는데 실제로는 조황이 다른 시기에 비해 떨어진다. 왜 잡기 힘든 걸까?

배스는 변온동물이다

겨울낚시를 이해하기 위해서는 배스가 변온동물임을 이해하고 있어야 한다. 이 사실을 숙지하고 있어야 겨울낚시에 제대로 접근할 수 있다. 항상 일정한 체온을 유지하는 우리는 항온동물이다. 이에 반해 변온동물은 주위의 환경에 의해 체온이 변하는 동물이다.

변온동물은 스스로 체온을 조절할 수 있는 능력이 없기 때문에 외부기온의 영향을 많이 받는다. 파충류, 양서류, 어류 등이 대표적이다. 그중 가장 독특한 동물이 바로 어류다. 유일하게 아가미로 호흡하면서 물속에서 살기 때문이다.

파충류나 양서류는 물 가까이 살긴 하지만 물속에서는 살 수 없다. 호흡기가 아가미가 아니기 때문이다. 물속에 사는 어류를 제외하고는 피부호흡이나 폐호흡을 하게 되는데, 불행하게도 육지는 겨울에 외기온도가 영하 아래로 떨어지는 곳이 많다는 것이다. 즉 외부환경에 체온을 맞추는 데 한계가 있다는 것이다. 하지만 물고기는 물속에 살기 때문에 영하로 떨어지는 환경이 거의 형성되지 않는다. 비록 표층은 얼음이 얼긴 하지만 강계의 경우 그 아래로 물이 흐르고 저수지의 수심 싶은 곳은 일정 수온을 유지한다.

그렇기에 육상의 변온동물보다 물속의 물고기는 생존에 여러모로 유리한 점이 많다. 0도까지 내려가는 혹한의 상황이 없기 때문에 다른 변온동물들보다 변온의 폭이 적고 살아가는 데 유리한 점이 많다. 단, 20도 이상의 수온에서보다는 신진대사가 느려지기 때문에 소화가 조금은 둔해지기도 하고 활성도가 좋은 수온 때보다는 스트라이크존이 좁아지긴 한다. 하지만 절대로 겨울이라고 덜덜 떨면서 겨울을 나지는 않는다.

낮은 수온이지만 얼지 않는 수심만 된다면 물고기는 먹이활동을 한다. 이미 그 찬 수온에 적응을 했기 때문이다. 그렇기에 가장 좋아하는 수온과는 달리 움직임의 폭이 크진 않지만 낮은 수온에도 적응이 된 배스는 정상적으로 먹이활동을 하고 움직임도 활발하다. 우리가 하는 낚시가 힘든 이유는 이 차가운 수온에 적응한 배스들의 포지션 때문이다. 그 포지션을 찾는 게 평소보다 어렵다.

겨울낚시의 핵심 키워드, 스쿨링

스쿨링(schooling)은 같은 종 또는 다른 종의 물고기들이 집단을 이루어 생활하는 것을 말한다. 배스 역시 스쿨링을 이루고 살아가는데 가장 많은 스쿨링 형태를 보이는 시기가 바로 12월이다.

대형호수를 예를 들어 살펴보자. 스쿨링은 10월부터 생겨나기 시작한다. 즉, 절기상 추석이 지나고부터 이미 깊은 물속에서는 스쿨링 현상이 일어나며, 소규모로 시작한 스쿨링은 12월을 맞아 절정을 이루고 1월이 넘어가게 되면 다시 서서히 흩어지게 된다. 그리고 음력 설날을 지나면 거의 찾기 힘들어진다. 우리 생각보다는 약 한 박자 정도 빨리 스쿨링이 이루어지고 빨리 사라지는 것이다.

연구 자료에 따르면 어류의 스쿨링은 물고기 종마다 다르다고 설명하고 있다. 작은 정어리나 멸치류는 포식자를 효과적으로 피하기 위하여 거대한 집단을 만드는 것으로 밝혀져 있으며, 어식어종은 효과적인 사냥과

대형호수에서 콧부리 끝에 스쿨링된 배스가 어탐기에 찍혔다.

겨울에 안동호를 찾아 워킹낚시를 한 정수민(JS컴퍼니 프로스탭) 씨가 앨라배마리그로 씨알 좋은 배스를 낚았다.

앨라배마리그에 3마리의 배스가 한꺼번에 올라오고 있다.

변해가는 수온에 적응하기 위해 집단을 유지한다고 조사되어 있다. 배스 역시 어식어종에 속하기 때문에 변해가는 물속환경에서 효과적으로 먹이를 취하기 위하여, 또 이동하기 쉬운 곳에서 스쿨링하는 경향이 강하다.

배스는 이유 없이 뭉치지 않는다. 분명히 이득이 있기 때문에 모여 있는 것이다. 이 스쿨링은 철저히 물속환경과 먹잇감에 의해 결정이 된다. 조금이라도 먹이섭취에 유리한 환경에 여러 마리가 모이게 되고 점차적으로 스쿨링이 이루어진다.

그러면 봄이나 여름 같은 시기에는 왜 스쿨링이 생기지 않을까? 이 시기도 분명 배스는 효율적인 먹이사냥을 하는 시기이다. 하지만 이 시기에는 먹잇감이 적절한 수온으로 인해 활성도가 높아 여러 군데로 분산되어 있다. 그렇기에 한곳에 뭉쳐서 떼로 지나가는 먹잇감을 노리기보다는 여러 군데로 흩어져서 독자적으로 먹이를 취식한다.

스쿨링은 먹잇감이 주로 쉽게 오르내릴 수 있는 콧부리, 그리고 완만한 직벽, 능선의 끝, 수심이 급하게 변하는 지역에 주로 형성된다. 이러한 물속지형은 공통점이 하나 있는데 아주 손쉽게 얕은 곳과 깊은 곳을 오르내릴 수 있다는 것이다.

깊은 수심에 있는 배스가 장애물을 의지하여 가장 쉽게 얕은 곳으로 올라갈 수 있는 지형은 바로 급심 콧부리다. 겨울에 배스는 콧부리나 능선의 끝자락에 주로 뭉쳐 있는 경우가 많으며 특히 물속의 흐름이 좋은 콧부리나 능선은 1급 포인트가 된다.

고수위가 만들어낸 2020년 겨울 호황

2020년은 겨울낚시가 대호황이었다고 할 수 있다. 역대급으로 따뜻한 겨울이어서 얼음이 거의 얼지 않은 영향도 있지만, 가장 큰 이유는 대형 호수를 필두로 나타난 고수위였다. 이런 고수위가 겨울 이후로도 계속 유지된 탓에 여름에 큰 물난리가 나기도 했다.

고수위는 수온이 빨리 내려가는 것을 막아주고 물속 장애물을 인위적으로 많이 만들어주어 물고기가 서식하기 좋은 환경을 제공한다. 그렇기에 겨울철에도 좋은 조황이 오래 가게끔 하는 역할을 한다.

안동호는 우리나라 최고의 배스토너먼트 필드다. 수십 년 동안 이어진 토너먼트와 동력낚시로 인해 배스의 자원이 많이 줄었다고 판단되었으나, 2020년을 전후해 초고수위를 계속해서 유지하면서 사상 유례없는 호황을 맞이하고 있다. 당시 안동호는 수위를 조절하고 싶어도 할 수 없는 상황이었다. 안동호 아래 보조댐에서 교각공사가 진행 중이기 때문에

행여나 큰물을 방류한다면 자칫 사고로 이어질 수 있기에 태풍 이후에도 매우 소량으로 수문을 열었고 이에 따라 초고수위가 계속해서 유지된 것이다.

겨울에 눈여겨 봐야 할 포인트는?
폭이 좁은 수로

폭이 좁은 수로는 사시사철 좋은 포인트가 되지만 얼지 않는다는 조건을 내건다면 겨울에 가장 유리하게 낚시를 할 수 있는 최고의 포인트다. 왜냐하면 겨울철 저수온에 배스는 스쿨링하기 유리한 지형으로 몰리는데 그러한 곳을 육안으로 가장 찾기 쉬운 곳이 바로 폭이 좁은 수로이기 때문이다. 교각 근처, 또는 교각 주변 폐자재가 쌓여 있는 곳, 또는 그 수로에서 가장 물 흐름이 좋거나 수심 깊은 지역은 겨울철에 가장 좋은 포인트가 된다. 높은 수온으로 배스가 흩어져 있다면 몰라도 겨울철에는 수로만큼 스쿨링을 찾기 쉬운 곳은 없다.

콧부리와 능선 주변

콧부리와 능선은 배스가 좋아하는 지형으로 겨울철에는 수심이 약간 깊은 콧부리에 몰려있는 경우가 많다. 그 콧부리 주변에 수중관목들이 있다면 그곳은 최고의 포인트가 된다. 큰 저수지나 호수의 경우 물이 움직이는 곳이나 흐름이 좋은 곳에 인접한 콧부리가 최고의 포인트가 된다. 능선의 경우 완만하게 뻗어나가며 햇빛을 많이 받는 지역이 최고의 포인트다. 시간대에 따라 조황 차가 있으므로 피딩타임이나 일조량이 가장 많은 시간대에 찾아야 한다.

깊은 수심

얕은 수로나 연안낚시와는 반대되는 개념이다. 물속 깊은 곳에서 주로 활동하는 베이트피시만 활발히 따라다니며 취식하는 겨울 배스를 잡기 위한 포인트이다. 빙어를 비롯한 냉수성 어종을 주 먹잇감으로 하는 배스를 공략한다. 보통 7~10미터 수심을 보인다. 워킹낚시는 급경사를 지닌 직벽, 저수지 제방의 끝부분 , 무넘기 지역이 여기에 해당되며 보트낚시는 물속 드롭이나 채널 같은 지역을 찾아야 한다.

3대 겨울 루어
앨라배마리그

말이 필요 없는 최고의 저수온기 루어. 폴 앨리어스가 촉발시킨 미국발 앨라배마리그가 인터넷을 거쳐 한국에서 상륙한 뒤, 한국은 최고의 앨라배마리그 노하우를 가진 나라로 발전했다. 그만큼 한국의 상황에 잘 맞는 루어라는 얘기다. 특히 겨울에 폭발적인 위력을 보인다. 겨울배스 동면설 등 기존의 이론을 박살냈다. 겨울배스의 움직임에 대한 새로운 시각을 갖게 만들었다.

항간에는 어부들이 쓰는, 루어낚시인의 격(?)에 맞지 않는다는 눈총도 많이 받았으나 그동안 난제로 통했던 중층의 배스를 낚게 해주면서 겨울 루어의 새 지평을 열었다. 현재는 앨라배마리그를 고운 눈으로 보지 않았던 일본조차도 이 루어에 열광하고 있다.

앨라배마리그는 보통 2온스를 넘어가기 때문에 원활하게 사용을 위해서는 기본적으로 H~XH 파워의 로드가 필요하다. 길이는 7피트내외면 적당한데 최근에는 8피트가 넘는 전용 로드도 시판되고 있다. 너무 빳빳

한 로드는 캐스팅 기능이 떨어지므로 팁은 어느 정도 무른 것이 좋다. 릴은 강성이 강한 베이트릴이 좋으며 기어비는 5점대가 베스트 매치이고 범용인 6점대도 좋다. 앨라배마리그는 로드와 릴만큼 중요한 것이 라인이다. 합사 또는 최소 20파운드 이상의 나일론 또는 카본라인이 필요하다.

메탈지그와 빅스푼

메탈지그는 금속 재질로 만들어져 번쩍거리는 플래싱 효과가 두드러지는 루어다. 특유의 생김새로 인한 폴링 액션과 번쩍임이 호기심 많은 배스를 불러 모은다. 캐스팅뿐만 아니라 수직으로 공략하는 버티컬피싱에 매우 효과적이어서 깊은 곳에 머무는 배스, 그리고 폴링 액션에 반응하는 배스에게 위력적이다. 최근 들어 각광받고 있는 빅스푼의 경우 버티컬 지깅에서 폴링 액션이 매우 뛰어나기 때문에 배스가 물고기를 주 먹잇감으로 삼는 대형 호수나 강계에서 효과적인 경우가 많다.

메탈지그는 종류가 많기 때문에 그에 따라 채비를 달리하는 것이 좋다. 빅스푼의 경우 MH~H 파워의 로드에 팁이 무른 로드가 좋다. 릴은 베이트릴을 기본으로 하고 6점대 이상의 기어비를 가진 것을 사용한다. 라인은 나일론 또는 카본으로 14파운드 이상을 쓰는 것이 좋다.

버티컬 지깅용 메탈지그는 빅스푼보다는 더 무른 로드를 사용하는 것이 좋다. 그 이유는 폴링시키고 바닥을 찍고 다시 고패질을 하는 순간의 액션이 더 화려하기 때문이다. 즉 뻣뻣한 로드보다는 유연한 로드가 메탈지그의 액션을 더욱 화려하게 만들어준다.

로드는 메탈지그의 무게에 따라 달리 하는데 스피닝로드는 ML~M 파워가 사용되며 베이트로드 역시 ML~M 파워가 적합하다. 라인은 카본라인 10파운드를 기본으로 지그의 무게에 따라 조금씩 올려서 사용한다.

한겨울 눈밭의 낚시터. 필자가 채비가 꾸리고 있다.

언밸런스 프리리그

언밸런스 프리리그는 저수온기와 턴오버 시기, 환절기 등 배스가 저활성도에 빠졌을 때, 정상적인 액션이 아닌 호핑 위주의 리액션바이트를 유도하기 위해 만들어진 프리리그의 변형채비라고 할 수 있다.

저수온기에 특히 효과가 좋은데 평소 사용하는 5~7g 싱커는 깊은 수심에서 사용하기에는 힘들다. 수심이 얕은 저수지나 강계에서 사용하면 최고의 매치를 보인다.

언밸런스 프리리그를 사용하기 위해서는 필수는 아니지만 어느 정도 경쾌한 호핑 액션을 위해서 전용 장비가 필요하다. 로드는 허리힘이 튼튼해야 하며 전체적으로 무른 로드보다는 뻣뻣한 제품을 주로 사용한다. 7피트 내외의 ML 파워 이상의 로드가 제격으로 릴은 베이트릴이 기본이다. 7점대 이상의 고기어비가 무조건 유리하다. 라인은 카본라인이 알맞으며 12파운드를 기준으로 사용한다.

배스낚시대회 성공전략 10
A급 포인트라면 한적해질 때까지 버텨라

워킹낚시 중심으로 이뤄지는 아마추어 배스낚시대회에서 입상하기가 쉽지 않은 일이란 것을 잘 알고 있다. 그럼에도 분명 단상에 올라 트로피를 들어올리는 사람들이 있다. 입상 확률을 높일 수 있는 방법이 있는 것이다.

1 정보 수집에 집중하라

정보 수집이야 말로 모든 '대회낚시'의 처음이자 끝이다. 특히 가장 중요한 정보는 수위 파악이다. 대형호수의 경우 물 빠짐이 심한데 그 수위는 국가수자원관리종합정보시스템(www.wamis.go.kr)에 접속하면 대부분의 정보를 알 수 있다. 예를 들어 대청호에서 대회가 열릴 경우, 최근 대청호의 수위 파악도 중요하겠지만 더 중요한 것은 1년 전, 2년 전 등 현재와 가장 유사한 계절과 수위를 파악하여 당시의 조황을 알아보는 것이다. 현재 조황은 인터넷에서 쉽게 알 수가 없다. 대회가 열린다는 것이 알려져 있기 때문에 많은 이들이 그곳의 조황정보 공유를 꺼리기 때문이다. 그렇기 때문에 만약 지금이 4월이고 수위가 100이라면 1년 전, 2년 전, 3년 전 수위를 검색한 후 100에 가장 근접한 수위, 그리고 4월과 가장 근접한 날짜의 대청호 조황을 인터넷에서 검색을 한다면 현재 조황과 유사한 정보를 얻을 수 있다.

2 대회장 답사는 필수

대회가 열리는 낚시터를 답사하지 않고서는 절대로 좋은 성적을 올릴 수 없다. 사전답사는 필수다. 대회가 열리는 낚시터를 최소 1주에서 2주 전에 답사한 후 낚시를 해보는 것이 필요하다. 이때 혼자보다는 여럿이서 하는 것이 훨씬 효율적이다. 흩어져서 낚시하면 짧은 시간에 많은 곳의 정보를 알 수 있기 때문이다. 또한 어디가 맑은지 어디가 흐린지, 물속 지형은 어떤지 사전에 파악해놓는 것이야 말로 단상으로 가는 지름길이다.

3 행사 규정을 미리 숙지하자

내가 참가하고자 하는 낚시대회의 특성과 규정을 꼭 숙지하기 바란다. 특히 개인 간의 간격과 낚시를 할 수 없는 위수구역은 꼭 알고 있어야 낚시에 도움이 된다. 좋은 성적을 올렸음에도 불구하고 개인 간의 거리 간격을 지키지 않아 클레임이 들어온다던지, 애매하게 위수구역을 벗어난 경우 눈에 아른거리던 단상이 한 번의 실수로 날아가기도 한다.

4 첫 포인트가 중요하다

대회에서 첫 포인트는 매우 중요하다. 대회 성적의 절반을 차지할 정도라고 말하고 싶다. 강, 저수지, 호수 등 제한적인 공간에서 대회가 열리면

분명히 A급 포인트에는 사람들이 몰리게 된다. 어떻게든 이 포인트를 사수해야 한다. 규칙을 위반하지 않는 범위 내에서 수단과 방법을 가리지 말아야 한다.

5 처음 1시간이 중요하다

대회가 시작되고 첫 포인트에 도착하게 된다면 기억하라. 초반 1시간이 이날 낚시에서 가장 중요한 시간대이다. 그 다음으로 중요한 시간대는 끝나기 2시간 전이다. 첫 포인트에 도착하게 되면 대부분 아침으로 피딩타임과 맞물리게 된다. 배스의 활성도가 가장 좋을 때이다. 1시간 동안 초집중하여 배스를 노린다. 통계적으로 볼 때 단상에 오른 선수 대부분이 이 아침시간에 배스를 잡아낸 사람들이다. 그도 그럴 것이 아침 피딩과 맞물린 시간이고 또 여러 사람들이 포인트에 몰리지 않아 번잡하지 않기 때문이다. 또 대회 종료 2시간도 중요하다. 이 시간대는 참가자들의 집중력이 흐트러져 있을 때다. 대개 10시가 넘어서면 캐스팅도 대충하고 넘어가는 경우가 많다. 이때를 틈타 배스를 노리는 것이다.

6 과감한 결단이 필요하다

결단력에 대한 얘기다. 포인트를 옮길 것인가 아니면 한자리를 고집할 것인가를 결정하는 것이다. 이러한 결단력은 연습한 결과를 토대로 생기게 된다. 대회 상황 역시 대부분 연습한 내용대로 적용되는 경우가 많다. 하지만 현장에서 파악한 상황도 분명 고려해야 한다. 연습 결과를 과감히 무시한 결정이 좋은 성적으로 이어지기도 한다. 어쨌든 우물쭈물하지 말자. 하려면 하고 말려면 말고. 과감하게 행동해야 한다.

7 뛰는 자가 승리하리라

일단 첫 포인트를 선점해야 한다. 그러려면 뛰어야 한다. 뛰어서 남들보다 먼저 그곳에 도착해야 한다. 느긋하게 걸어가다가는 포인트에 도착했을 때, 남들이 멋지게 잡아내는 것을 구경만 해야 할 것이다. 또 대회 중간에 포인트를 옮길 때도 뛴다. 물론 다른 사람들이 낚시하는 것을 방해하면서까지 뛰어다니는 것은 실례다. 잽싸고 날랜 모습으로 포인트를 찾아나서야 한다는 얘기다.

8 장타는 필수, 정확도는 덤

인터넷상에서 가장 많이 보이는 문구가 '배스는 발 앞에'이다. 하지만 워킹낚시로 진행되는 아마추어 배스낚시에서는 거의 통용이 되지 않는다. 사람들이 많아 혼잡한 상황이 벌어지기 때문이다. 장타의 효용성에 대해

수백 명의 낚시인들이 모인 배스낚시대회장.

묻는 사람들도 많지만 낚시대회에서 장타만큼 유리한 것도 없다. 그렇기 때문에 남들보다 더 튼튼한 장비, 더 무거운 채비로 더 멀리 있는 곳을 공략해본다. 다만 그 지역의 지형의 특성을 파악하고 장타를 날리는 것은 기본이다. 장타를 날렸는데 20m 앞이 드롭 지형이라면 아무 효과가 없기 때문이다. 하지만 확률적으로 장타는 무조건 유리하다. 일반적인 배스낚시 캐스팅에서는 정확성이 장타보다 중요하지만 적어도 아마추어 배스낚시대회에서만큼은 장타가 더 중요하다.

9 이동보다 버티는 것이 낫다

여러 스타일의 낚시방법이 있다. 빠르게 포인트를 옮기는 것을 즐기는 사람과 한자리를 오랫동안 버티는 사람. 각기 다 장단점이 있어 어느 것이 좋다 나쁘다 말할 수 없다. 하지만 워킹낚시대회에서는 버티는 것이 이동하는 것보다 더 유리하다. 단, 버티고 있는 곳이 A급 포인트라는 전제 하에서 말이다. 대회엔 보통 수백명의 낚시인들이 참가하여 매우 번잡하다. 여유 있게 낚시할 공간이 나오지 않으며 특히 A급 포인트는 발 디딜 틈도 없다. 여기서는 어떻게든 버텨봐야 한다. 배스가 나오지 않는다고 조급하게 포인트를 옮기다 보면 수많은 인파에 밀려 아예 갈 곳도 없다는 것을 깨닫게 될 것이다. 대부분 A급 포인트는 초반에 조금 배스가 나오다 수많은 채비들이 물속에 떨어지면 소강상태로 바뀌게 된다. 배스 역시 위협을 느끼는 것이다. 끝내 그 포인트에서 버티다 보면 배스가 없다고 판단한 다른 사람들은 그 포인트를 떠나기 마련이다. 배스는 분명 물속에 있다. A급 포인트라면 멀리 도망가는 경우는 별로 없다. 그렇기에 한적해지기까지 끈덕지게 버티는 것이 중요하다.

10 옮긴다면 사람이 없는 곳으로 가라

빽빽이 낚시인으로 들어찬 대회장이라면 사람이 없는 곳은 찾기 힘들다. 다만 분명히 사람 손이 덜 탄 지역은 있다. 한눈에 봐도 배스가 없게 생긴 곳이다. 바로 이런 곳을 노린다. 사람의 눈은 바로 앞 돌 옆에 붙어있는 배스도 보지 못한다. 배스가 없다고 생각하는 것은 잘못된 판단일 경우가 많다. 이리저리 돌아다니며 사람들이 잘 가지 않는 곳을 눈여겨보다가 마지막에 승부를 거는 것이다.

장타낚시의 이해
먼 거리의 손 안 탄 곳을 노리는 것

장타는 배스낚시에서 호불호가 가장 많이 갈리는 기술이다. 다른 사람들보다 더 멀리 날려 아무도 공략하지 못한 곳을 노린다는 것은 상당히 매력적이긴 하지만 단점도 분명히 존재한다. 장타 전문 채비는 근거리를 정확하게 공략하기 힘들다. 그렇기 때문에 무턱대고 무거운 싱커를 달아 장타만을 날리는 낚시인을 무시하는 경향이 강하다.

하지만 한정된 공간, 많은 인원이 낚시를 하는 대회 장소는 일반적인 낚시터와는 다른 여건이다. 누구도 하지 않은 낚시, 누구도 공략하지 않은 곳을 공략하는 것이 분명히 유리하다. 그렇기 때문에 나는 낚시대회에서만큼은 장타를 적극 추천한다. 장타용 장비가 없으면 규정에 허용되는 한 길고 원투성이 좋은 낚싯대를 쓴다. 그것이 농어용 낚싯대라도 상관없다.

'배스는 발 앞에 있다'란 얘기는 가까운 곳만 노리라는 뜻으로만 해석해서는 안 된다. 발 앞 포인트가 다 털렸다면? 건너편 얕은 곳은 어떤가? 내 발앞과 똑같은 조건에 사람 손까지 타지 않은 더 좋은 포인트 아닌가? 그럼 거기에 던지려면 어떻게 해야 할까? 무조건적인 장타낚시는 지양하지만 낚시대회에서 장타는 분명 매우 효과적인 기술이다.

원태클이라면 메탈지그!

트레블훅을 떼어내고 싱글 어시스트훅으로 교체해 튜닝한 메탈지그. 사진의 루어는 다미끼 40g 투혼지그로 다미끼 엑스텐 싱글훅을 달았다.

많은 낚시인들이 나름의 전략과 테크닉을 가지고 대회에 임하지만 낚시 여건별로 분명히 유리한 채비와 태클은 따로 있긴 하다. 하지만 공통적으로 비거리가 긴 루어가 유리한 것은 분명하다. 이것은 워킹낚시대회에서는 불변의 진리다. 본인이 비거리를 잘 낼 수 있는 루어라면 어떤 종류라도 상관없다. 크게 강계와 호수로 나눠 살펴본다.

강계에서 유리한 스피너베이트 · 미노우 · 메탈지그

대회가 펼쳐지는 강계 낚시터로는 영남의 청도천과 낙동강이 있다. 이 지역은 많은 사람들을 수용할 수 있는 여건을 갖추고 있다. 강계 특성상 바로 발 앞도 중요하지만 반대편 맞은편 포인트도 똑같이 중요하다. 그렇기 때문에 비거리가 잘 나오고 오랫동안 포즈를 취할 수 있는 미노우가 유리하다. 다른 낚시인들이 쓰는 채비보다 강력한 진동과 어필력을 가지고 있는 스피너베이트 역시 탁월한 선택이 된다.

메탈지그 역시 필살의 채비이다. 겨울에만 사용하는 루어로 인식이 강하지만 사실 사시사철 사용할 수 있는 루어다. 메탈지그의 입질은 철저히 리액션바이트에 기인한다. 대부분 사용하는 웜리그와는 비교도 되지 않을 만큼 강력한 입질이 들어오며 생각지도 못한 장소에서 입질이 들어오기도 한다.

적재적소에 알맞은 루어를 사용하는 것만큼 중요한 것이 없겠지만 가장 중요한 것은 꾸준히, 계속 사용하는 것이다. 한두 번 사용하고 입질이 없다고 해서 효과가 없다고 섣불리 판단해서는 안된다. 입질은 나도 모르게 순식간에 들어온다.

호수에서 유리한 드롭샷리그와 프리리그

드롭샷리그야 말로 가장 대중적이고 강력한 무기로 언제어디서든지 사용할 수 있는 채비다. 특히나 프레셔를 많이 받은 대형호수나 저수지에서 강력한 무기로 사용할 수 있다. 이때 사용하는 웜은 일반적으로 사용하는 웜보다 작고 리얼한 형태의 제품이 유리하다. 정상인 베이트피시의 무리에서 벗어나온 병든 물고기를 생각하면 이해하기 쉽겠다. 호핑보다는 드래깅 위주로 기다리는 시간을 오래 준다.

대한민국이 만든 최고의 배스 채비인 프리리그. 사용하기 간단하고 조과도 좋아 장소를 불문하고 널리 사용되고 있다. 특히 수많은 사람들이 찾는 대회의 경우 남들보다 다르게 프리리그를 운용하는 것이 중요하다. 작은 웜과 큰 싱커로 장타를 뽑아내야 하는 것은 물론, 평소의 리듬보다는 조금 더 느리게 운용하는 것이 좋다.

강계의 핫 포인트는 물속에 잠긴 구조물 · 드롭라인

물속에 잠긴 구조물이야 말로 강계 낚시터에서 최고 포인트다. 물론 이러한 포인트는 오랜 시간의 낚시를 통해 찾을 수가 있다. 왜냐하면 눈에 보이지 않는 곳이기 때문이다. 하지만 빨리 찾는 방법은 있다. 그것은 물이 흘러간 지역과 모래가 쌓이는 지역을 찾는 것이다.

강은 기본적으로 흐름이 있는데 이 흐름에 따라 침식이 일어나고 퇴적이 일어나게 된다. 특히 퇴적이 일어나는 지역을 유심히 살펴보면 모래만 쌓이는 것이 아니라 홍수 때 떠내려 온 나무나 각종 폐기물들이 잠겨있는 경우도 많다. 바로 이곳이 최고의 포인트가 되는 것이다.

물속에 잠긴 구조물 못지않게 좋은 포인트로 드롭라인을 꼽을 수 있다. 물속 구조물이 빅배스를 노리는 것이라면 드롭라인은 마릿수를 노리는 곳이다. 특히 수심이 얕게 떨어지다 급격히 떨어지는 급심 드롭이 최고의 포인트다. 낙동강을 예로 든다면 수심 1미터 내외에서 4미터 정도로 뚝 떨어지는 포인트를 찾아 오랫동안 공략한다. 드롭라인은 배스들이 활

배스낚시대회가 자주 열리는 대형 저수지.
수중언덕(험프)과 복잡한 물속 구조물이 있는 곳이 1급 포인트다.

강의 다리. 스트럭처가 다양하고 퇴적물이 쌓이는 교각 주변에 늘 배스가 머물고 있다.

저수지 중앙으로 뻗은 곶부리. 깊은 수심과 얕은 수심을 고루 노릴 수 있는 명당이다.

항공 촬영한 저수지. 수심이 얕아지다가 깊어지는 브레이크라인이 보인다. 봄에는 브레이크라인 주변에 배스가 머물고 있다.

항공 촬영한 강. 물 흐름으로 인해 퇴적해 쌓인 나뭇가지 등의 물속 구조물이 1급 포인트이며 이러한 지형을 바닥 탐색을 통해 찾아야 한다.

발히 움직이는 지역이기 때문에 떼 고기를 만날 수도 있다.

호수의 핫 포인트는 험프·물속 인공구조물

험프(수중언덕)야 말로 호수 또는 저수지에서 가장 핫한 포인트다. 물속 깊이 잠겨있는 곳일수록 더욱 좋다. 이러한 험프 지역은 사전답사나 연습낚시를 통해 확실히 익혀놓거나 물이 빠졌을 때의 위성사진 등을 참고하여 찾아낸다. 험프는 아래위로 배스가 꾸준하게 드나드는 지역이므로 이런 곳이 물속에 있다면 세밀히 더듬어보도록 한다. 특히 불쑥 솟아오른 험프 지역뿐만 아니라 그곳과 이어지는 능선이나 콧부리 지형까지 포괄적으로 포함하여 공략하는 것은 기본이다.

물속 구조물 역시 험프와 마찬가지로 매우 좋은 포인트다. 은신을 주로 많이 하는 배스 특성 때문이다. 이런 물속 구조물은 복잡하면 복잡할수록 배스가 많이 붙거나 은신하는데 밑걸림은 늘어날 수밖에 없어 깔끔한 낚시를 즐기기에는 무리가 있다. 그렇기 때문에 꼭 한 마리를 잡아야 하

는 상황이라면 싱커와 바늘의 물량공세를 각오하고 공략하는 것이 좋다.

비장의 히든카드, 싱글훅 메탈지그

메탈지그만큼 모든 걸 갖춘 루어는 거의 없다. 저활성기 배스에 효과적인 스푼보다 워블링이 약하지만 비거리가 길고, 메탈바이브보다 떨림이 약하지만 폴링 액션이 강하다. 웜낚시와 비교할 때 짧은 시간에 여러 곳을 훑어볼 수 있다.

하지만 메탈지그를 사용하는 참가자들은 거의 없다고 해도 과언이 아니다. 그렇기 때문에 싱글훅으로 튜닝한 메탈지그를 사용해보길 권한다. 밑걸림도 많이 없으며 비거리도 월등하고 철저히 리액션바이트가 들어오기 때문에 프레셔가 많이 걸린 대회에서 톡톡히 효자 노릇을 할 수 있는 채비이다. 겨울에만 쓰는 채비라는 편견을 버리고 써보길 권한다. 모든 참가자들이 웜채비를 쓸 때 홀로 메탈지그로 배스를 잡아낸다면 단상의 기쁨도 배가 될 것이다.

겨울 워킹낚시의 새 지평
BASS SHORE JIGGING

캐스팅 메탈지그로 폴링과 바닥걸림 방지에 특화되어 있는 루어다. 예전 바다용 루어는 크고 투박하고 민물용 루어는 작고 섬세하다는 시각이 강했다. 하지만 최근 들어 민물용 루어에서 유행하고 있는 업사이징, 그리고 바다의 어식어종 못지않게 탐식성이 강한 배스도 충분히 바다용 루어가 잘 먹히는 것이 확인되고 있다.

배스낚시에서 메탈지그는 오로지 버티컬 지깅에만 쓰였다고 보면 될 정도로 아주 단조로운 패턴이었다. 그냥 떨어뜨리고 오르락내리락하는 것

대청호에서 쇼어 지깅으로 낚은 배스를 보여주고 있는 필자.

이 액션의 전부. 게다가 어군탐지기를 이용한 선상낚시 특화 루어로 워킹낚시인은 접근성이 더욱 떨어졌던 게 사실이다. 왜 그동안 워킹낚시에서 사용하지 않았을까? 그 이유는 바닥 걸림 때문이다.

기존의 메탈지그는 바닥 걸림이 매우 심하다. 특히 패스트싱킹 메탈지그에 트레블훅을 달아놓으면 캐스팅 후 바닥 착지와 동시에 바닥에 걸리는 일이 허다했기에 워킹낚시인의 천대를 받았다. 하지만 트레블훅을 제거하고 싱글훅으로 개조하면 바닥 걸림이 현저히 줄어든다. 아주 간단한 튜닝으로 마음놓고 캐스팅한 후 돌바닥, 바위, 나무 등을 쉽게 공략할 수 있는 것이다.

장비와 루어의 선택

로드와 릴

메탈지그의 무게가 20~30g이므로 가용 범위가 넓은 미디엄헤비 파워 로드나 헤비 파워 로드가 적당하다. 짧은 로드보다는 최소 6.6피트보다 긴 제품을 추천한다. 로드의 액션은 허리는 튼튼하며 팁은 어느 정도 먹히는 제품이 좋다. 릴은 스피닝릴보다는 베이트릴이 조작과 저킹 액션에 유리하다. 기어비는 6점대 이상을 추천.

라인

바다루어에서처럼 합사를 사용할 수도 있으나 겨울에 물을 만나면 차가운 공기에 얼어버린다. 카본라인이 조작하기 더 편하다. 12~16lb 추천.

메탈지그

수직지깅용이 아닌 캐스팅용 메탈지그를 고른다. 무게의 경우, 20~30g 내외의 싱글훅이 달린 제품을 추천한다. 만약 싱글훅 대신 트레블훅이 달려 있다면 싱글훅으로 튜닝한다. 튜닝용 싱글훅은 바다 지깅용 제품에서 쉽게 구매할 수 있다. 형태는 단면이 넓으면 넓을수록 캐스팅 거리는 줄어들고 폴링 속도는 느려진다. 폴링 시 주로 입질을 하면 단면이 넓은 제품, 바닥권에서 주로 입질하면 슬림한 제품을 선택한다. 단면은 대칭보다는 비대칭이 폴링할 때 더 많은 액션 변화를 일으키기 때문에 이를 추천한다. 색상은 내추럴한 금속 컬러가 압도적으로 낫다. 반면 물이 탁한 경우에는 형광색이 효과를 보는 일도 있으나 심하게 야광 처리가 된 루어는 필요 없다.

포인트

지형 변화가 있는 곳을 찾는 것이 관건이다. 평소 잘 아는 지형이 있다면

매우 좋다. 하지만 지형을 모를 경우에는 겨울철 배스가 잘 모일만한 곳을 공략한다.

능선과 콧부리 끝자락
콧부리가 완만히 뻗어나가다가 갑자기 깊어지는 지점을 공략한다. 이러한 곳은 겨울 배스 포인트의 정석과 같은 곳이다. 메탈지그를 매우 멀리 캐스팅한 후 그곳에 프리폴링시키고 지형이 변화하는 지점 위주로 촘촘히 공략한다.

구조물과 바위가 많은 지역
물속 구조물에 은신하기 좋아하는 배스는 겨울에도 구조물과 바위에 소규모 스쿨링한다. 바닥 걸림이 잘 일어나지 않는 메탈지그는 이러한 지역을 촘촘하게 공략할 수 있다.
저수지보다는 강 저수지는 메탈지그가 아무리 멀리 날아간다고 해도 손이 닿지 않는 곳이 있다. 그럴 경우에는 공략하기가 쉽지 않은데 강의 경우 수심이 완만하고 물속에 바위 같은 구조물이 많아 공략하기 유리하다. 특히 소규모 강의 경우 메탈지그의 캐스팅 범주 안에 모두 들어가므로 강의 모든 곳을 공략할 수 있다. 사람의 손이 닿지 않는 물속 깊은 곳에 대규모로 스쿨링되어있는 호수나 저수지보다는, 사람의 손이 닿는 얕은 물속 구조물과 바위에 소규모 낱마리 배스가 있는 강을 노리는 편이 워킹낚시에서는 유리하다.

낚시방법
캐스팅
메탈지그의 무게가 20~30g이므로 일반 루어보다는 무거운 편이다. 그렇기에 너무 강하게 캐스팅을 하면 로드가 부러지는 경우도 있다. 로드에 무게감을 실어 슬쩍 던져도 30m는 무난하게 날아가므로 강하게 후려치는 캐스팅보다는 사이드 또는 언더캐스팅을 추천한다.

저킹앤폴링
아주 단순하지만 가장 강력한 방법이다. 캐스팅 후 착수 된 메탈지그는 자유롭게 폴링하면서 배스를 유혹한다. 이때 라인이 끌려들어간다. 끌려들어가던 라인이 멈추면 바닥에 닿은 것이다. 이때부터 저킹을 하면 물속 메탈지그는 순식간에 물속으로 치솟았다가 다시 펄럭거리며 가라앉는다. 이 액션이 가장 정석적인 움직임이며 가장 위력적인 액션이다. 이 간단한 행동만 반복하더라도 배스는 반응을 한다. 기타 바닥에서 입질하는 경우가 많을 경우 저킹 후 바닥에 떨어졌다 느껴지면 좀 더 오랫동안 놓아둬 본다. 그런 다음 꼼지락거리며 아주 약한 호핑 액션을 연이어 준다.
폴링 액션에 주로 입질이 들어온다면 저킹을 2단, 3단으로 한다. 오징어낚시의 샤크리 액션과 유사하다. 메탈지그를 2단, 3단 연속 저킹을 하게 되면 매우 높이 솟아오르는데 더욱 화려한 시각적 효과를 가져 오게 되며 폴링시간도 더 길어진다.

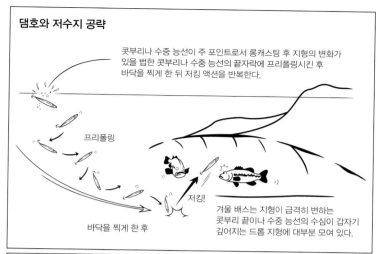

댐호와 저수지 공략

콧부리나 수중 능선이 주 포인트로서 롱캐스팅 후 지형의 변화가 있을 법한 콧부리나 수중 능선의 끝자락에 프리폴링시킨 후 바닥을 찍게 한 뒤 저킹 액션을 반복한다.

프리폴링

저킹!

바닥을 찍게 한 후

겨울 배스는 지형이 급격히 변하는 콧부리 끝이나 수중 능선의 수심이 갑자기 깊어지는 드롭 지형에 대부분 모여 있다.

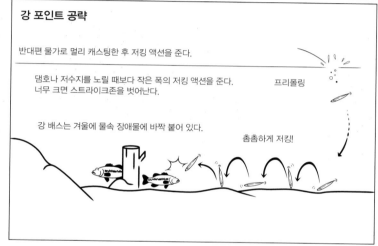

강 포인트 공략

반대편 물가로 멀리 캐스팅한 후 저킹 액션을 준다.

댐호나 저수지를 노릴 때보다 작은 폭의 저킹 액션을 준다. 너무 크면 스트라이크존을 벗어난다.

프리폴링

강 배스는 겨울에 물속 장애물에 바짝 붙어 있다.

촘촘하게 저킹!

필자가 대청호 쇼어 지깅에 사용한 장비와 루어.

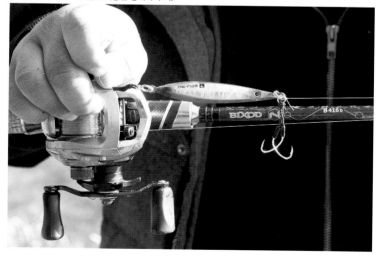

PART **7**

보트낚시의 세계

나의 보트낚시 성장기
땅콩보트에서 19피트 배스보트까지

연안에서 워킹낚시만 해본 사람이라면 격하게 공감하리라 본다. 저 멀리 강 건너, 호수 너머, 걸어갈 수 없는 곳에 아련히 보이는 그림과 같은 포인트. 저길 갈 방법이 없을까, 어떻게 가볼까 하는 환상과 기대감은 결국 보트낚시로 들어서게 만든다. 나 역시 마찬가지다. 내가 보트낚시에 관심을 가졌던 시기는 동력선상낚시금지법이 없던 2000년대 중반으로 5마력 이하 보트와 모터는 누구나 사용하여 보트낚시를 즐길 수 있었다.

2000년대 중반 땅콩보트로 입문

워킹낚시를 즐겨 하던 나는 당시 자주 가던 창원 산남저수지(현재는 낚시금지구역) 중앙에 드넓게 펼쳐져있는 마름군락에서 너무 낚시를 하고 싶었다. 그래서 당시에는 구하기 힘든 1인용 고무보트(땅콩보트라 불렸다)와 30파운드 핸드가이드모터를 구매해 꿈에만 그리던 저수지 중앙으로 나가 낚시를 할 수 있었다. 그때부터 밑걸림 때문에 사용하길 두려워했던 각종 하드베이트를 적극적으로 사용했고 운용 노하우가 쌓이기 시작했으며 좀 더 낚시가 디테일해지고 사용하는 루어가 다양해졌다.

1인용 고무보트로 소형, 중형급 저수지와 강계를 주로 다니던 나는 드넓은 호수와 큰 강에서 보트를 타고 공략하고 싶은 마음이 간절해졌다. 그

보트낚시 중 배스를 낚고 환호하는 필자.

래서 가장 먼저 동력수상레저면허를 취득했다. 동력수상레저면허를 따게 되면 5마력 이상의 동력보트를 운항할 수 있고, 결국엔 더 큰 곳으로 나아갈 수 있기 때문이다.

그리하여 10피트 5마력 존보트(바닥이 편평한 알루미늄 보트)로 낙동강과 밀양강을 쏘다니며 보팅 맛을 본 나는 이때 무동력보팅 챌린저리그에 첫발을 디뎌 대형호수에서의 낚시방법과 보트 조종, 보트 포지션에 대해 심도 있게 공부하게 되었다.

이 무렵부터 5마력 이상, 시속 20km 이상 속도에 욕심이 나기 시작했다. 12피트 15마력 알루미늄 보트(깡통보트라고 함)를 타고 눈썹을 휘날리며(?) 장성호, 평택호, 대청호에서 대형호 보트낚시의 경험치를 쌓아올렸다.

하지만 한 가지 문제가 발생했다. 대형호수에서 틸러(tiller, 손으로 모터에 달린 손잡이로 조종하는 방식)식의 위험함과 불편함을 느꼈기 때문이다. 느린 속도로 큰 호수에서 오랫동안 틸러식을 사용하다 보면 피로가 누적되고 안전사고가 일어날 위험이 커지는 등 매우 불편했다. 이제는 핸들이 있는 보트가 필요하다고 생각해 결국 14피트 30마력 핸들식 알루미늄 보트를 구입했고 안동호에서 열리는 프로토너먼트에 입문하게 되었다. 그렇게 조금씩 바뀌던 나의 보트는 이젠 16피트 90마력 FRP 보트를 거쳐 현재의 19피트 150마력의 보트로 진화했다.

보트낚시의 매력

보트낚시의 매력은 뭐니 뭐니 해도 포인트의 제한이 없다는 것이다. 연안에서 워킹낚시를 하게 되면 아무래도 포인트의 제한이 생기게 마련이다. 장애물로 인해 캐스팅도 제한되는 경우가 많고 위험한 직벽 지역이나 유속이 심한 지역, 수심이 매우 깊은 지역은 아무래도 접근하기 어려워지는 것이 사실이다.

하지만 보트낚시는 보트가 바닥에 닿아 움직이지 못하는 지역까지 들어갈 수 있으므로 포인트 접근 제한이 거의 없다. 원하는 포인트를 맘껏 공략할 수 있다는 것이 가장 큰 장점이다.

또한 시중에 나와 있는 다양한 루어를, 다양한 포지션에서 사용하게 되면서 워킹낚시 때 가졌던 밑걸림에 대한 두려움도 떨칠 수 있다. 좀 더 고차원적

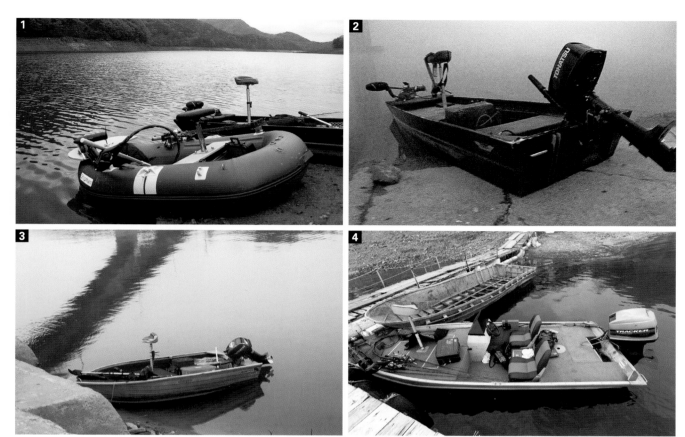

1 필자의 첫 보트인 1인용 고무보트 쉬프만 1.7. 땅콩보트라고 부른다.　2 두 번째 보트인 존보트.　3 대형호을 누비고 싶은 열망을 풀어준 12피트 15마력의 알루미늄 보트.　4 알루미늄 보트에서 본격 배스보트로의 진입. 14피트 30마력 배스보트다.

으로 루어를 이용하는 노하우를 터득할 수 있는 것이다. 더불어 물위에 서만 느낄 수 있는 자연과의 교감은 좀 더 물속 생태계를 심도 있게 이해 할 수 있는 계기를 만들어 주었고 낚시 실력을 좀 더 풍요롭게 해주었다.

보팅 포지션과 낚시의 이해

워킹낚시가 단단한 땅을 딛고 안정적인 발판 위에서 낚시를 하는 것과 달리 보트낚시는 보트가 워킹낚시의 땅과 같은 역할을 한다. 움직이지 않는 땅과 달리 보트는 외부의 물리적인 자극에 의해 계속해서 움직인 다. 보팅엔 보트를 고정시키고 포지션을 잡는 행위가 추가된다.

말과 글로는 포지션을 잡는 것이 간단하게 보이지만 실상 매우 어렵고 까다롭다. 잘못된 보트 포지션은 노다지를 한순간에 황무지로 만들어 버 리기도 한다. 특히 바람, 유속 등 예측할 수 없는 자연환경은 정확히 결론 을 내릴 수 없기 때문에 베테랑이라도 여전히 어렵고 까다로운 게 바로 포지션이라 할 수 있다.

가장 큰 차이점을 꼽는다면 루어 운용의 시작점이다. 워킹낚시가 캐스팅 을 하여 내가 서있는 위치보다 깊은 곳에 루어를 던진 후 얕은 곳으로 끌 어오는 것이 기본이라면, 보트낚시는 그 반대인 경우가 대부분이다. 내가 딛고 서있는 보트보다 얕은 곳에 루어를 던진 후 더욱 더 깊은 곳으로 끌 어내리는 행위가 많다는 것이다. 그렇기에 평소 워킹낚시에 익숙한 앵글 러라면 루어의 수심측정과 바닥을 읽는 행위가 어려울 수도 있다. 깊은 곳에서 얕은 곳으로 끌어오는 낚시는, 라인 텐션과 함께 얕아지는 바닥

수심으로 인해 루어로 바닥을 읽기 쉽다.

하지만 얕은 곳에서 깊은 곳으로 루어를 끌어오는 보트낚시는 라인 텐션 이 워킹낚시보다 매우 약하다. 텐션이 전혀 걸리지 않거나 또는 본인 쪽 으로 딸려오는 라인을 바닥으로 착각하는 경우가 많다. 쉽게 말해 아무 것도 느껴지지 않는 허공으로 파악되거나 라인 텐션을 바닥으로 착각하 고 계속해서 중층을 유영시키고 마는 것이다. 그렇기에 보트낚시의 포지 션을 이해하지 못하거나 어려움을 느끼는 사람들은 철저히 얕거나 수심 이 일정하게 넓게 펼쳐지는 지역에서 이 포지셔닝과 루어 컨트롤을 익혀 야 한다.

보트 포지션은 배스의 주 포인트에 매우 쉽게 들어갈 수 있다는 장점도 있지만 또 매우 쉽게 포인트를 침범하여 파괴시킨다는 단점도 있다. 그 렇기에 보트에는 이러한 포인트와 주 서식장소를 쉽게 알아채기 위하여 어군탐지기와 전기를 이용한 트롤링모터를 주로 이용하고 있다. 엔진은 주로 원거리 포인트 이동에 이용하고 단거리 이동과 포인트 탐색은 트롤 링모터와 어군탐지기를 이용하고 있다.

최근엔 벨리보트와 카약피싱이 대유행을 하면서 새로운 보트낚시의 방 법으로 떠오르고 있다. 벨리보트는 모터 대신 오리발을 이용해 움직이면 서 낚시를 하는 방법이고 카약은 페달이나 노를 이용해 낚시를 하는 방 법이다. 큰 보트가 들어갈 수 없는 작은 저수지나 폭이 좁은 하천, 슬로프 가 없는 지역에서 손쉽게 즐길 수 있는 보트낚시 방법으로 각광을 받고 있다.

배스보트 엿보기
선수 앞쪽 넓고 가벼운 게 특징

배스보트는 국내에선 제작하지 않고 있다. 작은 크기는 제작하는 곳이 있지만 16피트 이상의 배스낚시 전용 보트는 국내에서 제작하지 않기에 전량 수입해야 하는 실정이다. 또한 엔진도 국산 제품은 거의 없기에 미국이나 일본이 만든 엔진을 사용하고 있는 것이 현실이다.

배스보트는 일반 하우스보트나 낚시 전용 보트, 어선과는 구조가 다르다. 민물에서만 사용할 수 있도록 제작되어 보트의 헐(hull, 선체 하부의 모양)이 깊지 않은 것이 특징이며 바다보트보다 가볍다. 또한 데크가 낚시를 하기 쉽게 넓게 제작되어 있어 로드를 바꿔가며 낚시하기 용이하게끔 만들어졌다. 보트 무게 대비 고마력 엔진이 장착되어 있어 매우 빠른 속

도로 이동할 수 있다. 또한 포인트를 세세하게 공략할 수 있도록 트롤링모터가 앞쪽에 붙어 있고 뒤쪽에는 얕은 곳에서 보트를 고정시킬 수 있는 앵커가 달려있다.

나의 배스보트는 배스보트 전문 제작회사 레인저보트(Ranger Boat)에서 제작한 Z118 배스보트다. 엔진은 머큐리 옵티맥스 150마력이다. 보트의 선수엔 로렌스의 고스트 트롤링모터가 장착되어 있으며 선미엔 민코타의 랩터 셀로우앵커 8피트가 달려 있다. 어군탐지기는 선수에는 로렌스 HDS 라이브 12인치, 가민 에코맵 12인치가 세팅되어 있으며 콘솔(운전석)에는 로렌스 HDS3 9인치가 달려 있다.

1 안동호 배스보팅. 필자가 저속으로 포인트로 향하고 있다.   **2** 필자가 안동호 주진교 옆 슬로프에서 배스보트를 내리고 있다.   **3** 배스보트 선수에 설치한 어탐기. 로렌스 HDS 라이브 12인치, 가민 에코맵 12인치가 세팅되어 있다.   **4** 프랙티스를 마치고 배스보트를 트레일러에 싣기 위해 연안으로 접근하고 있다.

배스토너먼트에서 사용하고 있는 필자의 배스보트. 19피트 길이로 150마력의 엔진과 어탐기 등 첨단 전자시설을 장착했다.

배스토너먼트의 세계
나는 왜 배스토너먼트를 뛰는가

'낚시를 잘 한다'는 것은 어떤 것일까. 내가 아는 형이 낚시를 정말 잘한다, 내 친구가 100마리 잡았다 등등 낚시를 잘한다는 표현은 무수하게 많다. 하지만 지구상의 수많은 레포츠와 스포츠, 취미 중에서 낚시를 잘한다는 말처럼 추상적이고 주관적인 표현은 없다고 본다.

야구, 축구, 농구 등 대중적인 스포츠 대부분 통계적으로 선수들과 동호인의 실력을 가늠할 수 있는 기준이 있다. 또 분초를 다투는 기록경기에

필자에게 첫 챔피언의 감격을 안겨준 2012년 KSA 배스마스터클래식.

서는 그 기록이 선수들의 기량과 실력을 판단하는 기준이다.

하지만 낚시는 이런 것이 없다. 바로 살아있는 생물을 대상으로 하기 때문이다. 살아있는 생물을 대상으로 하는 경기 중에 승마가 있다. 이 승마역시 다른 경기에 비해 예외성이 매우 많다. 말이라는 생물을 다루기 때문이다. 이런 생물을 다루는 경기에서는 수식화된 공식이나 법칙보다는 예외성이 의외로 크기 때문에 정확한 '실력'을 가늠하기가 힘들다. 낚시역시 마찬가지이다. 그렇다면 객관적으로 낚시실력을 알아보는 방법은 없을까?

우리 동네 홍길동도 낚시를 잘하고 다른 동네 임꺽정도 낚시를 잘하고 산 너머 동네 이순신도 낚시를 잘한다는데, 그럼 서로 잘한다고 소문이 자자한 세 명이 다 모여서 자웅을 겨루어 보는 게 어떨까? 대신 똑같은 장소에서 똑같은 룰로 똑같은 시간을 부여한 다음 물고기를 잡아오자. 한 번만 하면 운이 작용할지 모르니까 여러 번 나눠서 평균점수로 순위를 매기자!

이게 바로 배스낚시토너먼트의 시작이라 할 수 있다. 모두 똑같은 장소에서 똑같은 룰로 경기를 여러 번 펼쳐 평균을 내어 순위를 매기는 것. 이처럼 토너먼트는 예외가 많은 낚시에서 데이터로 자신의 실력을 가늠할 수 있는 유일한 방법인 것이다.

나는 예전부터 낚시에 욕심이 많았다. 창원 우리 동네에서 어느 정도 낚시 잘 하는 형, 동생으로 불렸을 때 좀 더 다양한 곳에서 낚시를 경험해보고 싶었고 직장을 전북과 충남지역으로 옮기게 됨에 따라 자연스레 고향인 경상도 지역을 비롯해 다양한 곳에서 낚시를 즐길 수 있었다.

이러한 욕심은 곧 '내 실력은 과연 얼마나 되나'라는 궁금증으로 이어졌고 다른 사람들과 경쟁하는 낚시에 관심을 가지게 되었다. 이 열망이 때마침 열린 한국스포츠피싱협회(KSA)가 개최하는 무동력토너먼트(챌린저리그)에 출전하는 계기가 되었다.

아직도 출전 첫해의 무동력토너먼트를 잊지 못한다. 줄곧 동네에서 낚시 좀 한다고 불렸지만 전국구의 그 높은 벽을 제대로 체험하면서 노피시로 대회를 마감했다. 장비만큼은 이날 모인 120여 명 중에서 최고 같은데 내 옆의 사람은 저렴한 장비로도 어마어마한 봄 배스를 잡아와 의기양양해 하는 것을 보면서 내 자신이 그렇게 초라해 보일 수 없었다.

무동력토너먼트를 3년 뛰면서 정말로 많이 공부했고 많은 걸 배웠으며 많은 걸 잃기도 했다. 그래서 성적은 수직으로 상승하게 됐고 결국 3년차

안동호 수면을 수놓은 배스보트들.

마지막으로 뛰었던 KSA 챌린저리그에서 챔피언을 획득, 본격적으로 동력엔진을 사용하는 프로리그로 나갈 수 있는 발판과 용기를 얻을 수 있게 되었다.

배스토너먼트의 의미

나는 토너먼트가 없을 때도 전국을 돌아다니며 많은 사람을 만나고 낚시 이야기를 하며 습득한 정보를 통해 낚시를 배운다. 그렇게 장거리 운전을 하면서 조용하게 야간 밤낚시를 하게 되면 자연스레 여러 생각이 들게 되는데, 그러다 보면 원론적인 생각 '나는 왜 배스토너먼트를 뛰는가'에 대한 생각도 많이 하게 된다.

초반에는 마냥 낚시로 잘 알려진 선배들, 스타들처럼 유명해지고 싶은 게 솔직한 심정이었다. 화려한 스탭 활동도 해보고 사람들 앞에서 강연도 하면서 유명해지려면 명성이 필요했고 그 명성을 쌓으려면 객관적으로 낚시 실력을 가늠할 수 있는 판, 토너먼트에서 좋은 성적을 올리는 게

가장 빠르고 좋은 방법이었기 때문에 나는 토너먼트에 목숨을 걸 수밖에 없었다. 그 노력대로 명성을 얻고 프로스탭이 되고 방송에도 나가게 되어 어느 정도 낚시계 유명인이 된 지금의 나는 왜 프로토너먼트를 뛰는가에 대한 원론적인 생각이 조금씩 바뀌기 시작했다.

내가 배스토너먼트에 목숨 걸면서 그렇게 시간을 보낸 10여 년의 시간들이 이제는 많은 기술과 노하우로 나타나기 시작했고, 이제는 이것을 다른 사람들에게도 알려야 된다는 생각이 들었다. 때마침 시대는 유튜브 등 개인방송의 시대로 접어들어 배스낚시를 홍보하기에도 좋은 상황이 되었다. 이제 왜 토너먼트를 뛰느냐고 묻는다면 나는 이렇게 답하고 있다.

"배스낚시 프로토너먼트를 뛰는 사람은 배스낚시의 최전선에 있는 사람들이다. 이런 사람들이 이제는 배스토너먼트와 배스낚시를 알려야 한다고 본다. 이제까지 우리는 우리만의 토너먼트에 길들여져 있었지만 시대가 바뀌었다. 배스낚시를 알리고 토너먼트도 알리는 것은 물론 우리가

배운 토너먼트의 노하우와 낚시에 관한 경험을 아낌없이 알려야 한다. 또한 누구보다 신제품에 먼저 관심을 보이고 사용해봄으로써 토너먼터들을 따르는 이들에게 루어 사용에 대한 길잡이, 낚시용품에 대한 조언자가 되어야 하며 우리나라 낚시 환경에 맞는 국산 루어 개발에도 항상 노력을 기울여야 한다. 이러한 트레이닝을 하기에 가장 적합한 곳이 바로 토너먼트다. 그래서 나는 토너먼트를 뛴다."

잊지 못할 배스토너먼트

나는 2008년부터 2010년까지 3년간 무동력토너먼트를 뛰었으며 2011년부터 2021년 현재까지 11년째 동력토너먼트를 뛰고 있다.

총 합산 14년 동안 배스토너먼트를 뛰면서 기억에 남는 대회는 너무나도 많다. 그래도 가장 기억에 남는 대회를 들라면 내가 가장 압도적인 기록으로 우승했고 내 생애 첫 우승 타이틀이 기록된 2012년 KSA 배스마스터클래식을 꼽고 싶다.

그 당시 안동호는 11월에 고수위를 기록하고 있었고 육상에서 자라던 식물들이 모두 물속에 잠겨 천천히 삭아가고 있던 시기였다. 대부분의 선수들이 떨어진 기온을 의식하여 메탈지그와 드롭샷리그로 딥피싱을 하였으나 나는 저기온에도 아랑곳하지 않고 톱워터 루어를 메인 루어로 운용하여 길이가 60cm에 육박하는 최대어를 비롯해 3마리 합산 6,300g이라는 기록으로 우승을 차지했다. 당시 안동호는 요즘의 안동호와는 달리 2,000g이 넘는 배스를 보기 힘든 시절이었다. 1마리 평균 무게 2,100g은 당시엔 엄청난 기록이었다.

대형호수에서 수위가 오를 때 육상식물이 잠기는 시즌의 배스 공략법을 처음으로 다양하게 제시한 대회로, 그 이전에는 텍사스리그, 드롭샷리그, 메탈지그를 이용한 스쿨링 공략 등 소극적으로 이루어지던 늦가을낚시의 판도를 완전히 바꾼 대회로 알려지고 있다. 이 대회 이후로 대형호에 수위가 높고 육상식물이 잠겨있다면 11월 늦가을에 찬바람이 불더라도 톱워터 루어는 선수들이 꼭 챙겨야 하는 주요 루어가 되는, 하나의 상징적인 대회였다.

우리나라의 배스프로들

현재 우리나라에서 공식적으로 배스토너먼트가 펼쳐지는 무대는 안동호, 충주호(제한적), 합천호, 의암호 네 군데밖에 없다고 해도 과언이 아니다. 여기서 북한강을 막아 만든 의암호를 제외하고 안동호, 충주호, 합천호는 사실 거의 비슷한 환경을 가진 대형 다목적댐이다. 깊고 넓으며 수생식물이 거의 자생하지 않고 유속이 없는 대형 담수호로서 빙어와 살치, 각종 저서생물이 배스의 먹잇감으로 자생하고 있다.

대한민국 배스프로들은 이러한 깊고 넓은 대형호에서의 낚시는 정말 잘한다. 아마 미국, 일본에 절대 뒤지지 않을 만큼 노하우도 많고 스킬도 대단하다고 자부한다. 하지만 안타까운 현실이 대부분의 배스프로들이 자신의 대회가 열리는 지역에서만 낚시를 한다는 것이다. 물론 본인만의 포인트라든지 스트럭처를 찾기 위해서는 같은 지역에서 매번 낚시하는 것이 장점으로 다가올 수 있겠으나 나의 생각은 좀 다르다.

배스프로일수록 다양한 낚시터로 가야 한다. 전국의 다양한 필드를 경험하고 그게 맞춰 배스낚시 방법을 익히고 배우면서 아마추어 낚시인과 일반인에게 전달해야 한다는 것이 내 생각이다. 그게 바로 진짜 프로선수라 생각한다.

수초가 있는 대형 저수지라면? 유속이 있는 강계라면? 연중 물이 탁한 간척호라면?

우리나라 최고의 배스낚시터인 안동호는 이런 조건을 다 가지고 있다. 수위가 안정되어 수초가 자라는 여름의 얕은 수심, 장마로 인해 유속이 생겨 새물과 흙탕물이 내려오는 최상류 인근, 봄철과 가을철로 턴오버로 인하여 물이 탁해지거나 연중 물이 탁한 안동 기사리 일대 등이 그렇다.

위에서 열거한 다양한 환경에서의 낚시 경험이 더해진다면 비슷한 환경의 다른 낚시터도 더욱 공략하기 쉽다. 안동호 한곳에서 하나의 채비로 꿋꿋하게 밀어붙이는 고집스런 낚시도 좋지만 다양한 환경에서 익힌 다양한 스킬로 적재적소에 맞게 루어를 운용한다면 분명히 안동호 외 다른 낚시터에서도 좋은 조과를 거둘 수 있을 것이다.

배스프로의 세계

배스프로들은 과연 어떻게 낚시할까? 한국에서 '배스낚시 프로선수'라고 불리는 사람들이 300여 명 정도 있는데, 과연 그들은 일반 아마추어들과 어떻게 다를까? 화려한 캐스팅 스킬과 멋진 보트의 주행 영상만 본다면 배스프로의 삶이야말로 낚시인 중에서는 가장 화려할 것 같지만 일반 낚시인과 정작 크게 다름이 없다.

우리나라 배스토너먼트 변천사
1996년 KBF가 전곡호에서 국내 최초의 배스토너먼트 개최

한국의 배스토너먼트는 역사가 오래되었다. 몇 번의 흡수와 통합, 해산 등이 진행되는 등 크고 작은 진통을 겪었으며 2021년 현재 1년 동안 정규토너먼트를 치르는 단체는 한국스포츠피싱협회(KSA), 한국루어낚시협회(LFA) 두 개다.

한국에 배스란 물고기가 1973년에 도입되었다. 그로부터 23년이 지난 뒤 1995년에 최초의 배스낚시단체인 한국배스연맹(KBF)이 설립됐고 다음해인 1996년 경기 전곡호에서 역시 최초로 배스토너먼트가 개최했다. 1997년에 일본 배스낚시단체인 일본배스프로협회 한국지부(JBK)가 설립되었다. KBF는 지금의 안동호를 거점으로 토너먼트를 진행하였고 JBK는 전북 운암호에서 토너먼트를 진행하여 한국 배스토너먼트의 기반을 다졌다.

하지만 운암호가 상수원보호구역으로 지정되면서 안동호를 기반으로 두 단체가 토너먼트를 개최하게 됐고 2000년에 JBK가 한국에서 철수하면서 JBK에 남아있던 사람들을 중심으로 KBA가 설립됐다. KBF와 KBA 두 단체가 한동안 배스토너먼트의 명맥을 유지하였으며 2001년도에 양 단체가 통합되어 KSA 한 개의 단체만 남게 되었다.

이후 2003년에 평택호를 기반으로 한 한국배스프로협회(KB)가 설립되었다. KSA와 KB와는 다른 새로운 배스토너먼트단체를 만들고자 했던 선수들이 2008년에 한국친환경낚시협회(KBFA)를 설립하여 2009년에는 세 개의 배스토너먼트단체가 운영되었으며 2010년에는 OSPER라는 배스낚시단체가 설립되어 네 개의 배스토너먼트가 각기 운영되었다.

하지만 현재 OSPER는 문을 닫았으며 KB 역시 잠정적으로 토너먼트 운영이 중단된 상황이다. 안동호를 기반으로 한 KSA, 그리고 2015년에 KBFA를 흡수통합한 LFA 두 개 단체가 배스토너먼트를 개최해오고 있다. 한편, 이와는 별도로 미국의 FLW(나중에 MLF로 이름 변경)에 기반을 둔 FLW 토너먼트가 개최되고 있으며 2021년에 MLF 토너먼트로 이름을 바꾼 후 의암호에서 대회를 열었다.

안동호에서 낚은 4,190g짜리 거구의 배스를 들어 보이고 있는 제이에스컴퍼니 정수민 프로.

주인공을 기다리고 있는 트로피들. 배스토너먼트는 동일한 장소에서 동일한 시간 동안 동일한 룰을 적용해 기량을 겨루는 스포츠다.

배스보트를 운항 중인 배스프로.

정작 이 글을 쓰는 본인만 해도 원래 직업은 연구원이고 부업과 취미(?)로 배스토너먼트를 뛰고 있다. 내 주변의 선수들만 보아도 본인의 직업이 배스프로인 사람은 한 사람도 없다. 본 직업이 있거나 아니면 낚시숍과 루어 제작자, 보트 수리 등 다른 일을 병행하고 있는 게 현실이다.

사실 프로라 한다면 시합에서 획득한 상금과 본인이 개발하거나 참여한 제품에 대한 매출액만으로 삶을 영위할 수 있어야 진정한 의미의 프로라 할 수 있다. 하지만 그렇게 될 만큼 한국의 배스낚시 영역은 크지 않다. 배스가 위해어종으로 지정되어 더 이상 그 영역을 크게 키울 수 없다는 게 안타깝다.

배스프로들이 일반 낚시인과 다른 점이라면 배스낚시에 대해 좀 더 구체적으로 접근하며 좀 더 프로페셔널하게 낚시를 운영하고 좀 더 낚시에 투자하는 시간과 금액, 노력이 많은 것이라 할 수 있겠다. 아무래도 1년간 토너먼트를 하게 된다면 성적에 대한 스트레스가 많이 따르게 되는데, 좋은 성적을 유지하기 위해선 농담을 조금 보탠다면 잠자는 시간 빼고는 낚시에 신경을 써야만 좋은 성적을 거둘 수 있기 때문이다.

좋은 성적은 낚시를 잘해서만 되는 것이 아니다. 보트의 컨디션도 생각을 해야 하고 본인의 스케줄을 잘 조정하여 컨디션 유지도 잘 해야 한다. 기본적인 장비는 항상 퍼펙트하게 유지해야 하기 때문에 여기에 들어가는 경제적, 육체적인 스트레스가 일반 낚시인에 비해 매우 크다. 하지만 그에 따른 스트레스는 자연스레 본인의 토너먼트 노하우가 되어서 돌아오기에 자신도 모르게 배스낚시에 대해 좀 더 구체적이고 프로페셔널하게 접근하게 되는 것이다.

2015년 KSA 앵글러 오브 더 이어 시상식. 종합 1위를 달성한 필자에게 동료들이 샴페인을 터뜨리며 축하해주고 있다.

왜 스포츠피싱인가?

배스는 전 세계인이 기량을 겨룰 수 있는 최고의 낚시 대상어

낚시는 스포츠인가 레포츠인가를 따지는 말이 많다. 레포츠는 레저 (leisure)와 스포츠(sports)가 합성된 단어인데 여기서 레저는 사전적으로 캠핑, 위락, 놀이활동 등 여가시간을 즐기는 것을 말하고 스포츠는 건강, 체력증진을 목적으로 규칙에 따라 수행하는 신체적 노력을 뜻한다.

우리는 '낚시는 스포츠다'라는 문구를 최근 들어 많이 접하고 있는 상황이다. 하지만 사전적 의미를 볼 때 낚시는 레포츠에 가깝다. 낚시를 접하지 않는 국민들에게 물어보아도 낚시는 스포츠보다는 레포츠에 가깝다고 말한다. 왜 그럴까?

낚시인들 사이에서도 그 이유를 모르고 단순히 낚시를 스포츠화하여 레포츠에서 승격시키려는 의도로 많이 사용하고 있는 것 같아 사실 좀 안타깝다. 모든 스포츠에는 룰이 존재한다. 즉, 규칙이 있는 것이다. 스포츠의 가장 간단하면서 가장 스포츠다운 이유가 바로 이 룰이라는 것이 있기 때문에 가능한 것이다.

하지만 낚시에는 규칙이 없다. 외진 방파제에서 고등어를 메탈지그로 잡던 생미끼로 잡던 아무런 상관이 없다. 룰이 없기 때문이다. 그렇기에 스포츠라는 틀에 낚시가 들어가려면 정확하게 룰과 그에 맞는 규칙, 규정이 있어야 한다.

그렇다면 낚시는 다 룰이 없는 것인가? 그렇지 않다. 낚시에서도 엄격한 룰과 경쟁근거, 규정이 존재하는 것이 있으며 그것이 바로 피싱토너먼트다. 전 세계 낚시인이 참가하는 피싱토너먼트를 주관하는 대표적인 낚시단체로 국제스포츠낚시연맹(International Sport Fishing Confederation, 이하 CIPS)이 있다. 담수, 바다, 플라이낚시의 피싱토너먼트를 관장한다. 엄격한 룰을 적용하는 진정한 스포츠피싱단체라 할 수 있다. 이 단체의 슬로건은 '스포츠의 관점에서 낚시와 관련된 모든 활동을 촉진, 조정하는 것을 목표로 하는 조직'으로 낚시와 스포츠를 결부시켜 건강하고 차별 없는 토너먼트를 지원, 조정하기 위해 노력한다.

현재는 스포츠와 거리가 멀었던 낚시가 토너먼트를 통해 스포츠로 부각되는 시대로 진입하는 과도기 시점이라 말하고 싶다. 언젠가는 진정 낚시는 스포츠란 단어가 당연하게 느껴지는 시대가 오지 않을까?

배스토너먼트 전개과정

배스토너먼트는 전 세계 스포츠피싱 토너먼트 중에서 가장 많은 관심과 가장 많은 팬을 가지고 있는 스포츠피싱 토너먼트의 왕이라고 할 수 있다.

수많은 선수들이 큰 토너먼트 무대를 동경하고 그리워하며 대회에 참가하는 것을 영광으로 여길 정도로 그 인기는 대단하다. 이러한 배스토너먼트의 개략적인 전개와 룰은 미국의 권위 있는 배스낚시단체인 배스마스터(Bass Master)에서 만든 룰을 따른 것이다. 지금은 전 세계 배스토너먼트의 표준 룰이 되었으며 기본적인 맥락은 다음과 같다.

1. 선수들은 똑같은 장소에서 똑같은 시간에 낚시를 한다.
2. 선수들은 룰에 의해 정해진 길이의 낚싯대와 가짜 미끼를 이용해 낚시를 한다.
3. 룰에 의해 정해진 길이 이상의 배스 5마리의 무게를 잡아 보트에 보관한 후 대회가 끝난 뒤에 5마리의 합산 검량을 실시한다. 가장 무거운 무게를 낚은 선수를 우승자로 하며 그 다음 무게로 차순을 정한다.
4. 죽은 배스나 정해진 길이 미만의 배스를 검량한 사람에게는 페널티가 적용된다.

한국과 일본의 토너먼트, 그리고 CIPS 산하의 배스토너먼트도 지역과 환경에 따라 약간 다를 뿐 이 기본적인 룰에 따라 진행된다.

반면 최근에 가장 급성장한 미국의 토너먼트단체인 MLF(Major League Fishing)의 경우 룰이 약간 다르다. 배스토너먼트도 미디어의 중요성이 부각되면서 5마리 마릿수 제한이 아닌 무제한으로 잡아내는 룰을 신설해서 운영 중이다. 생중계되는 미디어를 통해 낚시에 관심이 없는 사람들도 고기를 잡는 재미를 느끼게 해주기 위해 만들었다. 잡힌 배스는 배

2019년 남아프리카공화국에서 열린 월드블랙챔피언십에 참가한 한국선수단.

2019 월드블랙챔피언십의 한국선수단. 이 대회에서 상위권인 5위에 입상했다.

스의 생존 가능성을 높이기 위해 보트의 물칸에 보관하지 않고 보트 위에서 바로 검량한 후 방류한다.

배스마스터 토너먼트 중 텍사스지역에서 열리는 텍사스 페스티벌에선 MLF와 유사한 룰을 적용해 토너먼트가 진행되었으며 한국을 비롯한 다른 나라에서도 이제는 MLF의 룰을 채용하여 대회를 개최하는 일이 늘어나고 있다.

세계 각지의 배스토너먼트들

배스는 북중미에서 가장 사랑하는 물고기로 특히 토너먼트 대상어로 전 세계인들이 가장 사랑하는 물고기다. CIPS의 많은 토너먼트 중에서도 가장 하이라이트다. 이 배스라는 물고기 하나 때문에 조 단위의 경제가 움직이고 있기에 북미에서는 신이 준 물고기로 불릴 정도다. 여타 물고기보다 호기심이 강하기에 어떤 대상어종보다 사용하는 루어가 많으며 강렬하고 화끈한 파이팅을 선사한다. 배스토너먼트는 전 세계에서 매니아들이 가장 많은 토너먼트 장르라 할 만하다.

배스토너먼트가 가장 활발히 이루어지고 있는 지역은 당연히 미국이다. 미국은 수많은 배스낚시협회가 있으며 가장 유명한 단체는 역사와 전통의 배스마스터, 그리고 최근 가장 핫한 이슈를 불러일으키는 MLF다. 배스마스터가 개최하는 토너먼트엔 세계의 수많은 배스낚시 매니아들이 매년 도전하고 있으며 옆 나라 일본의 경우 매년 우승자를 배출하는 등 국제화에 힘쓰고 있다. 자금력과 미디어로 무장한 MLF 역시 한국을 비롯한 다양한 나라에서 국제대회를 개최하면서 입지를 늘리고 있다.

일본은 배스토너먼트단체인 JB를 중심으로 한 여러 대회가 열리고 있으며 로드, 릴, 루어 부문에서 이제는 미국을 위협할만한 수준까지 올라 섬나라 낚시대국을 넘어 세계의 중심으로 도약하고 있다.

각 나라별로 큰 배스토너먼트를 치르는 것도 있지만 올림픽처럼 국가대항전으로 펼쳐지는 대회도 있다. 바로 CIPS가 주최하는 월드블랙배스챔피언십이다. 한국은 CIPS 가입 예정국 자격으로 2018년도 멕시코대회, 2019년도 남아프리카공화국대회에 두 차례 선수단을 파견했다. 현재 한국은 CIPS 정식 회원국이 되었다. 월드블랙배스챔피언십은 코로나19의 여파로 계속해서 연기되고 있다.

대한민국의 배스프로 선수들은 계속해서 해외 배스토너먼트에 참가하고 있다. 미국의 MLF와 US오픈, 일본의 H-1 그랑프리에 참가하고 있으며 월드블랙배스챔피언십에도 참가를 계속해서 고려 중이다.

하지만 지금까지 참가 성적은 그리 좋지 못한 게 사실이다. 대부분 예선 탈락하거나 본선에 올라가더라도 맥없이 추락했다. 짧은 적응기간, 시차 적응 등 다양한 이유로 성적은 좋지 못한 게 사실이다.

하지만 2019년 열린 남아프리카공화국 월드블랙배스챔피언십은 해외 배스토너먼트 도전 역사상 가장 큰 발자국을 남긴 대회였다. 상위권인 5위를 차지했으며 배스낚시 종주국 미국을 꺾고 당당히 입상 무대에 올랐다. 적응기간 등 준비만 잘 한다면 어딜 가도 뒤지지 않는다는 대한민국 배스낚시의 실력을 제대로 보여주고 온 대회였다.

MIDDLE AREA BASS
중층 배스를 잡는 자가 토너먼트를 지배한다

중층에 떠있는 배스에 대한 이야기를 하려면 어디서부터 시작해야 할까? 수온 얘기부터 꺼내야 할 것 같다. 왜냐하면 이 수온이 바닥권으로 떨어졌다가 다시 올라가는 시점까지가 바로 떠있는 배스를 찾아내고 또 낚아내기 가장 쉬운 시기이니까 말이다. 우연하게도 지금 이 시기, 겨울의 끝자락인 2월이 중층에 떠있는 배스의 실체를 파악하기 가장 쉬운 시기이다.

중층 배스가 어떤 녀석인지 아직은 정확하게 실체가 파악된 것은 아니다. 다만 프로배서들이 이 고기를 낚으면서 다른 사람보다는 더 구체적으로 경험했다. 중층 배스라고 하면 사람들은 물속 한가운데 둥둥 떠있는 배스를 연상한다. 사실 그런 배스도 있겠지만 우리와 같은 프로선수들이 생각하는 중층 배스는, 물속의 큰 지형인 콧부리나 능선, 나무, 폐그물 등을 주 은신처로 정하고 그 인근에 떠서 유영하는 배스들을 말한다. 호수 전체에 광범위하게 분포해 있는 배스는 수온이 떨어지기 시작하는 시점인 가을부터 슬슬 깊은 곳, 수온 변화가 적은 곳으로 모이게 된다. 이것이 바로 스쿨링이다. 스쿨링 현상이 진행되고 겨울로 접어들면 배스는 다시 점차 흩어지게 된다. 2월에는 좀 더 많은 배스들이 스쿨링을 벗어나 본인들이 숨을 수 있는 곳, 쉽게 먹이를 취할 수 있는 곳, 산란을 준비하기 쉬운 곳으로 퍼져 나간다.

중층은 배스가 겨울을 나기 좋은 곳

배스가 겨울을 나기 좋은 장소 중 하나가 바로 중층이다. 특히 먹잇감이 회유하는 곳, 물이 흘러나가던 물골, 또는 그와 맞닿은 콧부리, 커다란 물속 나무 등이 중층 부근에 있다면 더욱 좋다. 이런 지형을 끼고 대부분 중층에 떠있는 배스들은 왕성하게 먹잇감을 먹으면서 체력을 보충한다. 또 햇볕을 쬐면서 성호르몬을 분비하여 산란도 준비한다. 여름과 초가을에

2D어군탐지기에 찍힌 중층 배스. 화면 중앙에 그어진 줄이 중층에서 유영하는 배스이고 왼쪽 V자 모양은 유영하는 앨라배마리그를 공격한 배스를 끌어낼 때까지의 궤적이 찍힌 모습이다.

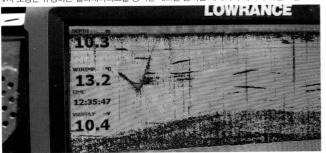

도 배스는 중층에 떠있다. 하지만 호수의 상층, 중층, 하층, 장애물, 돌바닥 등 너무도 다양한 곳에 퍼져 있어 중층에 떠있는 배스만 노려서 잡기가 어렵다. 늦가을이 되어 수온이 떨어지면 넓게 퍼져있던 배스들은 '헤쳐모여'를 하면서 스쿨링을 하게 되고 스쿨링이 깨지면 대부분 중층을 기점으로 슬슬 퍼져나가게 된다. 이렇게 중층으로 슬슬 퍼지기는 시기가 2월이다.

중층을 유영하는 배스는 예전부터 확인되고 이야기되어 왔으나 그 규모가 크지 않다고 판단했다. 하지만 시간이 흘러 지금은 그 실체가 어느 정도 드러나게 되었고 낚는 방법에 대해 연구하는 단계에까지 이르게 되었다. 그 배경엔 낚시도구의 발전이 있다.

어군탐지기는 실시간으로 물속 상황을 볼 수 있는 수준에까지 이르렀다. 이러한 첨단기기를 이용해 포인트 탐색 중 중층 배스가 속속 발견될 수 있었다. 겨울철 주 먹잇감인 빙어 무리를 형상화시킨 앨라배마리그가 등장하면서 중층을 효율적으로 공략할 수 있게 됐다. 이제 배스프로들은 중층 배스는 많이 있으며 또 낚을 수 있는 고기로 인식하고 있다. 배스프로들이 중층 배스에 열광하는 이유는 중층에서 낚은 배스의 크기와 건강함, 무게 등이 이전까지 잡아온 녀석들과는 비교도 되지 않을 정도로 앞서기 때문이다.

우리가 버려야 할 겨울 배스에 대한 고정관념

중층 배스를 낚는 방법에 대해 설명하기에 앞서 짚고 넘어야가 할 것이 있다. 하나는 수온이 떨어지면 되면 배스의 활성도가 떨어져 움직이지 않는다는 것이고 또 하나는 배스는 바닥에 의지해서 살아간다는 것이다. 이 두 가지 고정관념을 버리지 않으면 중층 배스를 낚을 수 없다.

먼저 겨울 배스의 활성도. 예전부터 아주 잘못 알려진 배스의 습성과 생태 이야기가 하나 있다. 수온이 떨어지면 배스가 바닥에 웅크리고 앉아 손을 호호 불면서 움직이지도 않아서 웜리그는 데드워밍으로만 운영해야 하며, 웜의 끝부분만 살짝 물고 있고 숏바이트가 심하다는 것. 더 나아가 겨울이 지날 때까지 거의 먹지 않고 생활한다고까지 한다. 이것은 인간의 상상력으로 만들어낸 잘못된 정보라고 감히 말할 수 있다.

배스는 겨울에 웅크리고 있지 않다. 다만 급격한 수온 변화로 인해 변온동물인 배스가 적응할 시간이 필요한데 그 시기가 초겨울과 맞물려 그렇게 생각하게 된 것이다. 급격한 수온 변화의 시기가 지나고 체온 역시 적응이 되면 배스는 겨울에도 정상적으로 먹이섭취를 하고 움직인다. 단, 신진대사가 20도 이상의 수온에서보다는 둔화되기 때문에 소화력이 조금은 떨어지기도 하고 활성도가 높은 수온일 때보다는 스트라이크존이

좁아지긴 한다. 하지만 절대로 겨울이라고 구들장 아래 모여 이불 덮고 덜덜 떠는 식으로 겨울을 나지는 않는다.

이 고정관념을 벗어던지지 않는 이상, 절대 새로운 시각으로 배스낚시를 볼 수 없다. 틀을 깨는 순간 새로운 루어가 나오고 새로운 기법이 나온다.

배스는 바닥이 아니라 장애물을 좋아한다

또 하나 배스와 장애물의 이해다. 배스가 장애물을 좋아하는 물고기인 것은 분명하다. 그간의 연구 자료만 보더라도 배스는 장애물을 확실히 선호한다. 그리고 배스는 분명 바닥에서 많이 낚인다. 그 이유는 바닥의 돌이나 나무가 배스가 좋아하는 장애물이기 때문이다. 만약 장애물이 바닥이 아닌 중층에 있다면?

물속에 둥둥 떠있는 폐그물이나 바지선 아래에서 배스를 잡아본 경험이 있을 것이다. 배스는 바닥을 좋아하는 것이 아니라 장애물을 좋아한다고 이해하는 것이 정확한 설명이다. 분명히 말하지만 바닥이 아니다. 장애물이다. 돌, 나무 등의 장애물을 쉽게 접할 수 있는 곳이 물밑 바닥이어서 배스가 머무는 것이라고 이해해야 한다. 맹목적으로 '바닥=배스'라고 생각해서는 중층 배스를 만나기 어렵다.

중층 배스는 아쉽게도 워킹낚시에서는 만족할만한 조과를 거두기 힘들다. 중층 배스는 워킹낚시인의 손이 닿지 않는 곳에 있는 경우가 대부분이기 때문이다. 현재로서는 중층에 떠있는 배스는 벨리보트, 카약, 동력보트 등의 선상낚시로밖에 만날 수 없다. 앞으로 설명할 중층 배스 공략법은 보트낚시를 기준으로 한 것이다.

보트낚시에서 중층 배스를 낚으려면 그에 걸맞은 루어가 필요하다. 바로 싱킹 루어다. 즉, 물속에 집어넣으면 뜨지 않고 가라앉는 루어가 필요하다. 이 루어는 사람의 컨트롤대로 움직일 수 있도록 조작성이 좋아야 한다. 너무 빨리 가라앉거나 너무 늦게 가라앉는 싱킹 루어는 조작성이 떨어지는 케이스에 속한다. 또 하나 어군탐지기가 꼭 필요하다. 어군탐지기가 없으면 중층 배스를 잡는 것은 서울에서 김 서방 찾기보다 더 어렵다. 나는 싱킹 루어 중에서 앨라배마리그를 가장 선호한다. 싱킹 루어 중 가장 어필력이 뛰어나고 또 배스의 먹잇감과 닮은 가장 리얼한 루어라고 생각하기 때문이다. 중층에 있는 배스들이 가장 쉽게 볼 수 있는 어군과 앨라배마리그는 닮아 있다. 히트 확률이 가장 높은 루어라 할 수 있다.

앨라배마리그 운용의 원칙
공략 수심층을 유지하라

공략 수심층을 유지하는 것은 중층 배스 공략의 기본 원칙이면서도 가장 중요한 테크닉이다. 예를 들어 본인이 타깃으로 잡은 배스가 7m 수심에 있다고 가정하면, 루어가 7m 수심을 벗어나면 안 된다. 최대한 7m 수심을 유지시키려고 노력해야 한다.

앨라배마리그 운용을 많이 해본 낚시인이라면 자신이 사용하는 루어의 궤적을 종종 어군탐지기를 통해 확인하곤 하는데, 생각보다 훨씬 빨리 루어가 타깃 수심을 벗어난다는 것을 알게 된다. 자신은 7m 수심을 유영시키고 있다고 상상하고 있지만 실제 루어는 너무나도 빨리 그 수심을 벗어나는데 정작 낚시인 자신은 모르고 있을 수 있다는 사실을 알고 있어야 한다. 그렇기에 무조건 릴과 로드를 느리게 조작하여 타깃으로 삼은 수심을 매우 천천히 유영시키는 것이 중요하다. 손에 그 감각이 익숙해질 때까지 꾸준한 연습이 필요하다. 원하는 수심층을 오랫동안 유영하

는 기술이 더해진다면 그 수심층에 떠있던 배스는 눈높이에 맞게 유영하는 루어에 대해 호기심을 가질 수밖에 없다.

다양한 움직임을 연출하라

루어의 유영 수심층을 유지하는 기술을 익혔다면 이제는 루어의 자연스러운 유영과 폴링, 그리고 마치 어군처럼 보이게 하는 감각적인 속도 변화가 더해져야 한다. 〈사진1〉을 살펴 보도록 하자. 이렇게 루어의 궤적과 물고기의 이동 궤적이 한눈에 볼 수 있는 어군탐지기 화면은 거의 보기 힘들다. 매우 희귀한 어군탐지기 사진인데 먼저 가운데 빨간 줄이 바로 중층을 유영하는 배스다. 아래쪽 10m 바닥에 줄을 그은 듯 움직이는 게 물고기이다. 보트는 가만히 있고 물고기가 움직이면 어군탐지기에 이렇게 표시된다. 화면 중앙의 오르락내리락 하는 궤적은 내가 사용하는 앨라배마리그다. 당시 나는 물속 8m 수심에 유영하는 배스를 확인하였고, 앨라배마리그를 던져 물속에 가라앉힌 뒤 6~8m 수심을 오르락내리락하며 유영시켜오다가 타깃이 되는 배스의 눈앞에 루어를 가져다 놓은 것이다.

이 배스는 호기심을 가지고 루어를 물었지만 챔질에 성공하지는 못했다. 배스는 급히 10m 수심으로 내려가 버렸고 나는 루어를 회수했다. 이 복잡한 상황이 한 화면에 다 잡힌 것이다. 루어를 일정 수심에 유영시키다가 갑작스레 폴링 액션을 준다던지 가만히 중층에 놔둔다던지, 또는 급격히 감아 돌발적으로 도망가는 액션을 연출해서 단조로운 리트리브 액션에 생명을 불어넣는 것이다.

빙어 등 먹잇감이 되는 물고기를 쫓아 중층으로

중층배스는 대부분 대형 호수와 대형 강계에서 확인이 되고 있다. 배스 토너먼트가 활발히 이루어지는 안동호, 합천호, 충주호 등에서 이러한 배

▶ 경남 합천호에서 낚은 2,700g 중량의 중층 배스. 중층 배스 특유의 우람한 체고를 자랑하고 있다.

배스 스쿨링
1월이면 깨지고 흩어지기 시작

스쿨링(schooling)은 같은 종 또는 다른 종의 물고기들이 집단을 이루어 생활하는 것을 말한다. 배스 역시 스쿨링을 이루고 살아가는데 가장 많은 스쿨링 형태를 보이는 시기가 바로 12월이다. 대형 호수를 기준으로 설명하자면, 스쿨링은 10월부터 생겨나기 시작한다. 즉, 절기상 추석이 지나고부터 이미 깊은 물속에서는 스쿨링 현상이 벌어지며 소규모로 진행되던 스쿨링은 12월을 맞아 절정을 이루고 1월이 넘어가게 되면 다시 서서히 흩어지게 된다. 우리의 생각보다는 한 박자 정도 빨리 스쿨링이 이루어지고 빨리 사라진다.

스쿨링이 이루어지는 이유는 물고기 종마다 다르다. 작은 정어리나 멸치류의 경우, 포식자로 자신들을 보호하기 위해 거대한 집단을 만드는 것으로 밝혀져 있고 어식성 어종은 효과적으로 먹이를 사냥하기 위해, 그리고 변화하는 수온에 대응해 집단을 유지하기 위해 스쿨링한다고 한다. 배스 역시 어식성 어종에 속하기 때문에 변화하는 물속 환경에서 효과적으로 먹이를 취하기 위해 스쿨링을 한다.

그러면 봄이나 여름 같은 시기에는 왜 스쿨링이 생기지 않을까? 봄이나 여름에는 먹잇감의 활성도가 높아 여러 군데로 분산되어 있다. 배스의 입장에선 한곳에 뭉쳐있다가 떼로 지나가는 먹잇감을 노리기보다는 여러 군데로 흩어져서 독자적으로 먹이를 취식하는 것이 훨씬 효과적이기 때문이다. 배스는 에스컬레이터를 타듯 깊은 곳과 얕은 곳을 쉽게 오르내릴 수 있는 콧부리나 능선의 끝자락에 주로 스쿨링하고 있는 경우가 많다. 특히 물 흐름이 원활한 콧부리나 능선 지형은 배스가 분명히 몰려 있는 1급 포인트다.

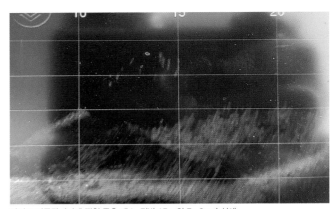

라이브 어군탐지기에 찍힌 중층 배스. 전방 15m 앞 7~8m 수심에 배스 어군이 유영하고 있다. 아래쪽은 물속에 잠긴 풀과 나무들.

중층 배스의 궤적이 찍힌 어군탐지기 화면.
가운데 빨간 줄이 중층을 유영하고 있는 배스이고 오르락내리락하는 것은 앨라배마리그다.

스들이 확인이 되고 있고 개인적으로는 낙동강, 금강, 섬진강 등에서도 확인했다. 어느 정도 규모가 있는 낚시터에서 중층 배스가 확인되고 있는 것인데 또 하나 주목해야 할 것은 먹잇감이다. 작은 물고기류가 많이 서식하는 곳에서 중층 배스가 많이 목격되었다.

작은 물고기류가 많은 대형 낚시터에서 중층 배스가 많이 목격되는 것은 배스가 왜 중층에 머무는지 설명할 수 있는 중요한 단서가 된다. 중층을 오가는 물고기를 따라 배스가 유영하고 있다고 유추할 수 있다. 배스의 먹잇감은 상당히 많다. 저서생물이 많은 지역에 사는 배스의 경우 바닥의 저서생물이 주 먹잇감이 되고 갑각류가 많은 지역에서는 새우나 징거미가 주 먹잇감이 된다. 저서생물이나 갑각류는 중층보다는 바닥층에 많다. 빙어나 살치 등 작은 물고기가 많이 사는 대형 호수에서 중층 배스가 더 많이 확인되는 이유다. 대형 강계에서도 살치나 치리가 많은 낚시터에서 중층 배스가 더 많았다.

오로지 물고기만 쫓는 '진정한 배스'

중층에서 낚이는 배스의 특징으로는 바닥에서 잡히는 배스보다 월등히 체고가 좋고 무게도 많이 나간다는 것이다. 입은 작지만 배는 터질 듯 빵빵했다. 왜 그런지는 아직까지 추측만 할 뿐 이유를 알 수 없는 게 사실이다. 유력한 원인으로는 앞에서 설명한 대로 먹잇감을 들 수 있는데, 평생을 작은 물고기 무리만 쫓아 다니며 포식하는 배스라는 가설이 가장 유력하다.

나는 중층 배스야 말로 진정한 배스라고 말하고 싶다. 그간 우리가 잡아왔던 배스는 돌바닥에 붙어있거나 나무 아래에서 유영하는 녀석들이었

다. 이상하게 들릴지 모르겠지만 이 녀석들은 루어에 호기심을 갖고 있는 비정상(?)적인 배스였다. 중층 배스는 루어엔 조금도 관심이 없다. 오로지 순수하게 먹잇감만 쫓는 녀석들이다. 그렇게 평생을 어군만 쫓아다니며 포식하던 배스이기에 어군과 가장 유사한 앨라배마리그, 또는 메탈지그에만 반응하는 게 아닐까 하는 생각도 한다. 앞으로 연구해야 할 것이 많은 배스다.

낚시인들이 풀어가야 할 새로운 연구 대상

중층 배스에 대한 글을 적어 보았다. 대부분 현재 배스토너먼트를 뛰고 있는 프로배서들이 생각해내고 확인한 사실들이긴 하지만 아직은 정답이 아닌 가설에 가깝다. 중층 배스란 용어에 대한 개념도 더 정리할 필요가 있고 낚시기법도 개발해야 할 게 많아 보인다. 생태에 대해선 더더욱 밝혀진 게 별로 없다.

다만 우리가 이제까지 잡아왔고 보아왔던 배스와는 확연히 다른 배스가 분명히 물속에는 있다는 것만은 분명하다. 이제 그 배스에 대해 조금씩 알아가는 단계. 나는 2019년 동력보트낚시가 다시 허용된 합천호에서 5마리 합산 13,500g을 낚았다. 아침 10시부터 오후 4시까지 낚시한 결과였고 오로지 앨라배마리그를 사용해 물속에 잠긴 풀과 나무 주변에 떠 있는 중층 배스를 공략하여 얻은 결과였다.

대한민국 배스토너먼트 선수들의 역량과 기량은 중층 배스의 실체를 풀어낼 만큼 충분히 뛰어나고 배스낚시 장비도 발전하고 있다. 이를 풀어갈 시간이 필요할 뿐이다. 10년 뒤에는 과연 어떤 정보와 새로운 장비를 가지고 중층 배스를 공략하고 있을까. 벌써부터 기대가 된다.

2019-2020 겨울 합천호 완전정복 보고서

고수위에서 배스 활성도는 더디게 떨어진다

합천호는 경남 합천군에 있는 호수로 다목적댐 건설로 인해 만들어진 대형호수다. 예전부터 풍부한 어자원으로 유명했던 합천호는 2011년도부터 배스가 공식적으로 확인되면서 보트 선상낚시가 활발히 이루어졌고 그해 겨울에는 합천호 지역리그가 펼쳐졌었다. 당시에는 동력을 이용한 선상낚시 규제가 없었다. 합천호는 사람의 손이 타지 않은 엄청난 체고의 배스들이 마릿수로 나오는 덕분에 전국적으로 원정 붐이 일기도 하였다.

하지만 선상동력낚시를 규제하고 외래어종 수매, 어촌계 주민의 반대 등 생각지도 못한 악재가 연속으로 겹치면서 짧고도 강렬했던 합천호의 동력선상낚시는 신기루처럼 스멀스멀 우리 기억 속에서 사라져갔다.

2019년, 우리에게 다시 돌아온 합천호

하지만 토너먼트 필드로 한계를 보이고 있는 안동호를 대체할 곳을 찾고 있던 한국스포츠 피싱협회 김선규 회장님, 그리고 어자원을 이용해 지자체에 새로운 활력소를 찾으려 했던 봉산면어촌계의 부단한 노력으로 2019년 늦가을, 합천호는 다시 선상낚시가 가능한 댐호로 부활했다.

비록 인터넷 예약과 슬로프 이용료, 대병면 구간의 낚시금지, 주말 허용 등 제한적인 개방이었지만 사람들의 손이 닿지 않은 깊숙한 곳에 몇 년간 큰 프레셔 없이 자란 순수하고 거대한 배스를 만날 생각에 전국의 모든 앵글러들의 눈과 귀가 합천호로 향한 겨울이었다.

나 역시 토너먼트 정규리그가 끝나자마자 개인 보트를 합천호에 트레일링하여 합천군 봉산면에 장기 보관했다. 2019년 12월 중순부터 2020년 2월 초까지, 공휴일과 주말에 단 한 번도 빼놓지 않고 합천호로 달려가 낚시를 하였다.

크리스마스나 신정 같은 연휴에 개인적인 약속도 파기한 적도 있었고, 황량하고 추운 겨울 물위에 혼자 떠있어 외롭기도 하였다. 칼바람에 손가락이 찢어져 피가 나고 부르트기도 했지만 합천호가 다시 화려하게 부활하면서 선보인 첫 겨울을 그냥 보낼 수는 없었다. 그리하여 얻은 결과물이 '겨울 합천호 완정정복 보고서'다. 보고 느끼고 알아낸 모든 것을 알리고자 한다.

> 2019년 12월 15일~31일
> ## 배스의 움직임이 눈에 보이기 시작하다

2019년 12월 15일. 합천호에서 열린 윈터리그 1전을 시작으로 겨울 합

천호 탐사가 시작되었다. 당시 합천호는 최고 수위로 수온이 겨울치곤 상당히 높은 12도였다. 이때는 겨울에도 톱워터 루어까지 먹는 수온이었고 배스는 물속에 그득한 장애물에 수십 마리씩 스쿨링을 이루고 있었다. 작은 사이즈는 얕은 곳 수변 장애물 지역, 그리고 큰 사이즈의 배스는 물속 7~8m 즈음에 대부분 포진하고 있었다.

윈터리그에서 나는 수심 얕은 곳에서 작은 배스들을 낚아 재빨리 리미트를 달성한 후 마지막 1시간을 남기고 물속 깊은 곳에 앨라배마리그를 이용하여 큰 배스를 두 마리 낚아 사이즈를 교체해 3위를 차지했다. 이때 마지막으로 앨라배마리그로 사이즈를 교체한 빅배스가 눈앞에 어른거렸고 꿈에서도 나오기 시작했다. 겨울에 합천호에서 만난 배스가 너무 흥미로웠고 낚시 또한 너무 재미있었다.

주말이 되자마자 합천으로 달렸다. 그리고 그다음주, 크리스마스, 연말까지 계속해서 합천호에 출근 도장을 찍고 7~8미터권에 있는 대형 배스를 앨라배마리그를 사용해 낚아냈다. 그간 여유가 없어 토너먼트 때 못해본 것을 연습해보고 확인했으며 겨울 대형호수 배스에 대한 데이터가 쌓여갔다.

이때부터 배스가 수온, 일조량에 따라 조금씩 움직이는 것이 보였다. 같은 지역을 몇 주간 계속해서 다니다보니 배스의 이동 동선이 대략적으로 눈에 들어오기 시작했다. 갈수록 차가워지는 기온과 바람에 의해 수온은 계속해서 떨어지고 그 수온에 의해 어군탐지기 내 배스의 동선, 그리고 활성도가 떨어지는 것이 확인되었다.

2020년 1월 11일 합천호에서 낚은 57cm 배스를 들어 보이는 필자. 중량은 2,750g이었다.

2020년 2월 첫째 주 주말. 2019~2020 겨울 합천호 탐사를 마무리하며. 5마리 10,400g의 기록이다. 이때부터 배스가 봄을 의식하고 움직이는 걸 느낄 수 있었고 쉽게 배스가 낚이지 않았다.

2020년 1월 1일~12일
다섯 마리 합산 중량 13,500그램!

2020년 새해, 지인과 동승하여 합천호에서 평생 잊을 수 없는 조과를 확인하게 되었다. 아침 9시30분쯤 시작하여 첫수를 57센티 3,400그램이라는 거대한 배스를 낚은 것으로 시작했다. 연이어서 2,700, 2,600, 2,500그램의 괴물 같은 배스를 계속해서 잡아냈다.

이때 표층수온은 약 9도로 10도 이하로 떨어진 상황. 하지만 물속은 정말로 화끈하였다. 최첨단 어군탐지기로 배스 어군을 확인하고 앨라배마리그나 메탈지그로 중층 유영 기법을 사용하면 1년에 한두 번 보기 힘든 큰 배스들이 연이어 올라왔던 것이다. 그리하여 낚시가 끝날 무렵 마릿수는 두 명이서 40마리 이상, 2,000그램 이상의 배스는 내가 8마리, 지인이 1마리를 잡았고, 내가 잡은 7마리의 배스를 KSA 토너먼트피싱 룰에 따라 가장 무거운 5마리만 골라 계측해보니 무려 13,500그램이 나왔다. 한 마리 평균 무게 2,700그램이라는 거짓말 같은 기록이 나온 것이다. 터질듯 터지지 않던 휴화산과 같던 합천호가 겨울에 드디어 대폭발한 것이다.

다섯 마리 합산 13,500그램 계측 영상은 SNS나 카페로 순식간에 퍼져나갔고 1월 4일 주말 슬로프는 전국 각지에서 온 열혈 앵글러들로 북적였다. 내가 사용한 장비는 비수기인 겨울, 꽤 비싼 가격에도 불구하고 품귀 사태가 벌어지는 등 합천호 특수(?)가 이어졌다. 합천호를 찾은 앵글러들 역시 앨라배마리그와 메탈지그로 화끈한 손맛을 보는 등, 어자원이 풍부한 합천호의 진면목을 만끽하였다.

이 과정에서 해프닝이 있었다. 13,500그램의 계측 영상에 의문을 표시하던 몇몇 분들이 있어 개인적으로 다시 낚시하는 영상을 촬영해. 13,000그램에는 미치지 못하였지만 다섯 마리 합산 11,700그램, 한 마리 평균 2,300그램을 잡아내는 영상을 처음부터 끝까지 녹화하여, 통쾌하게 '주작(?)'이 아니란 것을 증명했다.

2020년 1월 12일~31일
결과를 예상하기 어려운 봄이 다가오고 있다

뜨겁고 뜨겁던 겨울의 합천호는 1월 말쯤부터 아침 평균 수온이 7도 이하로 떨어지면서 변화가 일어났다. 7~8m 수심에서 눈에 띄게 많이 보이던 배스들이 많이 사라진 것이다. 전체적으로 수온의 떨어지면서 10m 수심 이하에 배스 어군이 상당히 많이 확인되었고 그 배스들은 전체적으로 둔감한 움직임을 보이며 앨라배마리그에 활발히 반응하지 않았다. 조황 역시 떨어져서 1킬로 이상 배스들을 10여 마리를 넘게 잡던 조과가 이제는 6마리, 5마리 등 낱마리로 떨어졌다.

하지만 얕은 곳에서는 간간이 배스들이 확인되었다. 배스가 아주 깊은 곳, 또는 아주 얕은 곳으로 흩어진 것이다. 이러한 포지션 형태는 늦겨울부터 초봄에 발견되는 현상으로 합천호의 겨울이 지고 새로이 봄을 맞이하기 위한 진통으로 받아들였다.

이후 2월 첫째 주말인 2월 1~2일 낚시로 겨울 합천호 탐사를 마무리했

2019년 1월 27일 2019 루어맨컵 합천호 윈터피싱 오픈토너먼트 1전이 열린 합천호.

다. 이날 조황은 다섯 마리 합산 중량이 10,400그램이었다. 배스가 봄을 의식하고 움직이는 걸 느낄 수 있었지만 낚시는 쉽지 않았다.

결론

1 겨울에도 배스는 움직인다

우리는 겨울만 되면 배스낚시를 거의 하지 않는다. 11월만 돼도 찬바람이 불어오기 때문에 물속 역시 수온이 낮아질 것이라 판단해서 출조에 나서려 하지 않는 것이다. 더 나아가 겨울로 접어들면 배스는 거의 움직이지 않으며 눈앞에 지나가는 루어에만 매우 미약하게 반응한다는 '배스동면설'을 주장하기도 한다. 하지만 이것이 틀렸다는 것을 이번 합천호 겨울 조행으로 입증했다.

합천호는 수위가 매우 높았다. 즉, 호수에 물이 너무 많아 다른 지역보다 수온이 더디게 오르고 더디게 내려갔다. 빠르게 데워지지 않지만 빨리 식지도 않는 뚝배기를 생각하면 이해가 쉬울 것이다. 그렇기에 12월이 되어도 10도가 넘는 표층수온을 유지하였고 한겨울 톱워터피싱도 가능했다. 기온을 생각하지 말고 수온을 생각해야 배스의 활성도를 판단할 수 있지만 우리는 섣불리 차가운 기온에 맞춰 수온을 생각하는 오류를 반복한다. 수위가 높으면 아무리 겨울이라도 배스의 신진대사는 1월에도 상당히 활발하다는 것을 이번 조행을 통해 확인했다.

2 최첨단 장비로 무장하라

배스를 볼 수 있는 표층은 차치하더라도, 물속 깊이 있는 배스의 움직임과 활성도는 과연 어떻게 판단할 수 있을까? 무엇을 보고 물속 깊은 겨울 합천호의 배스가 활성도가 높다고 판단하는 것일까? 그것은 최첨단 장비인 어군탐지기와 GPS와 연동된 최첨단 트롤링모터가 있었기에 가능했다.

나는 라이브스코프의 가민을 사용하고 있다. 미국 군수회사에서 제작한 어군탐지기로서 보통 유어선이나 배스보트에서 써오던 어군탐지기의 기준을 완전히 바꾼 혁신적인 제품이다. 기존 어군탐지기는 화면에 찍힌 고기를 보고 유추하는 정도인데 이 장비는 실시간으로 티브이를 보듯 물속을 보며, 내가 낚고자 하는 타깃을 화면으로 확인한 후 그 타깃 위에 루어를 떨어뜨려 잡아내는 정밀낚시도 가능케 할 정도다.

이번 조행에서도 이 라이브스코프는 큰 도움이 되었다. 중층에 떠있는 배스, 그리고 바닥에 은신하고 있는 배스들이 라이브스코프에 찍히게 되면 라이브스코프가 향하는 곳으로 정확히 루어를 던져 그 배스의 움직임을 확인할 수 있었다.

앨라배마리그가 바닥의 배스 무리 위로 떨어지게 되면 대부분의 배스 무리는 도망가게 된다. 즉, 우리가 가장 내추럴한 어군과 닮았다고 생각했던 앨라배마리그 역시 배스에겐 위화감을 주는 루어라는 것이다. 앨라배마리그를 보면 도망가는 배스가 대부분이었다. 이것이 화면에 다 나타났다. 하지만 그중에 용감한 녀석이 도망가다 휙 돌아 갑자기 공격했다. 이것 역시 화면으로 볼 수 있었다. 5미터 위에서 폴링하고 있는 앨라배마리그를 보고 10미터 바닥에 있던 배스가 갑자기 올라와 과격하게 공격했다.

최첨단 장비는 상상(?)을 거부했다. '내 루어가 이렇게 움직이겠지' 또는

'어군탐지기에 찍힌 고기가 이곳으로 이동했겠지'하고 내린 예단을 한방에 무너뜨려 버렸다. 배스를 제대로 유혹하리라 생각했던 내 루어는 이미 배스보다 한참 위로 떠올랐고, 현란한 움직임으로 배스가 쳐다볼 것이라 생각했던 루어는 관심의 대상이 아니었다. 즉 루어에 반응하는 배스가 생각보다 없는 것이다. 그간 우리가 잡아왔던 배스에게 정말 감사한 마음이 들 정도로 물속 배스의 움직임은 우리의 생각과 달랐다.

GPS를 장착한 트롤링모터는 좌표에 의해 정확히 움직이고 정확히 멈춘다. 아무리 태풍이 불어도 한자리를 정확하게 지켜주며 어군탐지기에 표시된 포인트로 알아서 움직인다. 우리는 더 이상 힘들게 운전할 필요가 없다. 손끝에만 집중해도 정확하게 포지션을 찾고 유지할 수 있는 시대를 맞은 것이다.

3 10미터 이하 수심의 배스는 낚기 어렵다

우리는 겨울에 배스가 어디에 있을지 항상 궁금해 했다. 가장 깊은 곳, 수심의 변화가 없는깊은 곳이라 생각하기도 하였고 지형이 크게 변화하는 지역, 또는 장애물이 많은 지역이라고 말하는 사람도 있었다.

확인 결과, 거의 맞았다. 합천호의 경우 경사가 급한 지역이 매우 많은데 겨울에는 대부분 이런 경사가 급한 사면의 턱이라든지 넓게 펼쳐진 플랫 지형에서 계단식으로 드롭라인이 생기는 구간에 꽤 많은 배스들이 포진하고 있었다.

"겨울엔 지형이 급하게 변화하는 부분에 배스가 몰린다"라는 말은 틀린 말이 아니었다. 또한 흔히 채널이라 부르는, 물이 흘렀던 물골자리에도 배스는 많이 포진하고 있었다. 특히 급한 사면과 이어진 채널이 1급 포인트로 그 채널에 나무라도 몇 그루 있다면 그곳은 거의100% 확률로 빅배스를 확인할 수 있었다.

10m 이하 깊은 수심에서도 수많은 배스들이 확인되었다. 깊고 안정된 지역을 선호한다는 것도 거의 맞는 말이었다. 다만 특이한 사실이 있다면 10m 수심이 넘어가면 배스는 거의 루어를 공격하지 않았고 메탈지그에만 간간이 반응할 뿐이었다. 앨라배마리그의 경우 10m 수심 이하에선, 피리 부는 사나이를 쫓아가는 쥐처럼 여러 마리가 졸졸졸 따라오기만 할 뿐 강하게 공격하는 개체는 거의 없었다.

4 수몰 육초대가 봄 조과를 좌우한다

합천호는 지금 깊게는 수심 10미터까지 육상식물이 있다. 합천호는 작년 여름에 갈수를 맞았다가 늦가을에 불어 닥친 강수와 태풍으로 순식간에 만수가 되었는데, 올 겨울 유례없는 강우로 초만수가 되어버렸다. 합천호에서 올봄 방류 계획은 전혀 없는 것으로 알고 있다.

합천호 아래 황강 둔치에서 정비작업이 이루어지고 있다. 공사를 위해 강의 수위가 낮아야하기 때문에 큰 비만 없다면 계속해서 이 수위를 유지할 것으로 보인다.

대부분의 사람들은 올 겨울이 따뜻했기에 산란이 빨리 도래할 것이라 생각하지만 나의 생각은 좀 다르다. 앞서 말한 대로 뚝배기처럼 늦게 수온이 오르고 늦게 수온이 떨어지기 때문에 만수의 호수는 수온조차 늦게 오른다. 예년과 크게 다르지 않은 산란기를 맞이할 것으로 판단되며 산란 장소, 그리고 산란 전 포식 장소는 아마 물속에 잠긴 육상식물이 될 것이다.

물속에 그득하게 자라 있는 육상식물은 초봄을 넘어 여름까지 삭지 않고

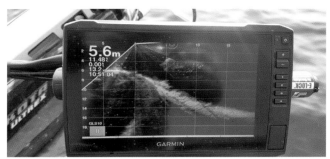
라이브스코프 기민. 실시간으로 TV를 보듯 물속 상황을 보여준다.

있을 가능성이 크다. 여름 수온이 되어야만 물속 육상식물 사체를 부패시키는 미생물이 활성화되기 때문이다. 그러므로 올해 합천호는 농번기로 물이 빠지기 전까지는 분명히 물속에 그득하게 자라있는 육상식물과 나무가 조과를 좌우하는 주요 키가 될 것이라 확신한다. 이 풀과 나무를 어떻게 공략하느냐에 따라 조과의 향방이 바뀔 것이다.

합천호 배스는 봄을 의식하고 있다

합천호 겨울 시즌은 끝이 났다. 이제는 어군탐지기뿐만 아니라 몸으로도 봄이 왔음을 느낄 수 있다. 수온은 더디게 오를 것이지만 그래도 분명히 봄이 올 것이다. 3월의 합천호. 이제는 7~8m, 또는 그 이하의 배스를 노리기보다는 얕은 곳에 나와 있는 배스가 주 타깃이 될 것이라 판단된다. 그렇기 때문에 앨라배마리그, 메탈지그를 주 채비로 사용하기보다는 서스펜딩 저크베이트이나 스피너베이트 슬로우롤링이 더욱 유리한 공략 방법이 될 것이다.

나의 합천호 태클

로드_JS COMPANY B1 742H-R
릴_5점대 기어비 베이트릴
라인_G7카본 20lb
루어_헬라바마, 지크락 스텔스

연구 과제
우리가 인지하지 못하는 배스 간 영역이 존재하는 것일까?

아직까지 정립되지 않은 배스낚시 이론이어서 개인적인 의견임을 미리 밝힌다. 겨울 합천호의 배스의 포지션 데이터를 살펴보던 중 떠오른 것이 바로 배스의 영역에 대한 것이다. 사람이 인지하지 못하는 그들만의 영역이 있다는 느낌을 받았다.

수중에서 배스들이 루어를 공격하고 따라오는 모습을 라이브스코프의 가민을 통해 보다 보면 움직이는 루어를 따라 배스가 따라붙는 모습을 많이 목격할 수 있다. 그런데 마치 먹을 것처럼 호기심을 가지고 따라오던 녀석들이 특정 지점을 지나면 더 이상 따라오지 않는 경우를 많이 보았다. 마치 자기만의 고유의 영역을 벗어나면 안 되는 것처럼. 이것은 배스를 중심으로 상하좌우의 모두 해당됐으며 나의 학구열을 자극했다.

낚시춘추 무크지 9

배스낚시

지은이 박기현
펴낸이 정규도
펴낸곳 황금시간

초판 1쇄 인쇄 2022년 6월 15일
    2쇄 인쇄 2025년 1월 1일

일러스트 송영수
표지·화보 사진 우정한
편집 서성모
디자인 정현석 김예지

공급처 (주)다락원 (02)736-2031

주소 경기도 파주시 문발로 211
전화 (02)736-2031(대)
팩스 (031)8035-6907
출판등록 제406-2007-00002호

Copyright ⓒ 2022, 황금시간

값 21,000원
ISBN 979-11-91602-27-2 13690

http://www.fishingseasons.co.kr

다락원 홈페이지를 통해 인터넷 주문을 하시면 자세한 정보
와 함께 다양한 혜택을 받으실 수 있습니다.

BIXOD N AIR

빅 쏘 드 엔 에 어

BIXOD N AIR

지 금 까 지 없 던 가 벼 움

Special Technology Of JScompany

| 엑스-조인트 공법 | 기존 조인트의 약점인 체결부위 액션의 끊김을 보완하여 부드러운 휨새를 실현하고 파워와 감도를 향상시킵니다. |

| 주 | 제이에스컴퍼니 경기도 부천시 삼작로 144번길 22 | 대표전화 : 032-670-2523 | 서비스센터 : 1588-8818